Cinzia Ciulli - Anna Lia Proietti

da zero a cento

Test di (auto)valutazione *sulla lingua italiana*

ALMA Edizioni - Firenze

Direzione editoriale: **Ciro Massimo Naddeo**

Redazione: **Carlo Guastalla**

Progetto grafico e impaginazione: **Andrea Caponecchia**

Progetto copertina: **Sergio Segoloni**

Disegno copertina: **Thelma Alvarez-Lobos e Sergio Segoloni**

Illustrazioni: **Cristiano Senzaconfini**

Stampa: **la Cittadina, Gianico (Bs)**

Nota

Cinzia Ciulli è autrice dei seguenti test: test 4-6/livello A1, test 1-3/livello A2, test 4-6/livello B1, test 1-3/livello B2, test 4-6/livello C1, test 1-3/livello C2.
Anna Lia Proietti è autrice dei seguenti test: test 1-3/livello A1, test 4-6/livello A2, test 1-3/livello B1, test 4-6/livello B2, test 1-3/livello C1, test 4-6/livello C2.

Printed in Italy

ISBN 978-88-89237-03-1

© **2005 Alma Edizioni**

Ultima ristampa: novembre 2006

Alma Edizioni
Viale dei Cadorna, 44
50129 Firenze
tel +39 055476644
fax +39 055473531
info@almaedizioni.it
www.almaedizioni.it

Indice

Introduzione   p. 4

Livello A1
Test 1 - Studiare l'italiano   p. 8
Test 2 - Conoscersi   p. 11
Test 3 - A casa di amici   p. 15
Test 4 - Tempo libero   p. 18
Test 5 - Coppie   p. 21
Test 6 - Gite in Italia   p. 24

Livello A2
Test 1 - Problemi d'amore   p. 28
Test 2 - Pettegolezzi   p. 32
Test 3 - Mangiare   p. 36
Test 4 - Festa a sorpresa   p. 40
Test 5 - Viaggi e gite   p. 44
Test 6 - Le storie di Simona   p. 49

Livello B1
Test 1 - Fatti insoliti   p. 54
Test 2 - La moda   p. 58
Test 3 - Oltre a Roma, Venezia, Firenze   p. 63
Test 4 - Prodotti tipici   p. 67
Test 5 - Innamorarsi a Venezia   p. 71
Test 6 - Musica   p. 76

Livello B2
Test 1 - Maternità e paternità   p. 82
Test 2 - Università e comunicazione   p. 87
Test 3 - Cronaca e Legge   p. 91
Test 4 - Inquinamento   p. 96
Test 5 - Tolleranza   p. 100
Test 6 - Donne   p. 104

Livello C1
Test 1 - Premi Nobel italiani   p. 110
Test 2 - Esploratori   p. 115
Test 3 - Paesaggi umani   p. 120
Test 4 - Ma questo italiano?   p. 125
Test 5 - Ma come farebbe Hollywood?   p. 129
Test 6 - Scrittori   p. 135

Livello C2
Test 1 - Storie di vacanze   p. 140
Test 2 - Gli Etruschi   p. 144
Test 3 - Storia d'Italia   p. 149
Test 4 - Il morso della Taranta   p. 155
Test 5 - Cittadini stranieri in Italia   p. 159
Test 6 - Lavoro ed economia   p. 164

Soluzioni   p. 169

Introduzione

Il progetto di questo eserciziario nasce dall'esigenza, verificata nelle nostre classi, di test oggettivi che si adattino ad obiettivi comunicativi.

Abbiamo cercato di costruire test che fossero coerenti con quanto si fa quotidianamente in classe secondo un approccio umanistico-affettivo, proponendo esercizi di verifica (formativa e sommativa) e di rinforzo che non violassero l'abito mentale dello studente inibendolo, con il conseguente rischio dell'innalzamento del filtro affettivo.

Nella stesura di questo eserciziario abbiamo seguito le indicazioni del Consiglio d'Europa, riassunte nel Progetto Lingue Moderne in particolare le sue linee guida sul Language Testing.

I test sono graduati secondo un ordine di difficoltà progressiva, e possono essere utilizzati come test di verifica formativa o sommativa, o come esercizi di rinforzo in classe o in autoapprendimento.

Ad ogni livello del framework corrispondono 6 test di difficoltà crescente in modo da coprire l'intero percorso di apprendimento, a partire dai primi passi nel mondo dell'italiano, dopo poche ore di lezione, ovvero dall'inizio del livello A1, fino all'ultima verifica al termine del livello C2.

Lo studente può misurarsi con un intero test accettando la sfida dei 100 punti o seguire un proprio percorso fra test diversi per esercitarsi su un preciso elemento morfosintattico o una tipologia di esercizio.

L'insegnante può invece sfruttare più propriamente la peculiarità del test integrato, ovvero costituito da testi e non da singole frasi, e attingere dall'eserciziario materiale per le proprie verifiche e lezioni in base al curricolo lessicale e culturale.

È importante notare che gli esercizi sono costituiti da materiale autentico o semiautentico, quali trascrizioni di dialoghi. Per rendere i test più attraenti e motivanti abbiamo riunito gli esercizi secondo un filo conduttore che porta l'apprendente a scoprire curiosità sulla vita italiana, percorsi turistici alternativi oppure a raccogliere i vari elementi di storie di fantasia, inserite comunque in un'ambientazione tipicamente italiana.

Riteniamo che gli esercizi contenuti in "Da zero a cento" abbiano un alto grado di accettabilità perché "provati sul campo" nelle nostre classi innumerevoli volte. Ad ogni riscrittura abbiamo tenuto peraltro conto della preziosa opinione dei nostri studenti.

Il punteggio facilmente calcolabile e volutamente ostentato richiama l'idea della sfida giocosa piuttosto che quella del severo giudizio dell'insegnante, al quale lo studente si rivolgerà non tanto per il controllo e la correzione degli esercizi, già fornita dalle chiavi, quanto piuttosto per delucidazioni e approfondimenti sui testi.

Per questi e tanti altri suggerimenti ancora vogliamo ringraziare Paolo E. Balboni e Roberto Dolci rispettivamente Direttore e Coordinatore del laboratorio Itals, Università di Venezia, che per primi ci hanno incoraggiate a raccogliere tutto il materiale che quotidianamente preparavamo per le nostre classi, in un volume disponibile a tutti e C. Massimo Naddeo, di Alma Edizioni, che con la sua preziosa esperienza ci ha guidate nella redazione di questo libro.

Le autrici

A1|A2
ELEMENTARE

B1|B2
INTERMEDIO

C1|C2
AVANZATO

Livello A1

- 1. Studiare l'italiano

- 2. Conoscersi

- 3. A casa di amici

- 4. Tempo libero

- 5. Coppie

- 6. Gite in Italia

A1 Studiare l'italiano

1 L'iscrizione

Completa la scheda con le parole della lista.

> americana - cognome - Italia - luglio - telefono

Scheda d'iscrizione

Nome:
..............:
Nata/o il:
Nazionalità:
Indirizzo in ....:
..............:

Mary
Armstrong
3 1982
....
Via C. Colombo n. 12
02/7895667

Ogni parola inserita in modo esatto vale 2 punti. **Totale: _____/10**

2 La lingua italiana

Completa il testo con la forma corretta dell'aggettivo.

La lingua italiana è molto *(bello)* _____ perché è *(armonioso)* _____. Secondo *(alcuno)* _____ studenti è *(complicato)* _____ perché ci sono *(molto)* _____ verbi *(irregolare)* _____, gli aggettivi cambiano - c'è la declinazione - e le frasi spesso sono *(lungo)* _____.
La pronuncia invece è più *(facile)* _____: l'Italiano si legge come si scrive, a parte *(poco)* _____ eccezioni: per esempio la H è una lettera *(muto)* _____, cioè non ha suono.

Ogni aggettivo esatto vale 1 punto. **Totale: _____/10**

3 Uno studente

Scegli l'articolo corretto.

George è **uno/un** studente molto bravo, ogni giorno studia **la/le** lezione e fa sempre tutti **i/gli** esercizi. Ha qualche problema con **i/gli** verbi, ma in generale capisce subito **il/lo** sbaglio e si corregge. Ama molto parlare e quando non capisce **le/i** domande dell'insegnante non ha paura di chiedere spiegazioni. George ha anche **un/una** bel carattere, infatti è sempre pronto ad aiutare **un'/un** amico o **un/un'** amica; insomma è **un/uno** ragazzo veramente intelligente, simpatico e generoso.

Ogni aggettivo esatto vale 1 punto. **Totale: _____/10**

4 Mary in Italia

Scegli, per ogni riga in quale spazio inserire la parola a destra, come nella prima riga di esempio.

Mary è __X__ ragazza ___ americana, di ___ San Francisco.	**una**
Studia ___ la ___ lingua ___ a Milano	**italiana**
perché ___ college frequenta ___ la facoltà ___ di Design.	**al**
Il suo sogno ___ diventare ___ una grande ___ progettista di mobili.	**è**
Ama ___ molto ___ anche ___ antiquariato	**l'**
e l'anno ___ forse torna ___ in Italia ___	**prossimo**
per ___ frequentare ___ un corso ___ restauro.	**di**
Studia ___ italiano da ___ mesi ___	**tre**
e ___ può già ___ parlare ___	**bene**
___ perché ___ anche lo ___ spagnolo.	**conosce**
Infatti ___ madre ___ è ___ una ispano-americana.	**sua**

Ogni parola inserita nello spazio esatto vale 1 punto.   Totale: _____/10

5 Paula e Mary

Riordina il dialogo.

Paula

1. Mary, tu dove abiti?
2. Anch'io, ma cerco una camera in affitto.
3. Perché lì bisogna rientrare presto.

Mary

A. Perché?
B. Ah sì, l'orario è un problema.
C. Alla casa dello studente, e tu?

1/___   ___/___   ___/___

Ogni frase inserita al posto giusto vale 2 punti.   Totale: _____/10

6 Mary e Hans

Scegli la preposizione corretta.

Mary e Hans frequentano la stessa scuola **da/di** lingue. Mary viene **da/per** San Francisco, Hans invece è tedesco, **di/in** Hannover. Studiano italiano **a/da** poco tempo, ma sono molto bravi e parlano già bene. **A/In** Milano abitano **alla/dalla** casa dello studente **in/con** via Cristoforo Colombo. È molto vicino **alla/della** scuola e vanno **a/per** lezione **a/in** piedi.

Ogni preposizione esatta vale 1 punto.   Totale: _____/10

7 In classe

Completa il testo con i verbi all'indicativo presente

Rita, la professoressa di italiano, arriva a scuola.

Rita - Buongiorno ragazzi,
come *(andare)* _____?

Mary - Bene, grazie. Tu come *(stare)* _____?
Stamattina *(sembrare)* _____ stanca.

Rita - Sì Mary, *(tu - avere)* _____ ragione.
Mia figlia *(essere)* _____ malata, *(avere)* _____ l'influenza e la
notte non *(io - dormire)* _____. Io e mio marito non *(chiudere)* _____
occhio da due giorni. *(Essere)* _____ distrutti.

Hans - Scusa, che *(significare)* _____ "non chiudiamo occhio"?

Rita - Ah, voi tedeschi non *(avere)* _____ questa espressione? Quando qualcuno dice
che non "*(chiudere)* _____ occhio" *(volere)* _____ dire che non
(riuscire) _____ a dormire.

Mary - In inglese *(usare)* _____ la stessa espressione.

Hans - Sì, sì, ora ho capito, questa espressione *(esserci)* _____ anche in tedesco. Beh,
allora *(capire)* _____ perché *(essere)* _____ stanca! Sono
sicuro che non *(tu - avere)* _____ nessuna voglia di fare
lezione.

Mary - Beh, allora oggi *(organizzare)* _____ noi la lezione!

Ogni verbo esatto vale 1 punto.   **Totale: _____/20**

8 La casa dello studente

Completa il testo con i verbi della lista.

> **avvisare - chiude - devono - è - possono - può - rientrano - rispettare - usare - vogliono**

Casa dello studente - Regolamento

La casa _____ alle 24.00. Gli studenti che _____ dopo mezzanotte devono
_____ prima il portiere. Per entrare _____ suonare il campanello.
_____ vietato correre e fare rumore nei corridoi.
Gli studenti che _____ ascoltare musica in camera devono _____ le cuffie.
Non si _____ cucinare in camera.
Gli studenti _____ svolgere attività ricreative nelle stanze comuni al
piano terra. Tutti gli ospiti devono _____ il regolamento.

Ogni verbo inserito nello spazio esatto vale 2 punti.   **Totale: _____/20**

A1 Conoscersi

1 In treno

Scegli la forma corretta.

Giulio - Buonasera, mi chiamo Giulio Vittori.

Alberto - Mi chiamo Alberto Gasparri. Piacere. Sono di Bari, e **tu?/Lei?/voi?/loro?**

Giulio - Io abito a Roma, sono deputato in Parlamento. Lei che lavoro **fa?/lavora?/fai?/lavoriamo?**

Alberto - Sono avvocato; ma **tu sei/noi siamo/Lei ha/Lei è** molto giovane per essere un deputato, no?

Giulio - Ho 45 anni, non sono così giovane. **Tu di quanti anni sei?/Tu quanti anni hai?/Lei quanti anni ha?/Lei di quanti anni è?**

Alberto - 37. Sono sposato e ho un bambino. **Loro hanno/Voi avete/Lei è/Lei ha** bambini?

Giulio - No, non sono sposato. C'è un caldo terribile, **Lei non fa caldo/Lei non ha caldo/tu non hai caldo/Lei fa caldo?**

Alberto - Sì, certo. Meno male che oggi il treno **è/ha/c'è/non è** vuoto.

Giulio - Sì, non c'è nessuno, che fortuna, di solito è affollatissimo!

Alberto - Io di solito preferisco viaggiare in macchina. **Tu prendi/Lei sale/Tu sali/Lei prende** spesso il treno?

Giulio - No, quasi mai, anch'io preferisco la macchina. Oh, finalmente siamo arrivati a Milano. Allora **complimenti/arrivederci/ci sentiamo/distinti saluti**.

Alberto - **Ciao/Ci vediamo/Arrivederci/Auguri**.

Ogni forma esatta vale 1 punto.

Totale: _____/10

2 In fila alla biglietteria

Scegli la forma corretta.

Stazione di Firenze. Mo'r è in fila per fare il biglietto per Milano. L'altoparlante dice: *Il treno Eurostar per Milano è in arrivo sul primo binario. Non effettua fermate intermedie…*
Mo'r è straniero e non capisce bene, così chiede un'informazione ad un ragazzo davanti a lui.

Mo'r - Scusa, hai capito dove arriva il treno per Milano?

Victor - Sul primo binario, prendo anch'io quello…

Mo'r - Salve, mi chiamo Mo'r e tu?

Test 2 Conoscersi

Victor - **Molto piacere, mi chiamo signor Victor/Ciao, io sono Victor/Ciao, sono il signor Victor/Buongiorno, mi chiamo Victor Havel**. Non sei italiano, vero? Di dove sei?

Mo'r - Sono senegalese, sono ingegnere, **tu che lavoro fai?/chi sei?/Lei che è?/Lei che lavoro fa?**

Victor - Sono dottore all'ospedale di Forlì.

Mo'r - Dottore, un bel lavoro. **È italiano?/Sei italiano?/Sei di Italia?/Viene dall'italia?**

Victor - No, sono ceco. La mia famiglia vive a Praga.

Mo'r - **Ha/Hai/Sei/Vuoi** sposato?

Victor - Sì, sono sposato da 3 anni e ho un bambino, e **Lei?/le?/tu?/voi?**

Mo'r - Sono scapolo. **Perché abiti/Perché vive/Perché si trova/Perché vai** a Milano?

Victor - Per una conferenza e tu?

Mo'r - Io ci vado per la fiera dell'auto. **Hai la macchina?/Compri una macchina?/Ha la macchina?/Prendi la macchina?**

Victor - Sì, ho una Lada, è molto vecchia, ha 15 anni e tu?

Mo'r - Ho una macchina nuova, piccola, ma ora è guasta.

Victor - Che problema **ce l'ha?/ha?/sei?/tiene?**

Mo'r - Mah, **non conosco/non sa/non importa/non lo so**, sono ingegnere di case, non di macchine.

Victor - Oh, finalmente tocca a me.

Mo'r - **Ci vediamo/Vai/Salutami/Ciao** in treno!

Victor - D'accordo, a fra poco.

Ogni forma esatta vale 2 punti.   **Totale: _____/20**

3 **Per conoscersi**

Trova la risposta più logica ad ogni domanda.

1. Di dove sei?	**A.** Da Maria.
2. Quando finisce la lezione?	**B.** In pizzeria?
3. Dove vai?	**C.** Sono italiano, di Latina.
4. Perché non mangiamo insieme stasera?	**D.** Non c'è male, grazie.
5. Come stai?	**E.** Una città vicino a Roma.
6. Chi conosci in questa città?	**F.** Alle 5.
7. Ti piace la pizza?	**G.** Sono operaio, lavoro alla FIAT.
8. Prendi qualcosa da bere?	**H.** No, niente, grazie. Non ho sete.
9. Che lavoro fa?	**I.** Sì, molto.
10. Cos'è Latina?	**L.** Nessuno.

1/___   2/___   3/___   4/___   5/___   6/___   7/___   8/___   9/___   10/___

Ogni coppia esatta vale 1 punto.   **Totale: _____/10**

4 La mia città

Completa le parole con l'ultima lettera.

Roma è una città bellissim____, con una storia molto antic____. Io viaggio molto per lavoro e ved____ spesso città bellissime e capitali meravigliose, eppure, ogni volta che torn____ a Roma sono emozionata. Per prim____ cosa, vado al Caffè Greco, in Via Condotti, che ancora conserv____ una certa atmosfera artistica (anche se i prezzi sono veramente troppo alt____). Poi passeggi____ fino a Piazza di Spagna. La casa dei miei genitor____ non si trov____ in questa zona, ma in una zona nuova e interessant____, l'Eur: il quartiere non ha il fascino del centro ma è comodo, tranquill____ e molto verde.

I miei genitori preferiscon____ vivere qui perché la gente è più gentil____ e meno stressata. I trasporti funzionan____ bene e non ci sono tant____ problemi di parcheggio come a Trastevere o Testaccio. Io lavoro da poco e non poss____ avere una casa tutta mi____, così per abitare in centro dev____ dividere un appartament____ con un'amica.

Ogni parola completata nel modo esatto vale 1 punto.   **Totale: _____/20**

5 Una coppia italiana

Completa con i verbi all'indicativo presente.

Io e mia moglie Carolina *(essere)* _____ italiani, *(abitare)* _____ a Torino. Io *(avere)* _____ 35 anni, mia moglie 28. Io *(fare)* _____ l'ingegnere alla FIAT e qualche volta *(dovere)* _____ lavorare anche di notte. Carolina invece *(frequentare)* _____ l'ultimo anno di Storia dell'arte all'Università e lavora con suo padre e sua madre in un negozio di antiquariato, per questo né io né lei *(volere)* _____ ancora bambini. Gianfranco e Patrizia, i genitori di Carolina, *(comprare)* _____ e *(vendere)* _____ mobili antichi, mentre mia moglie *(preferire)* _____ i quadri e i piccoli oggetti. Qualche volta anch'io, quando *(finire)* _____ presto di lavorare, *(andare)* _____ al negozio, perché mi *(piacere)* _____ l'arte, ma Carolina *(dire)* _____ che io *(essere)* _____ solo un ingegnere e non un artista, così mi *(ripetere)* _____ sempre: "Voi ingegneri *(conoscere)* _____ solo le figure geometriche, non *(capire)* _____ niente d'arte e tu non *(sapere)* _____ riconoscere un Giotto da un Michelangelo!" Io allora *(arrabbiarsi)* _____, però alla fine per fortuna facciamo sempre la pace!

Ogni verbo esatto vale 1 punto.   **Totale: _____/20**

6 Tu e voi

Riscrivi il testo e trasforma le parole sottolineate dal singolare al plurale.

Tu sei molto antipatico ed arrogante. Hai un brutto carattere, vuoi sempre avere ragione e ti arrabbi per niente. Per te esiste solo la motocicletta!

Voi ....

....

....

Ogni parola trasformata nel modo esatto vale 1 punto.   **Totale: _____/10**

7 Eros Ramazzotti

Completa con le parole nel riquadro. Attenzione: c'è una parola in più!

> a - anni - cantante - è - gioca - in - la - ma - racconta - simpatico - un

Conoscete Eros Ramazzotti? È un famoso _____ italiano. È di Roma, ha circa 40 _____ e in "Adesso tu" una sua famosissima canzone, _____ la sua vita: la vita di _____ ragazzo di periferia che con _____ musica riesce ad avere successo. Ora abita _____ una bellissima villa vicino a Roma _____ viaggia molto per lavoro. Ama il calcio e _____ nella Squadra Nazionale Cantanti. _____ carino, _____, generoso, e naturalmente… ricco!

Ogni parola inserita nel modo esatto vale 1 punto.   **Totale: _____/10**

A casa di amici

1 L'invito a cena
Completa la telefonata tra Pino e Rodrigo con gli aggettivi possessivi.

Pino - Pronto, sono Pino, posso parlare con Rodrigo?

Rodrigo - Ciao, Pino, sono io! Come va?

Pino - Tutto a posto, ti telefono per invitarti a cena a casa _____.

Rodrigo - A casa _____ ? Che bello! Quando?

Pino - Venerdì sera. Puoi portare anche i _____ amici, se vuoi...

Rodrigo - Grazie ma vengo solo, i _____ amici venerdì vanno a ballare.

Pino - Ah, allora, venite sabato.

Rodrigo - No, venerdì va bene, a me non piace ballare e Silvina , la _____ ragazza, il venerdì sera va al corso per sommelier. I vini sono la _____ passione e vuole diventare una vera esperta!

Pino - Ah bene, così finalmente ti presento _____ moglie.

Rodrigo - Ci sono anche i _____ figli?

Pino - No, Luigi è al campeggio con i _____ compagni di scuola mentre le due femmine sono al mare con le _____ cugine. Così almeno possiamo parlare tranquillamente.

Rodrigo - Ah, perfetto, non vedo l'ora di essere da te. Allora ci vediamo sabato.

Ogni aggettivo possessivo esatto vale 2 punti.   **Totale: _____/20**

2 Una casa italiana
Completa la descrizione con gli articoli della lista.

> **gli - i - il - l' - la - la - la - la - le - lo**

_____ ingresso è ampio e luminoso, a sinistra c'è _____ porta del salotto, di fronte _____ porta d'ingresso invece c'è _____ cucina e accanto c'è _____ bagno. A destra ci sono _____ camere da letto e _____ studio di Pino. _____ mobili sono tutti molto belli, soprattutto _____ libreria e _____ armadi dello studio.

Ogni articolo inserito nello spazio giusto vale 1 punto.   **Totale: _____/10**

3 **Un'e-mail**

Completa l'e-mail di Rodrigo con i verbi all'indicativo presente.

File Modifica Visualizza Inserisci Formato Strumenti Messaggio ?

| Invia | Taglia | Copia | Incolla | Annulla | Controlla | Controllo or... | Allega | Priorità | Firma | Crittografia | Non in linea |

Da: rodrigo@yahoo.it

A: borabora@hotmail.com

Cc:

Oggetto: invito a cena

MS Sans Serif | 14 | G C S A

Caro Enrique,

oggi *(io-essere)* _____ davvero eccitato, molto eccitato e contento. Per la prima volta *(andare)* _____ a casa di amici italiani. Io *(abitare)* _____ a Treviso da 6 mesi ma è la prima volta che degli amici italiani mi *(invitare)* _____. Di solito *(frequentare)* _____ gli altri argentini che *(vivere)* _____ qui, *(noi - pranzare)* _____ o *(cenare)* _____ insieme: *(preparare)* _____ piatti del nostro paese e *(parlare)* _____ dei nostri problemi. Oggi *(io-dovere)* _____ fare molte cose prima di andare a casa dei miei amici italiani, Pino e sua moglie Maria. *(Volere)* _____ comprare dei fiori per Maria e una bottiglia di vino: io *(preferire)* _____ il vino bianco, molto freddo, ma Pino *(bere)* _____ solo vino rosso. Io non *(conoscere)* _____ i vini italiani. Veramente non *(capire)* _____ niente di vino in generale, ma vicino a casa mia *(esserci)* _____ un supermercato con un grande reparto di vini. *(Pensare)* _____ di chiedere un consiglio a Silvina. Lei *(essere)* _____ un'esperta: *(fare)* _____ un corso per sommelier. Ti saluto. A presto!

Rodrigo

Ogni verbo esatto vale 1 punto.   **Totale: _____/20**

4 **Alcune regole di comportamento**

Completa il testo con le parole della lista.

> casa - di - dolce - è - fiori - il - italiani - molto - per - serata - una

"Paese che vai, usanza che trovi" dice il proverbio. È vero. Allora cosa facciamo quando andiamo a cena da amici _____? Di solito dobbiamo portare un piccolo regalo: dei _____ per la padrona di casa e _____ bella bottiglia di vino o un _____ da mangiare tutti insieme. Se l'invito _____ informale possiamo chiedere ai padroni di _____ che cosa preferiscono. Se invece l'invito è _____ formale è meglio non portare niente e poi, _____ giorno dopo, mandiamo un mazzo _____ fiori alla padrona di casa con un biglietto _____ ringraziare della bellissima _____.

Ogni parola inserita in modo esatto vale 1 punto.   **Totale: _____/11**

5 La casa di Pino e Maria

Completa il testo con la forma corretta dell'aggettivo.

La casa di Pino e Maria è veramente una *(bello)* _____ casa: la cucina è *(grande)* _____ e *(comodo)* _____. Il salotto è *(luminoso)* _____ perché ha tre *(grande)* _____ finestre. Le camere dei bambini invece sono abbastanza *(piccolo)* _____ ma i mobili sono davvero *(carino)* _____. La camera delle bambine, che è più grande, è *(bianco)* _____ mentre quella del bambino è *(azzurro)* _____. *(Tutto)* _____ i dettagli sono curati nei minimi particolari.

Ogni aggettivo esatto vale 1 punto.   **Totale: _____/10**

6 A cena da amici

Scegli la forma corretta nel dialogo tra Rodrigo, Pino e sua moglie Maria.

Pino - **Arrivederci/Benvenuto** Rodrigo!
Rodrigo - Ciao, sono molto **tardi/in ritardo?**
Pino - Non molto, solo qualche minuto.
Rodrigo - **Scusami/Ciao**.
Pino - Non importa, vieni, ti **presento/presenta** mia moglie Maria.
Maria - Buonasera Rodrigo, finalmente ci conosciamo, Pino mi parla sempre di **voi/te**.
Rodrigo - Grazie, sei molto gentile. Spero di **non/no** disturbare troppo.
Pino - Ma no! Siamo molto **contenti/contento** di vederti!
Maria - È quasi **pronto/pronti**, intanto voi due **andate/andiamo** a tavola.
Pino - Vieni, Rodrigo, **andiamo/veniamo** a tavola, Maria non vuole nessuno in cucina. **Ha/È** paura di perdere **le/i** sue ricette segrete. **Sei/Hai** fame? Apro un pacchetto di patatine?
Rodrigo - No, posso **avere/ho** un bicchiere d'acqua? Oggi **fa/faccio** così caldo!
Pino - Ma certo, questo caldo **è/ho** veramente terribile. **Preferisci/Ami** acqua naturale o gasata?
Rodrigo - Tu cosa **bevi/beve?**
Pino - Ah, io bevo vino, **un/uno** buon vino siciliano, Nero d'Avola.
Rodrigo - Bene, allora un bicchiere di vino anche per **io/me**, grazie.

Ogni forma esatta vale 1 punto.   **Totale: _____/20**

7 I cannoli siciliani

Ricostruisci il dialogo inserendo le battute di Maria al posto giusto.

	Maria
Rodrigo - Maria, questi biscotti sono buonissimi! *Maria* - _____ *Rodrigo* - Non so ancora bene l'italiano e tutte le cose dolci per me sono "biscotti". Scusa. *Maria* - _____ *Rodrigo* - Nemmeno l'inglese? *Maria* - _____	1. Ma che dici? Parli benissimo l'italiano, io non parlo nessuna lingua straniera. 2. Grazie Rodrigo, ma non si chiamano biscotti, sono i cannoli siciliani. 3. No, solo due parole di francese.

Ogni frase inserita al posto giusto vale 3 punti.   **Totale: _____/9**

Al Tempo libero

1 Sport
Completa il testo con gli articoli della lista.

> **gli - gli - i - il - la - le - le - lo - un - una**

Mia madre ha _____ macchina molto bella ma usa sempre _____ bicicletta perché _____ strade a Pisa sono strette e _____ parcheggi sono sempre tutti pieni. _____ spazio è poco, _____ traffico è tanto e _____ italiani non sono molto gentili quando guidano. Mia madre non è _____ tipo sportivo: odia _____ palestre e tutti _____ sport in genere, perciò, per fare un po' di movimento, va in bicicletta.

Ogni articolo inserito in modo esatto vale 1 punto. **Totale: _____/10**

2 Cinema
Completa il testo con gli aggettivi possessivi e scegli le preposizioni corrette.

Io e i miei fratelli amiamo molto andare **al/nel** cinema. Paolo, _____ fratello, preferisce gli attori americani, infatti la _____ attrice preferita è Sharon Stone. Invece Claudia, _____ sorella, è stata molti mesi **in/a** Spagna e preferisce gli attori spagnoli: il _____ attore preferito è Antonio Banderas.
I _____ genitori dicono che il cinema è molto noioso e invece di andare **per/a** vedere un film vanno con i _____ amici **al/nel** ristorante.

Ogni forma esatta vale 1 punto. **Totale: _____/10**

3 La domenica
Completa il dialogo con i pronomi diretti.

- Ciao Mario, andiamo al cinema?
- Perché no, che film danno? _____ sai?
- No, guardiamo sul giornale. Dunque, c'è questo film comico...
- No, questo _____ devo guardare con i miei figli domenica pomeriggio.
- Ma _____ porti al cinema tutte le domeniche?
- In inverno sì. Perché, tu cosa fai con tua figlia?
- Domenica per esempio _____ porto al circo e qualche volta andiamo a sciare o facciamo una gita. Mia moglie dice che io _____ vizio, ma non è vero.

Ogni pronome esatto vale 2 punti. **Totale: _____/10**

4 La discoteca

Completa il testo con le parole della lista. Attenzione: c'è una parola in più!

> **bene - con - così - di - mai - ragazzo**

Al mio ragazzo non piace ballare, invece a me sì. Così quando voglio andare in discoteca ci vado _____ le mie amiche, mentre lui rimane a casa a guardare la TV. Infatti per Giampiero non è un problema se esco da sola.

Le mie amiche non hanno il _____ e non capiscono certi problemi. Quando parliamo _____ Giampiero discutiamo sempre. Secondo loro io faccio sempre quello che vuole lui e non mi diverto perché lui è noioso. "Guarda film orribili, non ride _____, non sa ballare, dorme sempre, neanche mio padre è _____ noioso!" - mi ripete tutte le volte Margherita, la mia migliore amica.

Ogni parola inserita nello spazio esatto vale 2 punti.   **Totale: _____/10**

5 A proposito di cinema

Completa il testo con i verbi all'indicativo presente.

Di solito la domenica io non *(uscire)* _____ perché tutti *(andare)* _____ fuori e sulle strade *(esserci)* _____ molto traffico. Qualche volta io e il mio ragazzo *(andare)* _____ al cinema; lui *(amare)* _____ i film d'azione. Io *(preferire)* _____ i film drammatici ma spesso *(noi-guardare)* _____ il film che sceglie lui. Dopo il cinema, se non *(essere)* _____ tardi, *(mangiare)* _____ insieme qualcosa e *(discutere)* _____ del film. Naturalmente io e Giampiero - così *(chiamarsi)* _____ il mio ragazzo - *(avere)* _____ sempre idee opposte. Ieri, dopo "Mission Impossibile", abbiamo litigato, come sempre. Secondo me quel film è esagerato e anche un po' noioso, e poi Tom Cruise non *(dormire)* _____ mai, non mangia mai, non *(bere)* _____ mai, *(sembrare)* _____ Superman! Giampiero invece dice che io non *(capire)* _____ che questi film *(basarsi)* _____ sugli effetti speciali. Secondo lui Mission Impossibile *(dovere)* _____ essere esagerato perché l'azione è molto più importante della storia. Ancora non capisco perché *(continuare)* _____ ad andare al cinema con lui, se non *(divertirsi)* _____! La prossima volta al cinema ci vado da sola!

Ogni verbo esatto vale 1 punto.   **Totale: _____/20**

6 **Dipingere**
Scegli la forma corretta del verbo.

Stamattina **mi ho alzata/mi sono alzata** tardi e **ho perso/è perso** l'autobus come al solito. Alla fermata **ho incontrata/ho incontrato** Federica che mi **ha chiesto/ho chiesto** se domenica prossima **voglio/vogliamo** andare al mare con lei a Calafuria, in Toscana. Mi ha detto: "Si **vede/vediamo** un panorama magnifico!" Io generalmente **preferisce/preferisco** andare a sciare, ma la scorsa settimana mio padre **ha avuta/ha avuto** un piccolo incidente e perciò domenica non mi **è potuto/ha potuto** portare in montagna, così **sono decisa/ho deciso** di accettare il suo invito. Federica l'anno scorso **ha presa/ha preso** delle lezioni di pittura e ora **saputo/sa** dipingere molto bene. Qualche giorno fa mi **è fatta/ha fatto** vedere i suoi quadri. Ama dipingere panorami marini e per questo **organizza/organizzi** spesso delle gite al mare. Anche a me **piace/piaccio** dipingere e l'estate passata anch'io **ho cominciato/sono cominciata** il corso, ma **ho smesso/sono smesso** di frequentarlo quando le vacanze **hanno finite/sono finite**. Non **è stata/sono stata** molto brava. Domenica però **sono andata/ho andato** lo stesso.

Ogni verbo esatto vale 1 punto. Totale: _____/20

7 **Partita o concerto?**
Riordina il dialogo tra Luigi e Stefano.

Luigi	Stefano
1. Devi studiare?	**A.** Mi dispiace, non posso.
2. Ciao Stefano, come va?	**B.** E allora? Ci puoi andare da solo.
3. Giochi ancora a basket?	**C.** Che c'è? Non sta bene?
4. Bene, ma ho un problema con Linda.	**D.** Non c'è male e tu?
5. Sì certo, ma non mi diverto. Perchè non vieni tu con me?	**E.** Studiare? No, ma c'è la partita.
6. No no, non vuole venire al concerto.	**F.** Non io, mio fratello. Lo devo accompagnare.

2 /__   __/__   __/__   __/__   1 /__   __/__

Ogni frase inserita al posto giusto vale 2 punti. Totale: _____/20

A1 Coppie

1 Carla e Giorgio

Completa il testo con la forma corretta dell'aggettivo.

Carla è una ragazza molto *(carino)* _____ e *(dolce)* _____: ha i capelli *(castano)* _____, *(lungo)* _____ e gli occhi *(verde)* _____.
Non ama studiare ma è *(intelligente)* _____, quindi a scuola va molto bene.
Anche suo fratello Giorgio è molto *(gentile)* _____, non è *(bello)* _____ ma ha due *(fantastico)* _____ occhi *(blu)* _____.
Carla e Giorgio sono entrambi veramente simpatici ed io sto bene con loro.

Ogni aggettivo esatto vale 1 punto.   **Totale:** _____/10

2 Philip e Jorg alla Bocconi[1]

Scegli per ogni riga in quale spazio inserire la parola a destra, come nella prima riga di esempio.

Ciao ____ Marco, sono a Milano ____ da tre settimane e **X** bene.   **sto**
Abito nella casa ____ dello studente, in camera ____ un ragazzo ____ danese.   **con**
Il ____ compagno di ____ camera si chiama Jorg, è ____ molto simpatico: **mio**
____ studia economia e ____ ha 20 anni come____.   **me**
____ Facciamo ____ sempre colazione ____ in camera o al bar;   **insieme**
____ non piove, ____ andiamo a scuola ____ a piedi, perché non è lontana.   **se**
La Bocconi non ha ____ un campus, è ____ differente ____ nostre università; è in città. **dalle**
Il pomeriggio ____ abbiamo ____ lezione. Studiamo e poi andiamo in giro per ____ il centro. **non**
____ La sera mangiamo alla mensa o andiamo con altri studenti ____ mangiare ____ fuori. **a**
Il ____ fine-settimana vado con Jorg e ____ un altro amico italiano sul ____ lago di Garda. **prossimo**
Tu ____ conosci ____ bene. Secondo te cosa ____ devo visitare?   **lo**
A presto.
Philip

Ogni parola inserita al posto giusto vale 2 punti.   **Totale:** _____/20

---

note

1. Bocconi: Università di Milano, famosa per la facoltà di Economia.

3 La colazione

Completa il testo con i pronomi diretti e riflessivi.

Quando _____ alzo devo subito bere un caffè, _____ prendo senza zucchero perché dolce non mi piace, ma mio marito, che _____ conosce da 7 anni, ancora non _____ sa! Qualche volta _____ alza prima di me e prepara la colazione, ma _____ prepara solo come piace a lui: dimentica le paste[2] o _____ prende alla crema, ma io non _____ posso mangiare, perché sono allergica. Prepara sempre due toast, ma se non arrivo subito _____ mangia tutti e due e non compra mai "La Repubblica", il mio giornale preferito, perché lui non _____ legge. Insomma io sono maniaca per certe cose, ma anche lui...!

Ogni pronome inserito in modo esatto vale 2 punti.   **Totale: _____/20**

4 Due vecchi amici

Completa il testo con i verbi al passato prossimo.

Qualche giorno fa *(io-incontrare)* _____ Pietro, un mio amico che lavora alla Borsa. Veramente Pietro e sua moglie Sabrina *(venire)* _____ alla mia galleria per comprare un quadro da regalare ai genitori di Sabrina.

(Essere) _____ una grande sorpresa incontrarci così, per caso, dopo molti anni.

Io e Pietro *(fare)* _____ la stessa scuola, così per 5 anni *(passare)* _____ molto tempo insieme.

Poi *(noi-prendere)* _____ strade diverse: Pietro *(andare)* _____ alla Bocconi e *(diventare)* _____ un economista famoso.

Io, invece, *(rimanere)* _____ a Bologna e dopo l'Accademia di Belle Arti *(aprire)* _____ una galleria. All'inizio *(avere)* _____ qualche problema, ma oggi la mia galleria va molto bene e fra un mese mi sposo anch'io. Pietro *(capire)* _____ subito che mi sposo con Gaia perché la conosce anche lui visto che stiamo insieme dai tempi del Liceo.

Ogni verbo esatto vale 1 punto.   **Totale: _____/12**

---

note _____

2. paste: piccoli dolci che si comprano in pasticceria.

5 Una telefonata

Ricostruisci il dialogo al telefono tra la madre di Sara e Matteo.

La madre di Sara	Matteo
1. Ah, ciao Matteo, Sara è in palestra.	**A.** Grazie, signora. Arrivederci.
2. Ho detto che Sara non c'è, è in palestra, telefoni dopo?	**B.** Pronto, c'è Sara, per favore?
3. Ma chi parla?	**C.** No, non posso. Posso lasciare un messaggio?
4. Pronto?	**D.** Oh scusi signora, sono Matteo.
5. Va bene, l'avverto. Ciao Matteo, a sabato.	**E.** Le dica che sono a Perugia e torno sabato.
6. Certamente!	**F.** Come? Non sento bene, può parlare più forte?

___/___   3/___   ___/___   ___/C   ___/___   ___/___

Ogni frase inserita al posto giusto vale 2 punti.   **Totale: _____/20**

6 Le chiavi di casa

Scegli la preposizione giusta.

```
Da:        pino@virgilio.it
A:         micky@tornado.com
Cc:
Oggetto:   chiavi
```

Ciao Michael,
quando arrivi, io non sono **a/di** casa perché il martedì lavoro fino **delle/alle** 7.
Non ti preoccupare! Non mi devi aspettare **a/di** fuori. Lascio le chiavi **di/per** casa al mio vicino, quello che abita **al/sul** secondo piano. È Fabio, ti ricordi? Quel simpatico ragazzo che lavora **nel/in** bar sotto casa mia. Lascio le chiavi **a/con** lui. Quando arrivi **a/nella** casa, se hai fame, puoi prepararti un panino. Non devi cenare però, perché quando torno voglio andare **a/per** cena fuori con te!
Pino

Ogni forma esatta vale 2 punti.   **Totale: _____/18**

Test 5 Coppie

1 Un'e-mail per Carolina

Trova le cinque preposizioni sbagliate e correggile con le preposizioni della lista.

ad - da - dalla - dall' - fra

File   Modifica   Visualizza   Inserisci   Formato   Strumenti   Messaggio   ?

Invia   Taglia   Copia   Incolla   Annulla   Controlla   Controllo or...   Allega   Priorità   Firma   Crittografia   Non in linea

Da: matogrosso@hotmail.it

A: pappappero@libero.it

Oggetto: informazioni

MS Sans Serif   14   G C S A

Parto per Firenze il 24 giugno e ho saputo solo ora che **a** (.....) voi è
festa. Mi hanno detto che è S. Giovanni, il patrono[1] di Firenze. Ma che
cos'è un patrono? È vero che la gente non va **a** (.....) lavorare? Ma se
nessuno lavora come faccio **di** (.....) arrivare in centro? **Da** (.....) aeroporto al centro c'è un autobus o devo prendere un taxi? La mia camera si
trova a 300 metri **dal** (.....) stazione, vicino **alla** (.....) scuola, così
posso andarci **a** (.....) piedi, anche se mi alzo tardi. Tu abiti lontano?
Per (.....) venire a trovarti devo prendere l'autobus?
In (.....) una settimana ci rivediamo. Non vedo l'ora.
PS. Che tempo fa **a** (.....)Firenze? Che devo mettere in valigia?

Ogni preposizione esatta vale 2 punti.   **Totale: _____/20**

2 Un giro in Sicilia (parte I)

Completa il testo con i verbi all' indicativo presente e passato prossimo.

L'anno scorso Mike *(rimanere)* _____ a Milano per 3 mesi per fare un corso di design.
A Mike la città non *(piacere)* _____, perché lui *(amare)* _____ le città
grandissime e moderne, dove *(esserci)* _____ spazi enormi, come a Los Angeles.
Comunque in Italia *(divertirsi)* _____; naturalmente ha studiato molto, ma *(conoscere)*
_____ molti ragazzi e tutti i fine-settimana *(organizzare)* _____
insieme a loro qualcosa. Per le vacanze di Natale Mike e altri 3 ragazzi americani *(prendere)*
_____ una macchina e *(partire)* _____ per Palermo. Lì *(incontrare)*
_____ altre due ragazze americane e insieme a loro hanno visitato la Sicilia.

Ogni verbo esatto vale 1 punto.   **Totale: _____/10**

note
_____

1. In Italia ogni città ha un santo che la protegge (patrono) e il giorno che corrisponde a quel santo la città fa festa. Per esempio il Santo Patrono di Milano è Sant'Ambrogio, il 6 Dicembre.

3 Un giro in Sicilia (parte II)

Completa il testo con l'ausiliare dei verbi al passato prossimo.

Tutti insieme _____ *girato* la costa a sud, da Palermo alla Valle dei Templi vicino ad Agrigento. Poi _____ *andati* a Catania per salire sull'Etna. Ma a causa dell'attività vulcanica non _____ *potuto* visitare il monte. Comunque non *si* _____ *annoiati*, _____ *tornati* a Taormina e, a Capodanno _____ *fatto* anche il bagno in mare, come vuole la tradizione del posto. Insomma _____ *viaggiato* molto, _____ *camminato* tantissimo, non _____ *dormito* quasi mai e secondo Mike la vacanza _____ *finita* subito.

Ogni ausiliare esatto vale 1 punto.   **Totale: _____/10**

4 Una settimana a Roma (parte I)

Scegli la forma corretta del verbo.

Roma, 20 aprile

Ciao Isabel!
Finisco/Ho finito *proprio ora di leggere la tua lettera. Veramente* **stai venendo/vieni** *a trovarmi la prossima estate? Che bello! Io* **faccio/ho fatto** *un magnifico programma: la prima settimana stiamo a Roma e* **stiamo visitando/visitiamo** *i monumenti e i musei più famosi. Ti* **porto/sto portando** *anche a vedere le Catacombe,* **hai saputo/sai** *che cosa sono? Cimiteri sotterranei!*
Ma non **devi/hai dovuto** *avere paura! Ti ricordi/Ti sei ricordata l'anno scorso al mare, quando* **è arrivato/arriva** *Antonio da Napoli e* **abbiamo bevuto/beviamo** *un sacco di limoncello[2]?*

Ogni forma esatta vale 1 punto.   **Totale: _____/10**

5 Una settimana a Roma (parte II)

Completa il testo scrivendo accanto ad ogni preposizione tra parentesi la giusta sequenza preposizione - articolo determinativo (se necessario), come nell'esempio.

Quella sera effettivamente **(con)** <u>con il</u> *limoncello abbiamo esagerato. Io sono salita* **(su)** _____ *tavolo* **(per)** _____ *ballare la tarantella[3] e tu ti sei messa a cantare "O sole mio" e poi ci siamo divertiti a spaventare i fidanzati* **(su)** _____ *spiaggia. Che ridere!*
Antonio mi ha scritto qualche giorno fa, **(in)** _____ *sua lettera dice che adesso studia storia* **(di)** _____ *arte classica e sta finendo la sua ricerca sul Pantheon. La deve consegnare* **(a)** _____ *fine* **(di)** _____ *settembre. È molto stanco e vorrebbe riposarsi, ma non ha tempo per una vacanza. Forse i primi di luglio viene* **(a)** _____ *Roma per qualche giorno* **(per)** _____ *andare* **(a)** _____ *Biblioteca Nazionale, ma ancora non lo sa di sicuro. Speriamo di sì, così ci ritroveremo di nuovo tutti insieme.*
Ciao, a presto. Ti aspetto!!!
Veronica

Ogni forma esatta vale 2 punti.   **Totale: _____/20**

note
2. limoncello: bevanda alcolica al limone. | 3. tarantella: danza tradizionale dell'Italia del sud.

Test 6 Gite in Italia

6 Una gita fuori porta[4]

Scegli il pronome opportuno (pronomi riflessivi, diretti e indiretti).

Veronica - Ehi ragazzi, Corrado **mi/si** ha mandato un messaggio: *"Domani **gli/vi** va di fare una gita fuori porta?"* Che **lo/gli** rispondo?

Isabel - Non **la/lo** so, veramente **mi/si** piacerebbe visitare il museo d'arte moderna.

Antonio - Ma dai, **gli/lo** visiti un'altra volta. Domani andiamo ai Castelli. **Gli/Li** conosci?

Isabel - No, cosa sono?

Antonio - È una zona vicino Roma famosa per il vino.

Isabel - Vuoi dire che andiamo a bere un po' di vino? Chi **ti/si** ricorda cosa è successo con il limoncello?

Antonio - Come posso dimenticar**si/mi** quella serata? Che ridere quando **le/vi** siete messe a cantare e a ballare sul tavolo!

Ogni forma esatta vale 1 punto. **Totale: _____/10**

7 La gita del 1° Maggio

Ricostruisci il dialogo al telefono tra Luciano e Ugo.

Ugo	Luciano
1. Vorrei organizzare una gita al mare con Lucia e Valentina.	**A.** Ma no, sabato prossimo non lavora, è il primo Maggio!
2. Pronto, sono Luciano, c'è Ugo?	**B.** Ah, ho capito, ma domenica è il compleanno di mia nonna, devo andarci. Perché non la facciamo sabato?
3. So che Lucia il sabato lavora fino alle 2.	**C.** Sono io, ciao Luciano, come va?
4. Sì, le chiamo io. Allora se per le ragazze non ci sono problemi ci vediamo sabato alle 8.30.	**D.** Sì. Telefoni tu alle ragazze per sapere se sabato va bene anche a loro?
5. Hai ragione, allora possiamo partire sabato mattina!	**E.** Domenica devo andare da mia nonna, perché?
6. Bene. Senti, sei libero domenica?	**F.** Ok, l'appuntamento è alle 8.30 a casa mia.

__/__ __/__ __/__ __/__ __/__ 4/F

Ogni frase inserita al posto giusto vale 2 punti. **Totale: _____/20**

note

4. Le città antiche sono circondate da mura con porte. "Andare fuori porta" significa uscire dal centro e fare un giro nella campagna e nei paesi vicini.

5. 1° Maggio: festa dei lavoratori. In Italia è un giorno festivo.

A1 | A2

ELEMENTARE

B1 | B2

INTERMEDIO

C1 | C2

AVANZATO

Livello A2

- 1. Problemi d'amore

- 2. Pettegolezzi

- 3. Mangiare

- 4. Festa a sorpresa

- 5. Viaggi e gite

- 6. Le storie di Simona

1 Biagio racconta

Inserisci nel testo le parole della lista. Attenzione: c'è uno spazio in più.

> **a cui - anzi - che - con cui - in cui - insomma - mai - modo - quando - tanto**

Ieri al bar _____ suona il mio amico Matteo ho incontrato Martina, la ragazza _____ l'estate scorsa ho telefonato ogni sera _____ per chiederle di uscire. Lei non ha _____ accettato e alla fine ho smesso di chiamarla, così non l'ho più vista né sentita per un anno. _____ l'ho incontrata al bar sono rimasto senza parole perché adesso è ancora più bella! "Matteo, riprovaci! - mi sono detto subito - Eventualmente ti dice ancora di no, _____ non hai niente da perdere." L'ho vista parlare con Alessandro, un vecchio amico, _____ vecchissimo perché ci conosciamo dall'asilo e mi sono avvicinato. Lei mi ha guardato in un _____ strano e secondo me non mi ha riconosciuto, così non ci siamo parlati. Dopo un po' però il mio telefonino ha suonato e la ragazza dei miei sogni, quella _____ per tre mesi mi aveva sempre risposto di no e _____ non ero riuscito neanche ad andare a prendere un gelato, _____ quella davanti a cui poco prima non avevo detto una parola, mi ha chiesto se volevo ballare. Allora è vero: "Chi meno ama, è il più forte!"

Ogni parola inserita in modo esatto vale 2 punti.

Totale: _____/20

2 Marianne e il fascino latino-americano

Scegli la forma corretta del verbo.

Quando **studiavo/ho studiato** all'università, avevo conosciuto un ragazzo che **veniva/è venuto** dalla Bolivia: Enrique.

Enrique **veniva/era venuto** in Italia perché sua madre **lavorava/ha lavorato** per la FAO a Roma, la città dove io e i miei amici facevamo l'università. Dopo essere arrivato a Roma, Enrique **ha incontrato/incontrava** alcuni ragazzi sudamericani che **frequentavo/frequentavamo** anch'io. Con questi amici ci vedevamo spesso per ascoltare musica latino-americana, così un giorno Enrique e gli altri **decidevano/hanno deciso** di mettere su una piccola band.

Quasi ogni sera, quando **ho finito/finivo** di studiare, **andavo/sono andato** a sentirli suonare.

Una volta, per il compleanno di Massimo, io e i miei amici **decidevamo/abbiamo deciso** di fare una festa; anche Enrique **doveva/è dovuto** venire ma alle 10 di sera ancora non era arrivato. La mia amica Marianne **era/è stata** molto triste perché **si era innamorata/si innamorava** di Enrique appena lo **aveva visto/vedeva**. Finalmente alle 11 passate Enrique ed il suo gruppo **arrivavano/sono arrivati** e **cominciavano/hanno cominciato** a suonare. Mentre Enrique **cantava/aveva cantato**, Marianne **aveva/aveva avuto** occhi solo per lui. Ma alle tre di notte Marianne **andava/è andata** via piangendo, perché Enrique **aveva trovato/trovava** un'altra ragazza.

Ogni verbo esatto vale 1 punto. Totale: _____/20

3 **Consigli**

Leggi i consigli a Marianne e quelli a Biagio, segna se i pronomi sono usati correttamente e correggi le frasi sbagliate (sono 5).

A Marianne, che è innamorata di Enrique, ma lui non la ama (vedi testo dell'esercizio 2).

1. Ci non pensare!	*1. ( ) Frase corretta ( ) Frase sbagliata, deve essere: _____*
2. Dimenticagli!	*2. ( ) Frase corretta ( ) Frase sbagliata, deve essere: _____*
3. Dovresti uscire con qualcun'altro.	*3. ( ) Frase corretta ( ) Frase sbagliata, deve essere_____*
4. Al tuo posto ti guarderei intorno. Ci sono tanti ragazzi che vorrebbero uscire con te.	*4. ( ) Frase corretta ( ) Frase sbagliata, deve essere: _____*
5. Sta' tranquilla, Marianne, "chi non ti ama, non ti merita."	*5. ( ) Frase corretta ( ) Frase sbagliata, deve essere: _____*

A Biagio che deve decidere che cosa fare con Martina (vedi testo dell'esercizio 1).

6. Fa' finta di non ricordarti di lei.	*6. ( ) Frase corretta ( ) Frase sbagliata, deve essere: _____*
7. Falle aspettare un po'.	*7. ( ) Frase corretta ( ) Frase sbagliata, deve essere: _____*
8. Al tuo posto le direi che non l'avevi più chiamata perché non si piacciono le ragazze che si fanno desiderare.	*8. ( ) Frase corretta ( ) Frase sbagliata, deve essere: _____*
9. Poi se Martina t'interessa ancora, dovresti scoprire perché l'anno prima non voleva uscire con te.	*9. ( ) Frase corretta ( ) Frase sbagliata, deve essere: _____*
10. Eventualmente dalle un'altra possibilità.	*10. ( ) Frase corretta ( ) Frase sbagliata, deve essere: _____*

Ogni frase sbagliata corretta nel modo giusto vale 2 punti. Totale: _____/10

Test 1 Problemi d'amore

4 Lettera al giornale

Scegli la forma corretta.

LETTERE A DORIANA

Cara Doriana,
sono una ragazza di 17 anni e ho **una grande/un grande** problema: mi sono innamorata pazzamente del marito **della/di** mia sorella. Secondo me anche lui **mi/si** ama profondamente, mi guarda sempre e **ieri/un giorno prima** l'ho visto davanti alla scuola **che/in cui** vado per il corso di danza. **Cosa/Quale** devo fare? Io non voglio far soffrire **niente/nessuno**, soprattutto mia sorella, ma se lui non **l'ama/le ama**, lei non può essere felice comunque e vivrebbe **meglio/migliore** da sola. Come può stare con qualcuno **con/da** cui non ha niente in comune e **che/chi** l'ha sposata per errore? Lui è **molto/molte** brillante, ride sempre, scherza, ama ballare come **io/me**, invece mia sorella è così seria e **noiosa/noiose**! Senza dubbio io sono la donna perfetta per **gli/lui**: io e lui insieme saremmo più **felice/felici**, lo so, lo sento, ma chi riesce **a/per** dirlo a mia sorella e ai miei genitori? Infatti di questa storia ancora non **conosce/sa** niente nessuno. La mia **meglio/migliore** amica è sempre stata mia sorella, ma ora **che/chi** può darmi una mano? Dammi un consiglio, aiutami tu!
Sabrina Senza Speranza

Ogni forma esatta vale 1 punto.

Totale: _____ /20

5 Doriana risponde

Riordina la lettera di risposta della giornalista Doriana a Sabrina inserendo nei giusti spazi le parti mancanti.

(1) Insomma, Sabrina, prima di far soffrire qualcuno dovresti pensarci bene

(2) perciò, Sabrina, vivi la tua età, divertiti, conosci gente e poi … "Domani è un altro giorno".

(3) e passava davanti alla tua scuola per una coincidenza.

DORIANA RISPONDE

Mia cara Sabrina,
prima di tutto, sei davvero innamorata di quest'uomo?
(____) In secondo luogo, come puoi essere sicura dell'amore del marito di tua sorella per te? È facile interpretare male il comportamento degli altri.
Forse lui vuole essere un tuo buon amico proprio per l'amore che ha per tua sorella (____) Nella tua lettera scrivi anche che quest'uomo e tua sorella non hanno niente in comune. (____)(____) e dovresti pensare che potresti essere proprio tu quella che soffrirà di più; (____)

(4) Forse hai ragione, sono molto diversi, ma spesso gli opposti si attraggono.

(5) Tu scrivi di amarlo pazzamente, ma alla tua età succede spesso di credersi innamorati e dopo qualche giorno passa tutto.

Ogni frase inserita al posto giusto vale 2 punti.

Totale: _____ /10

6 Un amore in crisi

Completa il testo con i verbi all'indicativo presente e passato prossimo e al condizionale semplice.

Cara Rita,

non *(noi-vedersi)* _____ da molto tempo e mi *(tu-mancare)* _____ molto, specialmente adesso! Mario mi *(lasciare)* _____, mi *(dire)* _____ che *(dovere)* _____ lavorare ad un progetto molto importante e non *(avere)* _____ tempo per me, ma ieri sera l' *(vedere)* _____ con un'altra! *(tu-Ricordarsi)* _____ l'estate scorsa come *(divertirsi)* _____ quando *(andare)* _____ in montagna tutti insieme? *(Passare)* _____ solo un anno, ma mi *(sembrare)* _____ un secolo! *(Sentirsi)* _____ terribilmente sola e non *(sapere)* _____ cosa fare; tu pensi che *(io-dovere)* _____ telefonargli? Quella ragazza *(potere)* _____ essere solo una collega. Ma no, *(io-continuare)* _____ a raccontarmi un sacco di bugie perché non *(riuscire)* _____ ad accettare la realtà, non *(farcela)* _____, ma adesso basta, scusami, ti *(annoiare)* _____ con i miei problemi d'amore e non ti ho neanche domandato come stai. Sono la solita egoista!

Un bacio. Melissa

Ogni forma esatta vale 1 punto.   **Totale: _____/20**

Test 1 Problemi d'amore

1 **Il simpatico cugino di Roberta**

Leggi il testo, poi completa la tabella scrivendo a cosa si riferiscono i pronomi segnati, come nell'esempio.

1	Tutti gli anni la stessa storia!
	Ho una casetta con un bel giardino in un paesino sul mare e **mi** piacerebbe passar**ci** le
	vacanze da sola a dipingere, invece ogni estate mio cugino viene a trovarmi. Mi telefona
	da una cabina dicendo che casualmente **si** trova a pochi chilometri da casa mia e mi
5	chiede se può fare un salto da me. Io naturalmente rispondo di sì e dopo mezz'ora **lo**
	vedo arrivare con una valigia enorme.
	"Dove vai con quel valigione?" **gli** domando io, sorpresa, ma non troppo viste le
	esperienze passate. Lui ogni anno risponde la stessa cosa: che **gli** piacciono le vacanze
	improvvisate senza spendere una lira, in autostop e senza alberghi. Poi comincia la solita
10	storia che i suoi amici non **lo** seguono in questa follia,
	che non **li** sopporta e che visto che era solo ha pensato
	di venire da me.
	Quest'anno ho provato una reazione.
	Gli ho detto: "Perché non vai in giro
15	con la tua ragazza?" ma lui, come al
	solito ha avuto l'ultima parola: "Quale?
	Rosa, quella che hai conosciuto l'anno
	scorso, **l'**ho lasciata sei mesi fa, poi è
	venuta Manuela, poi Francesca e infine
20	Monique. Ah l'amore! Basta, ora non **ne**
	voglio più sapere niente e voglio stare
	tutto il tempo con te, cuginetta!"

Riga	Pronome	Si riferisce a	Riga	Pronome	Si riferisce a
2	**mi**	*Roberta*	10	**lo**	
2	**ci**		11	**li**	
4	**si**		14	**Gli**	
5	**lo**		18	**l'**	
7	**gli**		20	**ne**	
8	**gli**				

Ogni riferimento esatto vale 2 punti.   **Totale: _____/20**

2 Il collega raccomandato

Completa il testo con le parole della lista. Attenzione: ci sono due parole in più.

> **avrei - ci - le - fare - giusto - insieme - lei - lui - mio - quando - sarei - successo**

La settimana scorsa io e Luciana _____ siamo incontrate al bar per prendere un caffè _____ e chiacchierare un po'. Le ho raccontato del mio "simpatico" collega e che cosa era _____ in ufficio per chiederle un consiglio. Questo mio collega infatti era diventato direttore al posto _____, solo perché lui era raccomandato e io no! Ero molto nervosa e non sapevo cosa _____.

Luciana mi ha detto che secondo _____ avrei dovuto cercarmi un altro lavoro, ma prima _____ dovuta andare dal mio nuovo direttore e _____ dovuto dirgli cosa pensavo di _____.

Così ieri sono andata davvero dal direttore, ma _____ sono entrata, gli ho detto solamente: "Congratulazioni per la promozione, Direttore!"

Ogni parola inserita in modo esatto vale 1 punto.   Totale: _____/10

3 Pettegolezzi: dove?

Scegli la preposizione corretta.

A/In/Nella Italia solo 3 città (Milano, Napoli e Roma) hanno più di un milione **dei/degli/di** abitanti. Gli italiani amano vivere **dai/nei/sui** piccoli centri: paesi o piccole città che hanno spesso la stessa struttura. **Al/Alla/Dallo** centro c'è una piazza **a/con/in** una chiesa. Davanti **alla/della/di** chiesa si trova il bar, sempre pieno di pensionati che chiacchierano e giocano **a/con/-** carte. Ma per sapere un autentico pettegolezzo bisogna andare **al/alle/dal** barbiere. Anche lui ha il suo negozio **alla/della/sulla** piazza, dove ci sono sempre anche la farmacia e la banca. Anche il forno o il negozio d'alimentari non sono lontani e si trovano generalmente in una strada che esce **alla/con/dalla** piazza.

Ogni preposizione esatta vale 1 punto.   Totale: _____/10

4 **Due chiacchiere con un vecchio amico del Liceo (parte I)**
Completa il dialogo coniugando all'indicativo presente e passato prossimo i verbi della lista. I verbi NON sono in ordine.

conoscere	diventare	essere	fare	finire
incontrare	leggere	prendere	sposarsi	studiare

Andrea - Allora Matteo, che _____ ora? _____ ancora?

Matteo - No, _____ l'università sei mesi fa e la settimana prossima comincio a lavorare alla "Plaxo".

Andrea - Oh la "Plaxo", che coincidenza! Proprio oggi _____ un appuntamento con il
direttore per martedì prossimo. È incredibile! Per anni non _____ più nessuno dei
vecchi amici. Invece ora sono insieme a te e stamattina in banca ho trovato Paolo, Paolo
Corsi della IIIC. Ti ricordi di lui? Mi ha detto che la settimana prossima _____.
Indovina con chi?

Matteo - Non saprei... Con chi?

Andrea - Con Lucia. Quella bella ragazza bionda della IIA. Aspettano un bambino!

Matteo - Davvero?! _____ pazzo di lei dalla III alla V liceo, finché non _____
Laura.

Andrea - Laura Conti? Qualche giorno fa _____ che _____ direttrice di una rivista
famosa!

Ogni verbo esatto vale 1 punto e ½.   **Totale: _____/15**

5 **Due chiacchiere con un vecchio amico del Liceo (parte II)**
Completa la seconda parte del dialogo coniugando all'indicativo presente e passato prossimo i verbi della lista. I verbi NON sono in ordine.

andare	avere	essere	lavorare	morire
passare	perdere	portare	tornare	uscire

Matteo - Sì, è vero, _____ molto successo nel lavoro, ma è una donna molto triste e sola.
Due anni fa, quindici giorni dopo il loro matrimonio, suo marito _____ in un
incidente d'auto. Da allora Laura _____ ogni interesse per la vita; non
_____ mai, non vede mai nessuno, _____ tutto il giorno, la sera
_____ a casa stanca morta e _____ a dormire. Qualche volta la
_____ a prendere e la _____ a cena fuori. Ma _____ sempre
così difficile convincerla.

Andrea - Che peccato, povera Laura! Forse con il tempo riuscirà a superare questo shock, ma non
sarà mai più la ragazza allegra di prima.

Ogni verbo esatto vale 1 punto e ½.   **Totale: _____/15**

Test 2 Pettegolezzi

6 **Due chiacchiere con un vecchio amico del Liceo (parte III)**

Completa la terza parte del dialogo con i determinatori temporali della lista.

| ancora | già | inizio | mai | ora | poi | più | primo | quando | sempre |

Matteo - Lo penso anch'io. _____ eravamo al liceo rideva _____ e _____ è così raro vederla sorridere. E tu che fai, stai _____ con Lisa?

Andrea - No, l'anno scorso Lisa è partita per gli Usa per il master. All'_____ avevamo deciso di continuare a stare insieme, _____ un giorno mi ha scritto una bella lettera: "Caro Andrea, mi dispiace, ma la mia vita è cambiata completamente, sono successe molte cose e io penso di non tornare _____ in Italia. Non dimenticherò _____ i nostri giorni felici insieme. Addio."

Matteo - Ah, le donne! E tu che hai fatto quando hai ricevuto questa letterina?

Andrea - Beh, in un _____ momento sono rimasto senza fiato, poi ho preso il telefono e la mia vecchia agenda e ho cominciato a chiamare tutte le vecchie amiche. Sono _____ arrivato alla E: Eva, capelli rossi, occhi verdi, mt.1,75, cm. 90-60-90!!!

Ogni parola inserita in modo esatto vale 1 punto.   **Totale: _____/10**

7 **Brasile che passione!**

Scegli il pronome corretto.

Camilla - Ciao Barbara, come va?

Barbara - Bene, senti, **mi/la/ti** ricordi che sabato prossimo è il compleanno di Riccardo? Che **gli/le/si** compriamo? Da Benetton ho visto dei cappellini molto carini, **gli/li/ne** prendiamo un paio?

Camilla - Mah, non so, perché non **ci/la/lo** chiediamo ad Elisa? **La/Le/Lo** telefono subito. **Ci/La/Le** chiamo sul cellulare.

Barbara - Ma che dici?! Elisa e Riccardo **li/gli/si** sono lasciati due giorni fa.

Camilla - Davvero? Allora sta male, dobbiamo andare a trovar-**ci/la/le**. Perché non **ci/la/le** facciamo un salto ora? Il regalo per Riccardo **lo/ne/si** prendiamo dopo.

Barbara - Guarda che Elisa sta benissimo, probabilmente adesso è fuori con il suo nuovo ragazzo brasiliano; Riccardo non **gli/le/si** manca proprio.

Camilla - Cosa?! **Ci/Le/Si** è innamorata di un brasiliano? E dove **l'/ne/si/** ha conosciuto?

Barbara - Al club. **Ci/Gli/Lo** è andata per vedere sullo schermo gigante la partita Italia-Brasile e, invece di guardare i brasiliani in TV, **ci/lo/ne** ha trovato uno seduto vicino a lei, bellissimo.

Camilla - **Mi/Si/Ti** stai prendendo in giro? Elisa con un brasiliano, **le/gli/ti** sembra possibile?

Barbara - Assolutamente sì, **la/li/ne** ho visti insieme al cinema, **ci/li/si** sono seduti davanti a me! Dai, adesso pensiamo a Riccardo!

Camilla - Sì, ma non compriamo magliette o cappelli verdi e gialli[1]. In questo momento non **gli/li/ne** apprezzerebbe!

Ogni pronome esatto vale 1 punto.   **Totale: _____/20**

note
_____
1. Verde e giallo sono i colori della bandiera e della squadra nazionale brasiliana.

1 Al bar

Scegli la forma appropriata del verbo.

Mi chiamo Antonio e **ho fatto/facevo** il barista in un bar del centro di Roma per 22 anni. Di solito noi **abbiamo aperto/aprivamo** alle 7 e **abbiamo chiuso/chiudevamo** alle 22, ma io **ho cominciato/cominciavo** a lavorare alle 6,30 per preparare il banco e quindi spesso **sono andato/andavo** via prima. Anche mio nipote è un barista. Lui **lavora/ha lavorato** fino alle 2 di notte perché **sta/è stato** nel bar di un piccolo paese e lì la gente **si incontra/si è incontrata** ancora al bar dopo cena, per giocare a carte e per **ha chiacchierato/chiacchierare**. Qui in città **è/è stato** tutto differente, soprattutto al centro: non **si frequenta/è frequentato** molto il bar dopo cena mentre durante la giornata a tutte le ore la gente ci **andare/va** per mangiare qualcosa velocemente. Anche l'ora di pranzo **è/è stata** molto frequentata perché ormai da parecchi anni in Italia il pranzo **ha smesso/smetteva** di rappresentare un momento importante per le famiglie. Ormai sempre più spesso i bambini **devono/dovevano** restare a scuola fino al pomeriggio e gli adulti **pranzano/hanno pranzato** fuori, al bar o in un fast food, per motivi di lavoro. L'unica usanza che **rimanere/è rimasta** sempre uguale nel corso del tempo **è/è stata** quella del caffè: qualcuno lo vuole corretto, qualcuno macchiato, un cliente lo **sta chiedendo/chiede** "ristretto", un altro "lungo", qualcuno lo **sta preferendo/preferisce** decaffeinato e qualcun altro doppio.

Ogni verbo esatto vale 1 punto.   **Totale:** _____**/20**

2 Cucinare, che passione!

Completa il dialogo con i possessivi e gli articoli (se necessari), cambiando la preposizione (se necessario) quando è tra parentesi, come nell'esempio.

Es. *Simone e Vincenzo sono due cuochi. Quando si incontrano, parlano (di)* __**del loro**__ *lavoro.*

Simone - Ciao Vincenzo, come ti trovi *(in)* _____ nuovo posto di lavoro?

Vincenzo - Non c'è male, _____ lavoro mi piace e anche _____ colleghi in cucina sono simpatici. Il proprietario del ristorante sta in sala e _____ figlio fa la scuola alberghiera. Vuole imparare, ma per ora _____ piatti non si possono dare ai clienti. _____ penne alla puttanesca[1] non le ha volute mangiare neanche il cane! E tu come stai?

Simone - Mah, mi sto separando *(da)* _____ moglie. Lo sai, *(con)* _____ lavoro, dobbiamo lavorare anche il sabato e la domenica e lei non lo capisce.

Vincenzo - Ma Simone, forse è solo un momento. Non puoi cambiare tutta _____ vita e quella *(di)* _____ figli per un momento difficile. Devi avere pazienza e parlare con lei. Paola è una donna intelligente e tu puoi cercare lavoro in un altro ristorante chiuso la domenica.

Ogni forma esatta vale 2 punti. **Totale: _____/20**

3 Mangiare: dove e quando

Completa il testo con le parole della lista. Attenzione: c'è uno spazio in più.

> **aperti - e - festivi - giornata - il - molte - negozi - orari - pomeriggio - solo**

In Italia i negozi di generi alimentari sono _____ tutti i giorni, esclusi la domenica e i _____, di mattina dalle 8 alle13 e nel _____ dalle 17 alle 20. Durante la settimana i _____ sono chiusi per mezza giornata, ma il giorno e gli _____ possono cambiare da città a città. In _____ zone i negozi di generi alimentari sono chiusi il mercoledì, mentre tutti gli altri negozi (librerie, profumerie, abbigliamento, ecc.) si riposano _____ lunedì mattina. Nelle grandi città alcuni grandi supermercati _____ hanno l'orario continuato, infatti sono aperti tutta la _____.

I ristoranti generalmente aprono da mezzogiorno alle 4 di pomeriggio _____ la sera dalle 6.30 alle 10,30, mentre molte pizzerie sono aperte _____ di sera.

Una curiosità: se state facendo la pasta di domenica e avete finito il sale, potete comprarlo dal tabaccaio, anche se questa usanza sta ormai scomparendo e generalmente nessuno lo compra più lì.

Ogni parola inserita al posto giusto vale 1 punto. **Totale: _____/10**

note

1. penne alla puttanesca: un primo piatto, un tipo di pasta.

Test 3 Mangiare

4 **Due amici al bar**

Completa il dialogo tra Luigi e Giorgio con le battute della lista.

Luigi	Giorgio
- Ciao Giorgio, come va?	-
- Oh mi dispiace, perché?	-
- Un cappuccino e un cornetto.	*(Al barista)* - Un bicchiere di latte caldo, un cappuccino e un cornetto.
-	- Sì, non posso bere il caffè.
-	-
- Vado alla partita di basket, vieni anche tu?	-
-	- Devo presentare la pubblicità per i nuovi gelati Algida.
-	- Sì, la concorrenza è molto forte e la pubblicità è importantissima.
-	- Grazie, se va bene, poi festeggiamo al ristorante!
-	- No! Dopo questo lavoro il gelato non lo digerisco...

Battute di **Luigi** da inserire	Battute di **Giorgio** da inserire
1. Hanno inventato un nuovo gelato anche quest'anno?	**A.** No, non ho fame. È il mio solito problema: gastrite nervosa. Che fai stasera?
2. Allora, buona fortuna.	**B.** Non molto bene.
3. Un bicchiere di latte? Sei sicuro?	**C.** No, devo prepararmi per la riunione.
4. Ah, ecco perché hai mal di stomaco.	**D.** Da qualche giorno ho sempre mal di stomaco, tu che prendi?
5. Al ristorante? Non festeggiamo in gelateria?	
6. E non mangi niente?	

Ogni frase inserita al posto giusto vale 1 punto.   **Totale: _____/10**

5 La pizza

Scegli per ogni battuta del dialogo in quale spazio inserire la parola a destra, come nell'esempio.

Es. *Ora voglio mangiare niente.*   **non**

Rosa - Perché non vieni di là? Cosa stai facendo in cucina?	**qui**
Moreno - Non vedi? Ho fame, mangio un panino.	**lo**
Rosa - Ma ho ordinato la pizza!	**appena**
Moreno - Non c'è problema. Mangio quella. Come l'hai ordinata?	**anche**
Rosa - Ne ho ordinate 2: ai funghi e l'altra prosciutto e funghi, perché?	**una**
Moreno - Ma quante volte devo dirti che i funghi non piacciono!	**mi**
Rosa - Ma, i funghi ci vogliono!	**dai**
Moreno - Eh sì, almeno la birra l'hai?!	**ce**
Rosa - Veramente, l'ho dimenticata. E che ci penso, è finito anche il vino.	**ora**
Moreno - Brava e adesso beviamo?	**che**
Rosa - Acqua!	

Ogni parola inserita al posto giusto vale 2 punti.   **Totale: _____/20**

6 Carmelina e le sue ricette

Completa il testo con i pronomi diretti, riflessivi e la particella "ne".

Carmelina prepara tutti i giorni una salsa per la pasta (ragù, pesto, pummarola, amatriciana, ecc.). _____ prepara per tutta la sua famiglia, ma _____ dà sempre un po' anche a me. Quando prepara i biscotti invece, _____ chiama e io _____ aiuto ad accendere il forno (perché lei ha paura e non _____ usa mai da sola).

Io _____ diverto molto ad aiutar_____ in cucina, perché è molto simpatica. Che buoni i suoi biscotti! Purtroppo io non so far_____, perché Carmelina è molto gelosa delle sue ricette e non _____ dice mai a nessuno, neanche a me, eppure _____ conosciamo da 10 anni.

Ogni pronome esatto vale 2 punti.   **Totale: _____/20**

A2 Festa a sorpresa

① Rachele organizza una festa

Completa il dialogo con i pronomi riflessivi, diretti, "ci" e "ne".

Rachele - Abbiamo bisogno anche di qualche bottiglia di coca cola.

Elisa - Io _____ posso portare un paio.

Marco - Bene, le altre _____ compro io.

Rachele - E l'insalata?

Elisa - _____ prepara mia madre, non ci sono problemi.

Rachele - E poi cosa facciamo?

Marco - Perché non facciamo del pollo? _____ compriamo due già cotti in rosticceria?

Rachele - Sì, buona idea, _____ posso comprare io quando torno dalla palestra, esco dieci minuti

prima e _____ fermo da "Remo", _____ passo davanti. Sentite, invitiamo anche la cugina

di Matteo?

Massimo - No, io non voglio veder_____.

Elisa - Neanche io. È antipaticissima. Quando ci incontriamo in piscina, non _____ saluta e non

_____ parla.

Ogni pronome esatto vale 2 punti.   **Totale: _____/20**

2 Altri preparativi

Scegli per ogni battuta del dialogo in quale spazio inserire il pronome a destra, come nell'esempio.

Alla festa a casa di Rachele si festeggia il compleanno di Massimo.

Marco - Hai comprato lo spumante per stasera?

Biagio - Sì, ho preso. Tu hai telefonato a tutti gli invitati? **l'**

Marco - Ci ho provato, ma non ho trovati tutti; non ha risposto né Ada né Pina. **li mi**

Biagio - Perché non chiami ora? **le**

Marco - Scusa, perché non fai tu? Io devo preparare. **lo mi**

Biagio - Uffah! Devo sempre fare tutto io, a proposito, hai ordinato la torta?

Marco - Certo, ho ordinata al cioccolato ed enorme, con la scritta "Sei un mito!" **l'**

Biagio - Una torta al cioccolato per Massimo?! Ma cosa hai nella testa! Il cioccolato non piace! Ora ritelefoni per cambiare la torta! **gli gli**

Marco - A chi dovrei telefonare?

Biagio - Al pasticcere!

Marco - No, prego! Tonino, il pasticcere, è un tipo nervoso, quello arrabbia con me! **ti si**

Biagio - Bene, così impari.

Ogni pronome inserito al posto giusto vale 2 punti. **Totale: _____/20**

3 Musica per la festa

Completa il dialogo con le parole della lista. Attenzione: c'è uno spazio in più.

> **continuamente - ieri - ne - neanche - occupato - paio - per - puoi - ragione - tutto**

Marco - Ciao Riccardo, _____ ti ho cercato tutto il giorno, ma il telefono era sempre _____.

Riccardo - Infatti l'avevo staccato perché Paola mi chiamava _____.

Marco - Eh, sí, hai _____. Paola, la cugina di Matteo, vero? _____ stare tranquillo, non l'abbiamo invitata. Non la sopportano _____ Massimo ed Elisa. _____ la festa a casa di Rachele è _____ pronto, ma se puoi, dovresti portare un _____ di CD per ballare.

Riccardo - Certo, non c'è problema, _____ ho diversi e la settimana scorsa ho comprato anche la compilation dell'estate.

Marco - Perfetto. Stasera allora _____ ci divertiamo sicuramente.

Ogni parola inserita al posto giusto vale 1 punto. **Totale: _____/10**

4 Rachele e la "festa a sorpresa" (parte I)

Completa il testo coniugando i verbi tra parentesi all'indicativo presente, passato prossimo e imperfetto.

Qualche giorno fa mia madre *(andare)* _____ a trovare mia nonna che non *(stare)* _____ molto bene. Mentre mamma *(essere)* _____ a Milano, mio padre *(dovere)* _____ partire urgentemente per lavoro. In realtà mio padre non voleva lasciarmi da sola in città ma non *(trovare)* _____ altra soluzione e alla fine *(decidere)* _____ di partire. Naturalmente prima di uscire mi *(fare)* _____ mille raccomandazioni: "Rachele, mi raccomando, *(dovere)* _____ stare attenta, *(essere)* _____ pericoloso uscire di notte. Non dire a nessuno che i tuoi genitori non *(essere)* _____ a casa e non invitare nessuno. Fra due giorni io e la mamma *(tornare)* _____. Va bene?".

"Naturalmente, babbo - *(rispondere)* _____ io - non *(esserci)* _____ problemi."

Finalmente *(avere)* _____ la casa tutta per me!

Appena mio padre *(uscire)* _____ *(io - telefonare)* _____ a tutti i miei amici per organizzare una festa a casa mia. Alle 9 *(arrivare)* _____ tutti: *(noi - divertirsi)* _____ moltissimo, ma poi qualcuno *(suonare)* _____ alla porta: "Sorpresa!" *(dire)* _____ mia madre entrando.

Ogni verbo esatto vale 1 punto.   **Totale: _____/20**

5 Rachele e la "festa a sorpresa" (parte II)

Completa il testo coniugando i verbi della lista all'indicativo presente, passato prossimo e imperfetto. I verbi sono in ordine.

vedere	aprire	sentirsi	capire	immaginare
spegnere	portare	salire	volere	dovere

Non vi dico che faccia ha fatto la mamma, quando _____ il salotto. Non _____ con le sue chiavi, perché la musica _____ fin dal giardino e lei _____ che non ero sola in casa, ma certo non _____ di trovare 40 ragazzi nel suo salotto e piatti e bicchieri dappertutto. Era furiosa. Poi qualcuno _____ tutte le luci, e Riccardo e Marco _____ la torta con le candeline. Tutti hanno cominciato a cantare "Tanti auguri a te" e la mamma _____ in camera sua dicendomi: "Io non ti _____ dire niente, ti _____ dire tutto da sola!"

Ogni verbo esatto vale 1 punto.   **Totale: _____/10**

6 Una telefonata inopportuna

Riordina la telefonata tra Elisa e la mamma di Rachele.

Elisa	Mamma di Rachele
1. Oh, mi scusi signora, sono Elisa.	**A.** Grazie Elisa, ma conosco bene mia figlia. Io non mi preoccupo, lei però si deve preoccupare quando torna!
2. Ah, sì, forse telefona direttamente a me. Allora la richiamiamo dopo, così lei non si preoccupa.	**B.** No, è uscita. Chi la vuole?
3. Probabilmente Rachele ha finito la batteria. Non risponde.	**C.** Certo, ma secondo me, non mi telefona.
4. No, signora, ecco, veramente… non ci siamo incontrate, perché… ho fatto tardi.	**D.** Ah, ho capito. E perché non vi siete chiamate con il telefonino?
5. Pronto, c'è Rachele?	**E.** Elisa?! Ma Rachele non è con te?
6. Penso di sì. Senta, se telefona, può dire a Rachele che io l'aspetto qui al Roxi Bar?	**F.** Non risponde, eh? E secondo te ha finito la batteria…

__/__   __/__   __/__   __/__   6/C   __/__

Ogni frase inserita al posto giusto vale 1 punto.   **Totale: _____/10**

7 I consigli della nonna

Segna nel testo i 5 verbi sbagliati e scrivi le forme corrette nella tabella, come nell'esempio.

La madre di Rachele è molto arrabbiata con la figlia, così la nonna scrive un biglietto alla nipote per darle dei consigli per far pace con la madre.

Prima di tutto, Rachele, al tuo posto ~~chiederesti~~ scusa. Poi, per fare bella figura potresti aiutare tua madre in casa e almeno per qualche giorno dovresti mettere in ordine la tua camera. E poi dovresti faresti attenzione ad alcune cose che a lei danno fastidio: non dovresti passare molto tempo al telefono; dovresti mangiare quello che ha preparato anche se non ti piaceresti; ti dovresti alzare presto per non fare tardi a scuola; non dovresti tornare tardi la sera. Anzi, saresti meglio non uscire questa settimana. E poi faresti bene a non andare in Vespa a scuola, perché sai che lei si preoccupa. Spero che seguiresti questi consigli. Sono sicura infatti che se ti comporterai come ti dirò tua madre ti perdonerà.

Es.: chiederei	**1.**	**2.**	**3.**	**4.**	**5.**

Ogni parola corretta nel modo esatto vale 2 punti.   **Totale: _____/10**

1 Un elefante a Roma (parte I)

Segna nel testo i 5 verbi sbagliati e scrivi le forme corrette nella tabella, come nell'esempio.

Ho sempre avuto la passione della fotografia e da giovane **mi piace** molto viaggiare. Andavo spesso all'estero, specialmente in Africa ed in Estremo Oriente e i miei genitori non erano molto contenti. In effetti avevano ragione, perché la mia fotografia migliore l'ho fatta proprio nella mia città. Una volta a Roma vedevo un elefante che camminava davanti al Colosseo. Tutta la gente aveva paura. Una donna, che mi ha visto andare verso l'elefante, mi ha gridato spaventata: "Ehi tu, ma sei pazzo? Stai attento, torni qui, non avvicinarti!" Invece io mi divertivo un mondo a vedere questo grande animale libero per la città, perché gli animali selvaggi mi piace molto e, certo, non ci sono molte possibilità di vederne qualcuno a Roma. Così mi sono avvicinato piano piano e gli ho fatto una foto. Per fortuna l'elefante è rimasto calmo e non si muoveva. Il giorno dopo ho letto sul giornale che l'elefante fuggiva due giorni prima dal circo per cercare la sua "fidanzata", che lavorava in un altro circo.

Es.: *mi piaceva*	1.	2.	3.	4.	5.

Ogni verbo corretto in modo esatto vale 2 punti.   **Totale:** _____ /10

2 Un elefante a Roma (II parte)

Completa il testo con i verbi all'indicativo presente, passato prossimo e futuro, al condizionale semplice e all'imperativo.

Molte persone, colpite dalla storia della fuga per amore dell'elefante, hanno mandato al giornale una lettera per esprimere la loro idea e dare un consiglio ai proprietari dei due elefanti.

"Al vostro posto io *(lasciare)* _____ liberi i due innamorati", ha scritto una ragazza. E un'altra persona: "*(voi - dovere)* _____ riportare gli elefanti a casa loro." Anch'io ho spedito una lettera al giornale e *(volere)* _____ dare il mio consiglio, ma agli elefanti: "Al vostro posto, non *(essere)* _____ così docile e non mi *(fare)* _____ riportare al circo. Amici miei, non *(fidarsi)* _____ delle persone che dicono di volervi con loro perché vi amano. *(Scappare)* _____!"

Alla fine i proprietari dei due circhi, dopo tutte queste lettere, hanno pensato di farsi un po' di pubblicità e *(decidere)* _____ di lasciare insieme i due elefanti innamorati. Recentemente da un amico di Roma *(io - sapere)* _____ che oggi vivono tutti e due liberi in Kenia e che fra qualche mese *(avere)* _____ un piccolo elefantino.

Ogni verbo esatto vale 1 punto   **Totale: _____/10**

3 Il mio primo viaggio in aereo

Inserisci nel testo le parole della lista. Attenzione: c'è uno spazio e una parola in più.

> **a - breve - del - ha - in - lo - nello - passeggeri - paura - perché - volta**

Io e Christopher ci siamo conosciuti _____ aereo: io andavo a Francoforte alla Fiera _____ libro e lui tornava da una _____ vacanza in Italia. Volavo per la prima _____ e mentre tutti gli altri _____ leggevano o chiacchieravano, io non riuscivo _____ fare niente perché avevo _____. Christopher si è reso conto che avevo un _____ problema, allora mi ha sorriso e mi _____ fatto delle domande, ma io _____ guardavo senza rispondere, non dicevo una parola _____ ero troppo nervosa e ho cominciato a piangere. Allora Christopher mi ha preso la mano e ha continuato a parlarmi. Io mi sono rilassata e quando siamo arrivati a Francoforte eravamo amici.

Ogni parola inserita in modo esatto vale 2 punti.   **Totale: _____/20**

4 Viaggio in Italia

Completa il dialogo tra Norma e Dilek con i pronomi diretti, indiretti, "ci" e "ne".

Norma - Dilek, sai che molti italiani la mattina prima di andare al lavoro prendono un espresso o un cappuccino al bar?

Dilek - Davvero? Un espresso a colazione? Io non _____ ho mai bevuto a colazione, non _____ piacerebbe!

Norma - Invece è molto buono; io ho provato sia il caffè che il cappuccino e _____ sono piaciuti più del tè.

Dilek - Ma a colazione gli italiani non mangiano niente?

Norma - Mangiano dei dolci, delle paste, _____ mangiano una o due, bevendo il caffè o il cappuccino. È buona la colazione così, davvero. Dilek, tu quando parti per l'Italia?

Dilek - _____ vado tra una settimana. _____ serve qualcosa?

Norma - Beh, non proprio, ma ho finito le buste di carta fiorentina. _____ avevo comprate a Firenze in un negozio vicino al Duomo.

Dilek - Dici quelle belle buste, con quella carta fiorita che hai usato per gli inviti al party?

Norma - Esatto. _____ dispiacerebbe comprar_____ una scatola di buste e fogli? Se non trovi esattamente la stessa carta non importa, puoi prender_____ una simile.

Ogni pronome esatto vale 1 punto.   **Totale: _____/10**

5 Tour organizzato

Riordina il dialogo tra Silvia e Alberto.

Silvia	Alberto
1. Perché non la fai parlare con Rossana e Tommaso? Hanno fatto un tour organizzato in Egitto e sono rimasti molto delusi.	**A.** Ancora non lo so, probabilmente resterò tutta l'estate a Rimini.
2. Oddio no! I tour organizzati sono noiosissimi.	**B.** Sì, volevo andare in Turchia, ma con Laura è impossibile.
3. Esatto. Forse se parla con Rossana, Laura si convince.	**C.** È quello che ho detto anch'io, ma prova tu a spiegarlo a Laura!
4. Ma non volevi fare un viaggio all'estero?	**D.** Non credo, Laura ha paura a viaggiare senza guida. Comunque è un'idea. Ci provo.
5. Non le piace viaggiare?	**E.** Ah sì, lo so, gli hanno fatto passare ore ed ore nei negozi con la guida.
6. Ehi Alberto, che hai deciso di fare la prossima estate?	**F.** Viaggiare le piace. Il problema è che vuole andare con un tour organizzato.

__/__   __/__   __/__   __/C   1/__   __/__

Ogni frase inserita al posto giusto vale 1 punto.   **Totale: _____/10**

6 Due città italiane (parte I)

Completa il testo con le espressioni della lista.

> **bellissima - del - di più - inferiori - la più - meno - più - quanto - superiore - tanto**

Durante il mio viaggio in Italia, ho visitato molte città; _____ interessante di tutte è sicuramente Roma, ma anche Firenze è _____, anzi forse mi piacerebbe _____ vivere a Firenze, perché la qualità della vita è _____: c'è _____ traffico e anche i prezzi sono _____ (purtroppo bisogna dire che l'Italia in generale è _____ bella _____ cara).

A Firenze è tutto _____ piccolo: le strade, i palazzi, le piazze, anche l'Arno è più stretto _____ fiume che attraversa Roma, il Tevere.

Ogni espressione inserita in modo esatto vale 1 punto.   **Totale: _____/10**

7 Due città italiane (parte II)

Completa il testo con le espressioni della lista.

> **come - del - del - delle - il più - la più - meglio - ottime - più - superiore**

La cucina fiorentina e quella romana sono entrambe _____, ma a Firenze ormai è difficile trovare un ristorante veramente tipico. A Trastevere, a Roma, per esempio, si mangia _____ perché ci sono molte trattorie tradizionali dove mangiano anche i romani insieme con i turisti.

La gente invece è uguale: i romani sono simpatici e chiacchieroni _____ i fiorentini. Tutti parlano molto velocemente, ma secondo me il dialetto romano è _____ difficile da capire _____ fiorentino. Tutti si vestono con molta cura, ma bisogna dire che spesso i ragazzi sono più eleganti _____ ragazze; a Roma sono entrata in una profumeria enorme, _____ grande della città: al piano terra si vendono cosmetici da donna, ma al piano _____ ci sono solo prodotti per uomo, profumi, creme, cosmetici, ecc. Insomma è proprio vero che l'uomo italiano è _____ vanitoso _____ mondo.

Ogni espressione inserita in modo esatto vale 1 punto.   **Totale: _____/10**

8 Orangutango nel parco nazionale della Maiella

Scegli la forma corretta del verbo.

D'estate la domenica io e mia moglie di solito andiamo al mare. La scorsa domenica tuttavia non ci **andiamo/andavamo/siamo andati** perché mio figlio, che **ama/amava/ha amato** gli animali, voleva fare una gita al parco nazionale.

Ci siamo alzati/Ci alziamo/Ci alzavamo alle 8 e **siamo partiti/partivamo/partiremo** quasi subito, ma sulla strada **c'è stato/c'era/c'era stato** molto traffico, perciò mio figlio e mia moglie, che **odiano/hanno odiato/stanno odiando** il traffico e il rumore, **cominciano/hanno cominciato/stanno cominciando** a lamentarsi. Dopo un paio d'ore **raggiungiamo/abbiamo raggiunto/raggiungevamo** l'ingresso del parco nazionale e abbiamo parcheggiato in un posto tranquillo, ideale per un pic-nic.

Mia moglie, che **sa/sapeva/ha saputo** sempre organizzare tutto benissimo, **si mette/si metteva/si è messa** a preparare qualcosa per il pranzo. Purtroppo, dopo poco **arrivano/arrivavano/sono arrivate** due macchine piene di ragazzi ed il silenzio **è finito/finisce/finiva**.

Io ho provato a parlare con i ragazzi: "Scusate, **avete potuto/potreste/potevate** fare un po' meno rumore? - ho chiesto io con estrema gentilezza - Mia moglie **ha desiderato/desidererebbe/sta desiderando** riposarsi un po'."

Ma uno di loro mi ha risposto sgarbatamente: "Ci dispiace, ma **abbiamo festeggiato/festeggiavamo/stiamo festeggiando** la fine degli esami, e voi non **avete/avrete avuto/avevate avuto** il diritto di disturbarci. Se questo posto vi **è sembrato/sembra/sembrerebbe** rumoroso, perché non ne cercate un altro più silenzioso?"

Allora **mi innervosisco/mi innervosivo/mi sono innervosito** davvero e gli ho risposto: "Personalmente **andrei/sono andato/vado** subito in un altro posto, ma mio figlio **si divertiva/si è divertito/si sta divertendo** un sacco, infatti gli piacciono molto gli orangutanghi, specialmente quelli con gli occhiali da sole!"

Ogni verbo esatto vale 1 punto.   **Totale: _____/20**

1 Simona racconta... (parte I)

Completa il testo con i pronomi diretti o riflessivi della lista.

> **ci - ci - lo - lo - la - le - li - mi - mi - si**

Oggi vado in centro e faccio un giro per i negozi; _____ voglio girare tutti per scegliere un vestito speciale per questo San Silvestro[1]. È una serata unica. Io di solito _____ vesto sportiva, ma per questa notte anche il mio vestito _____ voglio unico ed elegante, così come le scarpe. Non _____ compro mai con i tacchi perché divento più alta di mio marito e a lui non piace, ma questa volta... Voglio comprarmi anche una borsa, ma naturalmente non _____ posso scegliere senza il vestito e le scarpe. Io _____ diverto a fare spese, mentre mio marito _____ annoia da morire quando deve andare a comprare qualcosa. Odia girare per i negozi e quando è costretto a far_____, si lamenta per tutto il tempo. Così io e sua madre _____ preoccupiamo di scegliere e comprare i suoi vestiti. Lui però, non _____ ringrazia mai, anzi, critica sempre quello che compriamo!

Ogni pronome inserito in modo esatto vale 1 punto.   **Totale: _____/10**

2 Il marito di Simona

Riordina il dialogo tra Simona e Filippo.

Simona	Filippo
1. Bravo. Ma che giorno è oggi?	**A.** Perché? Cosa c'è stasera?
2. Filippo, che cosa ti metti stasera?	**B.** Ah, io l'ho già comprato. Guarda, ti piace?
3. Cosa c'è?! Ma come, che giorno è oggi?	**C.** E poi cosa? Domani è giovedì.
4. Basta! Io esco, vado a comprarmi un vestito per stasera, per San Silvestro!	**D.** 31 Dicembre. È l'ultimo giorno per fare l'abbonamento alla TV.
5. Sì, mercoledì, e poi?	**E.** Sorpresa, eh?!
6. È bellissimo, elegante! Incredibile!	**F.** Mercoledì.

2/__ __/F __/__ __/__ __/__ __/__

Ogni frase inserita al posto giusto vale 1 punto.   **Totale: _____/10**

note
_____
1. San Silvestro: 31 dicembre.

③ Simona racconta... (parte II)
Inserisci nel testo le preposizioni della lista dove mancano. Le preposizioni sono in ordine.

a - per - di - a - in - per - nella - del - da - a

Stamattina sono andata comprare un vestito elegantissimo questa sera, perché finalmente mio marito ha deciso non festeggiare l'ultimo dell'anno casa e andiamo un locale alla moda molto elegante. Ho trovato subito il vestito, ma ho dovuto girare molti negozi trovare le scarpe e la borsa; mia famiglia infatti abbiamo tutti i piedi lunghi e non è facile trovare le scarpe nostro numero. Di solito in queste occasioni mio marito non ha un vestito elegante mettersi, perché lui non piace fare spese e spendere molti soldi per vestirsi bene, ma quest'anno mi ha sorpresa perché si è comprato un vestito bellissimo.

Ogni preposizione inserita nel punto esatto vale 2 punti.   **Totale: _____ /20**

④ Una breve vacanza
Scegli nella lettera la forma corretta del verbo.

Cara Rita,

ti **sto scrivendo/ho scritto** da Verona, una città meravigliosa. Io e Filippo **siamo arrivati/arrivavamo** ieri, ma domani **eravamo dovuti/dobbiamo** già ripartire, perché le nostre vacanze **hanno finito/sono finite** e io **sto volendo/vorrei** visitare anche Venezia. Stamattina **andavamo/siamo andati** a visitare la casa di Giulietta: il famoso balcone **è/è stato** delizioso. È anche molto alto, povero Romeo! **Ci abbiamo divertiti/Ci siamo divertiti** a girare per il centro storico e poi all'Arena **abbiamo preso/abbiamo presi** due biglietti per l'Opera di stasera: **ci sta essendo/c'è** l'Aida. Ti ricordi quando a scuola Filippo la **cantava/sta cantando** mentre **aspettavamo/abbiamo aspettato** la lezione di religione?

Adesso ti **lascio/sto lasciando** perché anch'io **devo prepararmi/devo mi preparare**. Stamattina **mi ho comprato/mi sono comprata** un vestito nero, lungo, elegantissimo e molto caro; a Filippo non **è piaciuto/piaceva**, specialmente per il prezzo, ma quando mi

ha visto/aveva visto, non **dice/ha detto** più niente e me l'**ha regalato/ho regalato**.

Ti **abbraccio/ho abbracciato**.

Un bacio. Simona

Ogni verbo esatto vale ½ punto.   **Totale: _____ /10**

5 Dopo le vacanze

Completa il testo con i verbi all'indicativo presente, passato prossimo, imperfetto e trapassato prossimo, al condizionale semplice e all'infinito.

Simona - Ma come sei abbronzata, Veronica! *(stare)* _____ in Sardegna anche quest'anno?

Veronica - No, no. Quest'anno io e Marilena *(andare)* _____ in Puglia. Sai, Marilena

        (separarsi) _____ appena _____ dal marito; *(lavorare)* _____ da

        poco e non *(potere)* _____ spendere molto. La Puglia *(essere)*

        _____ più economica.

Simona - Sì certo. Ma chi è Marilena?

Veronica - Ma come, non la *(conoscere)* _____? L'*(incontrare)* _____

        all'ospedale quando *(io-avere)* _____ la bronchite e tu sei venuta a trovarmi.

Simona - Ah sì, sì, ora *(ricordare)* _____, quella tua vecchia amica di Bergamo.

Veronica - Esatto. E tu e Filippo che *(fare)* _____?

Simona - Niente di speciale. Filippo ha cambiato lavoro e quindi non *(avere)* _____ molti

        giorni di ferie. Solo per Ferragosto[2] *(riuscire)* _____ a prendere due giorni e così

        (noi-partire) _____ all'ultimo momento, senza *(prenotare)* _____

        niente. In autostrada *(io-vedere)* _____ il cartello per Verona e improvvisamente

        mi *(venire)* _____ voglia di andare a visitarla. Io non l'*(vedere)* _____

        mai _____ e Filippo c'era andato in gita al liceo.

Veronica - Anch'io *(visitare)* _____ Verona alle scuole medie, ma non sono mai stata né a

        Vicenza né a Padova. E tu?

Simona - Neanch'io. Mi *(piacere)* _____ moltissimo andarci.

Ogni verbo esatto vale 1 punto.   **Totale: _____/20**

note

2. Ferragosto: il 15 Agosto, festa nazionale.

6 Le nuove case di Simona e Veronica

Completa con i possessivi e gli articoli (se necessari) nel dialogo, cambiando la preposizione (se necessario) quando è tra parentesi, come nell'esempio.

Es.: *Simona parla con __la sua amica__ Veronica (di) __della sua__ nuova casa.*

Simona - Ciao Veronica, come ti trovi *(in)* _____ nuova casa?

Veronica - Benissimo. _____ vicini sono molto simpatici e poi _____ sorella abita nella stessa strada. E voi vi siete trasferiti?

Simona - Purtroppo sì.

Veronica - Perché dici così? Non ti trovi bene *(in)* _____ nuovo appartamento?

Simona - No, per niente. _____ marito è felice, perché adesso abitiamo vicino *(a)* _____ genitori, ma per me è una tortura. La casa è più piccola, _____ vicini sono rumorosissimi, hanno un cane che abbaia per ore e _____ figlia suona la chitarra elettrica.

Veronica - Ah ti capisco, ma perché non parli con _____ vicini?

Simona - Ci ho provato, ma lui non mi ha neanche ascoltato e _____ moglie è una strega.

Ogni forma esatta vale 2 punti.   **Totale: _____/20**

7 Simona in un negozio

Inserisci nel dialogo le parole della lista dove mancano. Le parole non sono in ordine.

> **basta - più - qualche - quel - stesso**

Simona - Scusi, vorrei provare vestito in vetrina. Che taglia è?

Commessa - Una 42. Cosa dice, va bene?

Simona - No, non c'è una taglia piccola?

Commessa - Certo, abbiamo anche la 38.

Simona - Uhm, probabilmente la 38 è troppo piccola, ma voglio provarla lo. Che colori avete?

Commessa - Ci sono colori splendidi: verde chiaro, azzurro e grigio…

Simona - No, grigio no, a me piace, ma mio marito preferisce i colori vivaci.

Commessa - Capisco, con gli uomini ci vuole pazienza. Vuole provare qualcos'altro?

Simona - No, ma vorrei vedere cravatta per mio marito.

Commessa - Certamente. Abbiamo delle fantasie vivacissime. Guardi questa.

Simona - Ah sì, questa mi sembra perfetta.

Commessa - Bene, così?

Simona - Sì, grazie.

Ogni parola inserita nel punto esatto vale 2 punti.   **Totale: _____/10**

A1|A2

ELEMENTARE

B1|B2

INTERMEDIO

C1|C2

AVANZATO

Livello B1

- 1. Fatti insoliti

- 2. La moda

- 3. Oltre a Roma, Venezia, Firenze

- 4. Prodotti tipici

- 5. Innamorarsi a Venezia

- 6. Musica

B1 Fatti insoliti

1 Una storia incredibile

Completa il testo con i verbi all'indicativo presente, passato prossimo e imperfetto, al gerundio e all'imperativo.

Maurizio racconta:

Ancora non riesco a capire esattamente quello che è successo. Venerdì sera *(uscire)* _____ dall'ufficio alle sei e *(prendere)* _____ la macchina per andare come al solito da mia madre. Sai che *(io-andare)* _____ a trovarla a Milano tutti i fine-settimana da quando *(morire)* _____ mio padre.

Dunque, quella sera *(piovere)* _____, ma stranamente non *(esserci)* _____ traffico e dopo 15 minuti *(entrare)* _____ in autostrada. *(Viaggiare)* _____ tranquillo, *(ascoltare)* _____ quel programma di musica rock che *(loro-dare)* _____ tutti i giorni prima del radiogiornale, quando una voce ha interrotto il programma *(dire)* _____: "Ehi tu, se non *(volere)* _____ morire qui, *(guidare)* _____ più piano, non *(sorpassare)* _____ ogni 5 secondi, *(essere)* _____ prudente!" Dopo *(ricominciare)* _____ la musica, io ho pensato alla solita "pubblicità progresso"[1] e *(continuare)* _____ a guidare a 160Km/h.

Non *(io-ricordare)* _____ quante volte *(fare)* _____ questa strada, e anche mio padre *(guidare)* _____ così, anche se mia madre *(arrabbiarsi)* _____ e regolarmente *(loro-finire)* _____ per litigare. Dopo qualche minuto comunque, mentre la radio *(trasmettere)* _____ la mia canzone preferita, la polizia mi *(fermare)* _____.

"Mi *(fare)* _____ vedere la patente, prego!" - ha ordinato formalmente il poliziotto - Sa a che velocità stava andando? *(rendersi)* _____ conto che a causa di gente come Lei ogni fine settimana *(succedere)* _____ decine di incidenti? Lei *(perdere)* _____ 10 punti[2] e la prossima volta *(dare)* _____ ascolto a chi le dà buoni consigli alla radio, altro che pubblicità progresso!"

Improvvisamente *(riconoscere)* _____ quella voce, ma certo, era quella che aveva fatto la pubblicità alla radio! Veramente strano, ancora non riesco a capire esattamente come sia potuto succedere.

Ogni verbo esatto vale 1 punto.   **Totale:** _____/30

---

note

1. pubblicità progresso: informazioni ed avvisi per informare e insegnare qualcosa ai cittadini.

2. In Italia ogni automobilista ha a disposizione per la patente di guida 20 punti che gli possono essere sottratti quando commette qualche errore.

2 Una strana paura

Riordina il dialogo tra Marco e Vittorio.

Marco	Vittorio
1. Infatti e io ho paura di volare.	**A.** Beh, ci vogliono 10 ore di aereo.
2. Sì, cioè no, insomma Vittorio, a Cuba non ci vengo.	**B.** Sì, vorrei andarci e tu?
3. Sì, ma c'era anche Elisa.	**C.** Bell'amico, grazie tante!
4. No, ma vale la pena rischiare.	**D.** Vuoi dire che volando con lei non hai paura?
5. Ti piacerebbe andare a Cuba?	**E.** Ma dai, l'anno scorso sei andato a NY!
6. Io no, è molto lontano.	**F.** E con me no, è così?

___/___   ___/A   ___/___   ___/___   ___/___   2/___

Ogni frase inserita al posto giusto vale 1 punto.   **Totale:** _____/10

3 Il favore

Completa il dialogo tra Salvo e Rodolfo con i pronomi e le particelle "ci" e "ne". Attenzione: c'è un solo spazio anche per i pronomi combinati.

Salvo - Ciao Rodolfo, ho saputo che ieri tua moglie si è arrabbiata molto.

Rodolfo - Sì, chi _____ ha detto?

Salvo - _____ ha detto lei, _____ ho incontrata al supermercato e _____ ha raccontato che avete litigato.

Rodolfo - Infatti. Giuliana non voleva prestare la macchina a Luigi perché dovevamo andare da sua madre, ma io _____ dovevo dare: Luigi è un amico e quando noi _____ abbiamo chiesto un favore, lui _____ ha sempre fatto.

Salvo - Sì, hai ragione, d'altra parte Giuliana non vedeva sua madre da molto tempo; _____ è andata alla fine?

Rodolfo - Certo, siamo andati con la moto.

Salvo - Ma non l'avevi venduta?

Rodolfo - Sì, ma _____ ho comprata una nuova, rossa fiammante: una favola. Vieni, è qui, _____ faccio vedere, ma non dire mai a Giuliana quanto costa!

Ogni pronome esatto vale 2 punti.   **Totale:** _____/20

4 Il messaggio misterioso

Completa il testo con la forma opportuna.

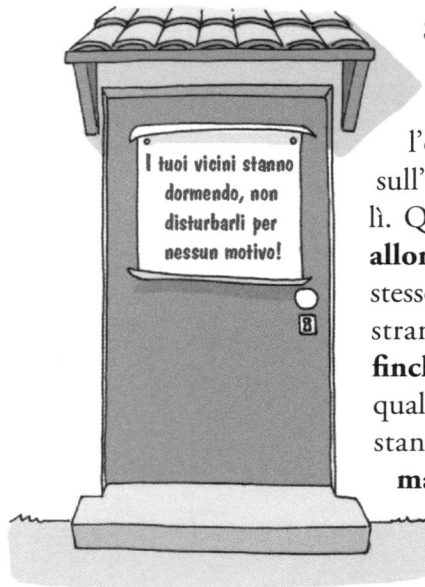

I tuoi vicini stanno dormendo, non disturbarli per nessun motivo!

Siccome/Perché/Perciò si è svegliata tardi, oggi Annalisa non è andata a lavorare. Infatti ha perso l'unico traghetto che c'è alle 8.15 ogni giorno feriale dall'Isola del Giglio a Porto Santo Stefano. Di solito l'estate Annalisa passa il fine-settimana con gli amici nella sua casa sull'isola **e/, /come** il lunedì mattina va direttamente con loro in ufficio da lì. Qualche volta la notte restano a chiacchierare sul terrazzo fino a tardi, **allora/dunque/ma** la mattina tutti riescono sempre ad alzarsi presto lo stesso. Stamattina **invece/poiché/quando** è successo un fatto veramente strano; **dove/infatti/mentre** nessuno è riuscito a svegliarsi **finché/invece/ma** la vicina non li ha chiamati per raccontargli **che/, /e** qualcuno le aveva lasciato sulla porta questo messaggio: "I tuoi vicini stanno dormendo, non disturbarli per nessun motivo!" Lei **ma/perciò/però** conosce bene Annalisa **e/,/tuttavia** sa che non si comporterebbe mai così. Perciò, dopo un primo momento di sorpresa **che/,/sebbene** è andata a chiamarla e l'ha svegliata. Uno scherzo? Chissà?

Ogni forma esatta vale 1 punto.   **Totale: _____/10**

5 Un regalo inaspettato

Inserisci nel dialogo le parole della lista dove mancano. Le parole sono in ordine.

che - niente - me l' - una - ci

Camilla - Ma bella borsa, dove l'hai comprata?
Barbara - È un regalo. Mio marito di solito non mi regala mai per San Valentino, preferisce farmi un regalo quando non aspetto. Questa volta invece mi ha fatto una sorpresa. Ha visto questa borsa in una vetrina, gli è piaciuta e così si è ricordato della festa degli innamorati.
Camilla - Che romantico! Ti dispiacerebbe domandargli dove l'ha presa? Mi piacerebbe comprarne simile.
Barbara - Certo, lo chiamo subito, così se è un negozio qui vicino puoi andare ora.

Ogni parola inserita nel punto esatto vale 2 punti.   **Totale: _____/10**

6 Il piatto della casa

Completa il dialogo con l'imperativo formale e informale. Inoltre inserisci i pronomi dove sono necessari.

Serena - Sta passando il cameriere. *(Chiamare)* _____ che ho fame.

Giorgio - *(Fare)* _____ tu, io posso aspettare!

Serena - Cameriere, *(scusare)* _____, *(venire)* _____ per favore, vogliamo ordinare!

Giorgio - Io prendo le linguine allo scoglio[3], *(prendere)* _____ anche tu!

Serena - Ma no, sono troppo piccanti! *(Dare)* _____ il menù. Scelgo qualcos'altro!

Giorgio - Dai, stai studiando il menù da dieci minuti, *(decidersi)* _____, *(sbrigarsi)* _____! Non avevi tanta fame?

Serena - Sì, uffah, non so cosa prendere! Dai Giorgio, *(consigliare)* _____ tu!

Giorgio - Non saprei! Comunque non *(scegliere)* _____ il cacciucco[4]. A me non piace!

Serena - Che c'entra, *(scusare)* _____! Lo mangio io, non tu! Anzi, non *(pensare)* _____ di scambiare i piatti, come fai di solito e non *(aspettarsi)* _____ che ti dia mezzo del mio. Ho fame davvero.

Giorgio - Allora *(prendere)* _____, *(fare)* _____ come vuoi!

Serena (al cameriere) - *(Sentire)* _____, prima di tutto *(portare)* _____ una bottiglia d'acqua gassata, ma non *(andare)* _____ via! Vogliamo ordinare! Lei cosa mi consiglia di primo?

Cameriere - *(Prendere)* _____ il piatto della casa. Sono sicuro che le piacerà. È squisito, non troppo pesante né piccante.

Serena - Allora una porzione di linguine per mio marito e la specialità della casa per me. Ma *(aspettare)* _____, che cosa è esattamente il piatto della casa?

Cameriere - Una specie di cacciucco!

Ogni forma esatta vale 1 punto.   **Totale: _____/20**

note

3. linguine allo scoglio: primo piatto di pasta con una salsa di pesce e frutti di mare.

4. cacciucco: zuppa di pesce tipica di Livorno (Toscana).

B1 La moda

1 I saldi

Completa il testo con i verbi all'indicativo presente, passato prossimo e futuro semplice, e al condizionale semplice e composto.

Maria - Ieri sono andata a fare spese. Sai, *(cominciare)* _____ i saldi e per tutto l'inverno non avevo comprato niente.

Paola - È tutto molto caro. Arrivare a fine mese *(essere)* _____ sempre più difficile. Ora però con i saldi cambia tutto. Che *(tu-comprare)* _____?

Maria - Non ci *(tu-credere)* _____, ma ieri *(avere)* _____ il coraggio di entrare nel negozio di Gucci.

Paola - Ma dai, non mi dire che *(fare)* _____ spese lì! Con il nostro stipendio!

Maria - E invece sì, *(prendere)* _____ una bellissima borsa con il manico in bambù scontata al 50%.

Paola - Accidenti! Ed adesso come *(arrivare)* _____ a fine mese?

Maria - Con la carta di credito! Ma cosa *(dovere)* _____ fare secondo te? Al posto mio cosa *(fare)* _____?

Paola - Ti *(potere)* _____ solo dire che io, da Gucci, non *(entrare)* _____ mai neppure a guardare, *(sapere)* _____ già di non potermi permettere neppure un portachiavi, figuriamoci poi una borsa!

Maria - Lo so, ma tu hai una famiglia da mantenere, io sono sola, e sono anche figlia unica.

Paola - Che *(entrarci)* _____ essere figli unici, scusa?

Maria - Cosa pensi, con il mio stipendio io non riesco a fare niente. *(Pagare)* _____ l'affitto, *(comprare)* _____ da mangiare, *(andare)* _____ al cinema qualche volta e basta. Però ci sono i miei: per Natale, anche quest'anno, mio padre e mia madre mi *(regalare)* _____ 5000 € da spendere come *(volere)* _____.

Paola - Ah, ecco perché sei sempre vestita alla moda e ti puoi permettere di entrare da Gucci. I tuoi sono ricchi.

Maria - Beh, non proprio ricchi, però *(aiutarmi)* _____ molto.

Ogni verbo esatto vale 1 punto.   **Totale: _____/20**

2 Un regalo per Maria

Ricostruisci i dialoghi inserendo le frasi delle due liste.

Maria - Papà, dove stiamo andando?

Papà - _____

Maria - _____

Papà - _____

Maria - _____

Papà - _____

1.- E lo sei, ma che male c'è se un padre regala qualche pezzo di arredamento bello alla figlia?
   ... Eccoci qua, questo è il mio negozio preferito.

2.- In un negozio di arredamento, voglio farti un regalo.

3.- Ma non c'è bisogno, mi hai già regalato tutti quei soldi a Natale.

4.- È vero, ma io volevo provare ad essere indipendente…

5.- Il bello di un regalo è farlo quando non c'è bisogno, e poi nel tuo appartamentino non c'è quasi niente.

Nel negozio:

Maria - Papà, hai visto che bello questo divano?

Commesso - _____

Maria - _____

Commesso - _____

Papà - _____

Commesso - _____

6.- Lei dice? La linea è bella ma non sembra di altissima qualità.

7.- Ma come? Guardi che tessuti, che imbottiture… Non vede com'è funzionale?

8.- Allora dovrebbe guardare i prodotti Kartell, sono molto adatti ad una casa giovane e allegra.

9.- Lei signorina ha davvero buon gusto, si tratta di un divano Living, una casa di arredi di alta qualità.

10.- La scusi, sa, ma mia figlia sta mettendo su casa per la prima volta…

Ogni frase inserita al posto giusto vale 1 punto.   **Totale: _____/10**

Test 2 La moda

3 **Una casa di moda famosa nel mondo: Gucci**

Leggi la storia della Gucci, trova le 4 frasi grammaticalmente sbagliate e correggile.

1. La casa di moda Gucci nasce in Firenze grazie a Guccio Gucci.
(   ) *Frase corretta* (   ) *Frase sbagliata, deve essere:* _____

2. Nel negozio si dovevano vendere prodotti in pelle, ideati e realizzati dai migliori artigiani locali.
(   ) *Frase corretta* (   ) *Frase sbagliata, deve essere:* _____

3. Negli anni '30 e '40 il successo di Gucci crescono e si aprono i primi negozi nelle principali città italiane.
(   ) *Frase corretta* (   ) *Frase sbagliata, deve essere:* _____

4. Negli anni '50 la casa di moda Gucci apre i loro negozi anche all'estero.
(   ) *Frase corretta* (   ) *Frase sbagliata, deve essere:* _____

5. Gucci oggi produce solo prodotti di lusso, dall'accessorio al capo di abbigliamento.
(   ) *Frase corretta* (   ) *Frase sbagliata, deve essere:* _____

6. Mitica è la borsa con il manico in bambù.
(   ) *Frase corretta* (   ) *Frase sbagliata, deve essere:* _____

7. Gli artigiani Gucci la realizzano per la prima volta nel 1947, in pelle nera.
(   ) *Frase corretta* (   ) *Frase sbagliata, deve essere:* _____

8. Gli artigiani montano la borsa a mano ed appoggiano i pezzi su una forma di legno.
(   ) *Frase corretta* (   ) *Frase sbagliata, deve essere:* _____

9. Famosissimo è il mocassino Gucci: presentato per la prima volta nel 1950, ha avuto subito un enorme successo.
(   ) *Frase corretta* (   ) *Frase sbagliata, deve essere:* _____

10. Gucci la realizza ancora completamente a mano con gli stessi procedimenti di tanto tempo fa.
(   ) *Frase corretta* (   ) *Frase sbagliata, deve essere:* _____

_____

Ogni frase corretta nel modo giusto vale 2 punti e ½ .
Totale: _____/10

4 Storia della moda italiana

Completa il testo inserendo gli articoli della lista dove ritieni più opportuno. Gli articoli sono in ordine.

> **il - il - l' - un - le - la - il - gli - lo - i**

La moda, come affermazione sociale ed importante mezzo di comunicazione, nasce alla fine dell'Ottocento, a Parigi. In Italia nasce all'inizio del secolo scorso, ma è 12 febbraio 1951 che acquista una fama internazionale. In questa data infatti, conte Giovanni Battista Giorgini ha idea di presentare in solo ed unico luogo, Firenze, collezioni delle diverse case di moda sparse tra Roma, Milano e Firenze. Organizza prima grande sfilata nella sua magnifica villa: Villa Torrigiani. Inizia così «Rinascimento» della moda italiana.

Con anni, la moda italiana ottiene sempre maggiori successi. Milano diventa una delle capitali della moda, con Parigi e New York. sforzo delle aziende italiane dà suoi frutti: il Made in Italy diventa simbolo di prestigio, altissima qualità e design.

Ogni articolo inserito in modo esatto vale 2 punti.   **Totale: _____/20**

5 Moda oggi, storia domani

Completa il testo con le parole della lista. Attenzione: ci sono due parole in più.

> **che - cambiato - chi - composti - considerare - costume - figli - guardare - inutile - primi - spendere - speso**

La moda ha una vita brevissima. Quello _____ oggi è sensazionale domani sembrerà _____. La moda celebra, in questi giorni, i _____ 100 anni del bikini. Dopo aver fatto scandalo, ci appare un _____ innocente se lo confrontiamo al topless e al tanga. Dobbiamo però _____ che anche lo stile di vita degli italiani è molto _____ negli ultimi cento anni. Sono aumentati i nuclei familiari, ma sono _____ mediamente da 2,6 persone contro le 4,6 del 1901. Ci si sposa meno e più tardi, e più tardi si hanno _____ (se si decide d'averli). È cambiato anche il modo di _____: se nel 1956 gli alimenti costituivano il 55% della spesa delle nostre famiglie, nel 2001 rappresentano solo il 16%, mentre oltre 25% del reddito viene _____ per vestiti e per gli oggetti alla moda, come per esempio l'ultimo modello di telefonino.

Ogni parola inserita in modo esatto vale 1 punto.   **Totale: _____/10**

Test 2 La moda

6 Il sistema moda

Scegli la forma corretta.

Tra/Per la fine degli anni '70 e l'inizio **agli/degli** anni '80 il prête-à-porter italiano conquista il mondo. Milano diventa una capitale **dalla/della** moda insieme a Parigi e New York. **Alla/In** Francia la moda era nata come l'espressione artistica **dei/ai** grandi sarti. In Italia diventa industria, come **negli/agli** Stati Uniti.

Negli/Agli anni '60 e '70, la critica verso prodotti di moda come simbolo **per/di** status sociale e ricchezza porta i consumatori **a/di** preferire abiti meno cari e più casual. **Di/In** questo periodo i produttori tessili italiani, già famosi **per la/sulla** maglieria, iniziano **di/a** collaborare con alcuni giovani stilisti come Armani e Versace.

Il "Sistema Moda" italiano è completo: crea **-/con** abiti, tessuti, accessori, fa crescere nuovi professionisti e nuove attività. Le ditte italiane attive **con il/nel** sistema moda importano **all'/dall'**estero solo le fibre grezze. Le fabbriche italiane trasformano le fibre grezze **in/a** splendidi tessuti che, tagliati **da/per** mani esperte, diventano vestiti **da/di** alta moda. Tutti (politici, stilisti, lavoratori) vogliono che il prodotto "made in Italy" sia davvero fatto completamente **in/tra il** territorio nazionale. In Italia si sono sviluppati distretti industriali specializzati **con la/in**: pelletteria, tessuti, maglieria, bottoni, calzatura, calzetteria e intimo, confezioni, imballaggi, macchine utensili e lavorazioni.

Ogni forma esatta vale 1 punto.   **Totale: _____/20**

7 L'industria del falso

Riordina il testo inserendo nei giusti spazi le parti mancanti.

L'industria del falso è un problema vecchio, ma (____). Solo in Italia il falso fattura (____). L'Italia non è più la capitale del falso: (____). Da qualche anno l'industria del falso (____): qualche tempo fa la guardia di finanza ha sequestrato (____).	**1.** profumi falsi preparati in Cina, imbottigliati in Italia e venduti ai russi **2.** adesso ha iniziato a far preoccupare seriamente le persone che lavorano nel campo della moda **3.** si è globalizzata **4.** ci siamo fatti superare dalla Cina e dalla Corea **5.** fra i 3 e i 5 miliardi di euro

Ogni frase inserita al posto giusto vale 2 punti.   **Totale: _____/10**

B1 Oltre a Roma, Venezia, Firenze

1 La Val d'Aosta

Scegli la forma corretta

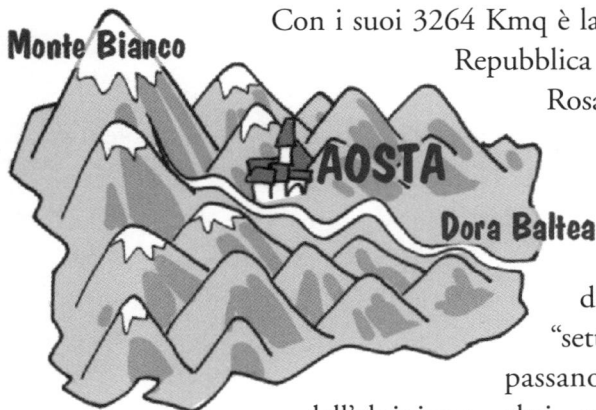

Monte Bianco

AOSTA

Dora Baltea

Con i suoi 3264 Kmq è la regione **la più piccola/più piccola/piccolissima** della Repubblica Italiana e le sue montagne, il Monte Bianco, il Monte Rosa e il Gran Paradiso, sono **le più alte/più alte/le più altissime** d'Europa. Vive prevalentemente di turismo sia invernale che estivo; infatti centri come Saint Vincent e Courmayeur erano già famosi nella seconda metà del '700. Il **grande/maggiore/superiore** afflusso di turisti si registra d'inverno durante la cosiddetta "settimana bianca", ma non sono poche le persone che ci passano le loro vacanze estive. Alcuni sono amanti dell'alpinismo, altri, **meno/molto/più** sportivi, si limitano a fare lunghe passeggiate nei boschi e a visitare i **belli/più belli/bellissimi** castelli della regione, altri ancora sono attirati dalla sua **ottima/pessima/superiore** cucina. Chi ama la natura e non ha paura di camminare deve assolutamente visitare il Parco Nazionale del Gran Paradiso, **un dei/uno di/uno dei** più vecchi e famosi d'Italia; un autentico paradiso per **moltissimi/più/troppi** animali.

I prezzi per soggiornare in questa parte delle Alpi sono generalmente **altissimi/maggiori/superiori** a quelli delle Alpi orientali o di oltre il confine, ma vale la pena pagare qualcosa in **più/troppo/meglio**.

Ogni forma esatta vale 1 punto.　　　　　　　　　　　　**Totale: _____/10**

2 Informazioni

Completa i dialoghi con i pronomi e la particella "ci".

Dialogo 1 - Per strada

Pedro - Scusi, _____ sa dire dov'è Piazza Dante?

Un Signore - _____ dispiace, non _____ so, abito da poco a Parma e questa piazza non _____ ho mai sentita. Perché non _____ chiedete al bar? Il barista sa tutto ed è molto gentile. Anch'io _____ chiedo sempre qualche informazione.

Pedro - Sì, grazie, _____ vado subito, così bevo anche un caffè, oggi non _____ ho ancora preso. Vieni con me, Luis?

Luis - No, io ___ aspetto qui. La mia valigia è pesantissima. Ah, Pedro, se ce _____ ha, _____ compri le cartoline? Voglio scrivere ai miei amici.

Pedro - Va bene.

Dialogo 2 - Al bar

Pedro - Buongiorno, vorrei un caffè e delle cartoline.

La barista - Cartoline?! _____ chieda al tabaccaio, ma che crede? Nei bar italiani non abbiamo cartoline.

Pedro - In alcuni bar italiani _____ vendono. Non è la prima volta che vengo in Italia, anzi, _____ vengo spesso. Senta, per cortesia, sa dov'è Piazza Dante?

La barista - È lontana.

Pedro - Ah, e con l'autobus quanto tempo _____ vuole?

La barista - Troppo.

Pedro - Scusi, _____ posso fare ancora una domanda?

La barista - Anche due. _____ piace parlare con i ragazzi. Se posso _____ aiuto sempre volentieri.

Pedro - _____ ringrazio. _____ capisce subito che Lei è una persona molto gentile e socievole!

Ogni pronome esatto vale 1 punto.   **Totale: _____/20**

3 **Pedro e Luis alla ricerca di Piazza Dante**
Riordina il dialogo.

Luis	Pedro
1. Che ti ha detto? Dov'è piazza Dante?	**A.** No. Siccome non ha voluto dirmi dov'era la piazza, io non le ho chiesto altro.
2. Neanch'io, certo! Perché non l'hai chiesto al barista?	**B.** Non era un barista, era una barista! E pure antipatica.
3. Ah! Allora, se è lontana prendiamo l'autobus.	**C.** Non mi ha detto niente.
4. Ah, allora va a domandarlo all'edicola!	**D.** Quale autobus? Io non lo so e tu?
5. Barista uomo o donna, non potevi chiederglielo comunque?	**E.** Forse lo sapeva ma non aveva voglia di parlare. Mi ha detto solo che Piazza Dante è lontana.
6. Come?! Non lo sapeva neanche lui?	**F.** Vacci tu!

1/__   __/E   __/__   __/__   __/__   __/__

Ogni frase inserita al posto giusto vale 1 punto.   **Totale: _____/10**

④ Parma

Completa il testo con le parole della lista. Attenzione: c'è uno spazio in più.

> **circa - come - della - fine - più - progettato - quello - si - trovano - uno**

Oggi è una piccola città, famosa in tutto il mondo per il suo prosciutto e il suo formaggio (il Parmigiano), ma alla _____ del '700 era conosciuta in tutta Europa _____ la "piccola capitale"; era infatti la capitale del Ducato _____ famiglia Farnese, che l'ha governato per _____ duecento anni.

Il nome di Parma è indissolubilmente legato a _____ della sua Certosa in cui Stendhal _____ ha ambientato il suo celebre romanzo *La Certosa di Parma*, ma in città si _____ molti altri splendidi monumenti da visitare. _____ dei più belli ed interessanti è senza dubbio il Battistero, _____ dall'architetto e scultore Benedetto Antelami nel 1194 in forma di ottagono (la forma della perfezione perché più vicina al cerchio).

In generale non _____ può lasciare Parma senza prima visitare il Palazzo Ducale, il Palazzo della Pilotta, il Palazzo del Governatore e la storica Spezieria di San Giovanni Evangelista, ma per gli appassionati della musica lirica i monumenti _____ importanti da ammirare sono altri: il Teatro Regio (del sec. XIX, fra i più illustri d'Italia per l'opera lirica) e la casa del grande direttore d'orchestra Arturo Toscanini.

Ogni parola inserita in modo esatto vale 1 punto.   **Totale: _____/10**

⑤ La Repubblica di San Marino

Completa il testo inserendo le preposizioni della lista dove ritieni più opportuno. Le preposizioni sono in ordine.

> **della - del - della - in - della - dalle - a - nei - per - in**

Si tratta più antica e piccola repubblica mondo. La sua superficie copre solo 61 chilometri quadrati penisola italiana. San Marino infatti si trova, come il Vaticano, dentro la Repubblica Italiana, ma ne è completamente indipendente. Appena si entra territorio sanmarinense si trova un cartello che dice "Benvenuti nell'antica terra libertà" e effettivamente i suoi abitanti anche oggi sono liberi tasse. Per questo molti turisti non vanno visitare i monumenti, le mura, le torri e le chiese, ma entrano subito negozi comprare tutti quei prodotti che senza tasse costano meno che Italia.

Ogni preposizione inserita in modo esatto vale 2 punti.   **Totale: _____/20**

6 **Le cinque terre**[1]

Completa il dialogo con i verbi all'indicativo presente, passato prossimo, imperfetto, trapassato prossimo e all'imperativo.

Massimo - Che facciamo questo fine settimana? Andiamo a vedere la mostra?

Pietro - No! Basta! Non ne *(potere)* _____ più di mostre e musei. Lo scorso sabato mi *(voi-portare)* _____ a vedere la mostra degli Impressionisti, la settimana prima *(voi-volere)* _____ visitare di nuovo il museo archeologico perché *(noi-vedere)* _____ "La Mummia" al cinema, prima ancora *(noi-andare)* _____ a Milano perché *(esserci)* _____ una mostra su Dalì. Ora basta. L'inverno *(finire)* _____, le giornate *(essere)* _____ più lunghe, quindi *(voi-smettere)* _____ di parlare di musei e andiamo da qualche parte all'aperto.

Massimo - Veramente la settimana passata io *(proporre)* _____ di andare a sciare e tu hai detto che non ne *(avere)* _____ voglia e che ti *(fare)* _____ ancora male la gamba. Non ti *(andare)* _____ mai bene niente!

Pietro - Non è vero. Il problema è che si *(dovere)* _____ fare sempre quello che *(volere)* _____ tu.

Lorenzo - Basta. *(Calmarsi)* _____ tutti e due. Che ne *(dire)* _____ di andare a Perugia alla Fiera della cioccolata[2]?

Massimo - Sì, bravo, così in un giorno *(riprendere)* _____ subito i 5 chili che *(perdere)* _____ con un mese di dieta.

Pietro - Andiamo al mare!

Massimo - Ma che *(dire)* _____? Cosa ci andiamo a fare al mare in aprile?

Lorenzo - Zitti, zitti! *(Trovare)* _____! Andiamo alle "cinque terre". *(Ricordarsi)* _____ che ci *(andare)* _____ in gita in terza media? *(Divertirsi)* _____ un sacco e al ritorno *(stare)* _____ per perdere il treno perché tu *(fermarsi)* _____ a Riomaggiore a comprare un souvenir.

Pietro - Ah, sì! La prof. d'italiano *(arrabbiarsi)* _____ come una iena[3], non l'*(sentire)* _____ mai _____ urlare così prima d'allora. Per me "Le cinque terre" *(andare)* _____ bene.

Massimo - Anche per me. Se *(noi-camminare)* _____ da Monterosso fino a Riomaggiore, poi mi posso mangiare anche un piatto di frittura mista!

Ogni verbo esatto vale 1 punto. **Totale:** _____/30

---

note

1. Monterosso, Vernazza, Corniglia, Manarola e Riomaggiore. Sono 5 piccolissimi e bellissimi paesi, sul mare in Liguria. Sono collegati fra loro solo dalla ferrovia e da un percorso fra gli scogli da fare a piedi.

2. A Perugia si trova la Perugina, storica fabbrica di cioccolato. Nella città tutti gli anni si organizza la Fiera della cioccolata.
3. arrabbiarsi come una iena: arrabbiarsi molto.

1 Il prosciutto di Parma

Completa il testo con le parole della lista. Attenzione: c'è uno spazio in meno.

> dei - facilmente - infatti - né - paziente - peccato - piacere - sua - una - unici

Il prosciutto di Parma è un alimento completamente naturale: gli _____ ingredienti sono la carne di maiale e il sale. Il segreto del prosciutto di Parma risiede unicamente nell'abilità maestri salatori, nell'aria profumata delle colline parmensi e nella lunga e _____ stagionatura.

Per produrre il Re dei Salumi non vengono _____ utilizzate sostanze chimiche, conservanti o altri additivi, _____ si fa ricorso a procedimento di affumicatura.

A riconoscimento di questo rigore, l'Unione Europea ha attribuito la Denominazione d'Origine Protetta (DOP) già nel 1996 al Prosciutto di Parma, _____ tra le prime in Europa!

Il Prosciutto di Parma è un _____ per intenditori: l'impiego delle antiche tecniche di lavorazione e il lento affinamento in ambiente ideale permettono di sviluppare un bouquet raffinato, insieme alla _____ inconfondibile e famosa dolcezza.

È un concentrato di energia e salute: pochi grassi, molti sali minerali, proteine _____ digeribili, intenso apporto di vitamine. Togliere il grasso dal prosciutto è un vero _____ perché, oltre al gusto e al profumo, ha un contenuto di colesterolo davvero basso e una percentuale di acido oleico alta.

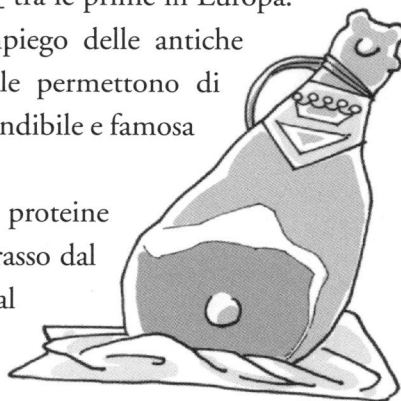

Ogni parola inserita in modo esatto vale 1 punto.   **Totale: _____ /10**

2 Dove si produce il prosciutto di Parma?

Completa il testo inserendo le preposizioni della lista. Le preposizioni sono in ordine.

> da - di - da - per - di - a - a - dal - dalla -d'

Ovviamente a Parma, la stessa città cui viene il formaggio parmigiano e la musica Giuseppe Verdi. La domanda porsi è un'altra: che cosa ha Parma di così speciale produrre cose tanto buone e preziose? Prima tutto un'ottima posizione geografica: né troppo nord, né troppo sud, né troppo vicina né troppo lontana mare e montagna. Il Po, il fiume più lungo Italia attraversa le sue terre e lascia tanta acqua ed umidità. Quindi la campagna è ricca ed è facile allevare animali da mangiare e da far lavorare.

Ogni preposizione inserita in modo esatto vale 2 punti.   **Totale: _____ /20**

3 Curiosità: alcuni nomi

Scegli la forma corretta.

Sapete come nascono i nomi di **alcuni/qualche/qualcuni** famosi prodotti italiani? Qualcuno, come il rinomato parmigiano, è strettamente legato alla zona d'origine. Parmigiano è l'aggettivo **che/chi/quale** riconduce alla città di Parma così come il formaggio Gorgonzola prende il nome dalla città omonima **che/in cui/nel quale** veniva prodotto originariamente.

Altri nomi dicono più o **meno/molto/troppo** esplicitamente di che cosa si tratta, per esempio la parola "prosciutto", dal latino "perexsuctum", letteralmente "asciugato", dice già tutto sulla lavorazione del maiale per ottenere **questo/il quale/quello** tipo di salume.

Altri prodotti devono il loro nome alla forma **con cui/di cui/per cui** si presentano. È questo il caso di molti tipi di pasta come le "orecchiette", **di cui/la cui/le cui** forma ricorda chiaramente il padiglione dell'orecchio o i "cappelletti" **che/chi/ai quali** invece, malgrado il loro nome, non richiamano immediatamente l'idea di cappello. Il problema è che le mode cambiano! I "cappelletti" non somigliano a nessun cappello dei nostri tempi, ma la loro forma è simile a **qualcuna/quella/questa** dei cappelli sui **quali/che/cui** si portavano alla fine del medioevo a Bologna, città di origine di questa ottima pasta ripiena.

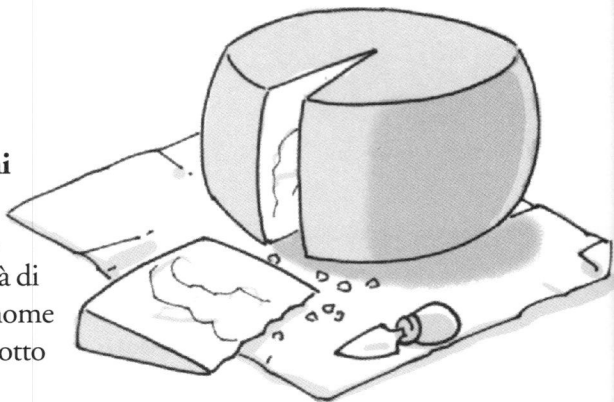

Ogni forma esatta vale 1 punto.   **Totale: _____/10**

4 Le qualità del parmigiano

Riordina il dialogo fra Ulrike e Luisa.

Ulrike	Luisa
1. Ehi Luisa, ma davvero sei di Parma?	**A.** Infatti per voi vegetariani è perfetto. E poi è facilmente digeribile e senza conservanti.
2. Sì, e ha anche più proteine della carne e del pesce.	**B.** Veramente sono parmense, parmigiano è solo il formaggio. Ti piace?
3. Ma ti pagano per fargli pubblicità?	**C.** In effetti, non è adatto per chi è a dieta, però è anche ricchissimo di calcio e vitamine.
4. Allora sei parmigiana.	**D.** Sì, perché?
5. Da morire, ma ha troppe calorie.	**E.** No, ma ormai sono più di settecento anni che a Parma si fa il parmigiano e per noi parmensi è diventato un fattore genetico.

__/__   __/__   __/__   __/__   __/__

Ogni frase inserita al posto giusto vale 1 punto.   **Totale: _____/10**

5 La storia del parmigiano e del Parmense

Scegli la forma corretta.

Quando si parla di parmigiano si intende il formaggio, a meno che non **si usa/si usi/si userebbe** il diminutivo "Parmigianino", che al contrario non è un piccolo formaggio, come **possano/potrebbero/hanno potuto** pensare in molti, ma un pittore del 1500. Il Parmense invece non è qualcosa che **si possa/si sarebbe potuto/si era potuto** mangiare ma qualcuno la cui musica si continua ad **ascolti/ascoltare/ascoltato** anche oggi, dopo oltre cento anni dalla sua morte: Giuseppe Verdi. Entrambi, parmigiano e Parmense, provengono dalla campagna intorno a Parma: il formaggio ha origine da una zona fra Reggio e Parma mentre il celebre compositore **è nato/nasca/nasceva** a Busseto. Però quando Verdi è venuto al mondo, nel 1813, il parmigiano **si è prodotto/si era prodotto/si produceva** già da oltre mezzo secolo. Nessuno finora si è preoccupato di sapere se nel mondo oggi **sarebbe/sia/sia stato** più famoso il parmigiano o *La Traviata* e le altre opere del Parmense. Tuttavia sappiamo con certezza che il parmigiano **viaggi/viaggiava/viaggerebbe** già nel medioevo e che nel 1389 i Pisani lo **avevano esportato/abbiano esportato/hanno esportato** con le loro navi in Francia, Spagna e Africa del nord, dove l'*Aida* - la celebre opera di Verdi - **sarà arrivata/sarebbe arrivata/sia arrivata** soltanto nel 1871.

Ogni forma esatta vale 2 punti.   **Totale: _____/20**

6 Margherita Doc, o meglio STG, Specialità Tradizionale Garantita

Riordina il testo inserendo nei giusti spazi le parti mancanti.

Sapete capire se una pizza è davvero buona prima ancora di averla assaggiata? Prima di tutto non deve avere un diametro maggiore di 40-45 centimetri (____). La vera mozzarella fusa rimane bianca, (____). Sebbene tutti amino gli elettrodomestici (____). Si possono usare i pomodori pelati conservati (____). Inutile dire (____).

1. che il forno deve essere a legna.
2. qualora non si abbiano freschi, ma è necessario schiacciarli a mano
3. altrimenti il centro non cuoce bene
4. mentre il formaggio poco buono diventa giallo e liquido
5. nella vera pizza è vietato usare il mixer e l'impastatrice

Ogni frase inserita al posto giusto vale 2 punti.   **Totale: _____/10**

Test 4 Prodotti tipici

7 La mozzarella di bufala

Completa il testo con i pronomi della lista. Attenzione, ci sono 2 spazi in più.

c' - la - la - la - la - la - la - la - la - la - la - ne - si - si - si - si - si - si - si - si

La vera mozzarella di bufala è un alimento "vivo", composto soltanto da prodotti naturali (latte, sale, caglio); in essa non ____ è alcun conservante. È immersa in "acqua di filatura" a cui ____ viene aggiunto sale e siero diluito; questo tipo di liquido è fondamentale perché dà alla mozzarella il giusto tono di salatura, esaltando____ il sapore e le qualità. Inoltre consente di prolungare la durata del prodotto, assicurando una corretta conservazione.

Ecco come conservare e gustare al meglio la mozzarella di bufala:

- mantener____ sempre immersa nel suo liquido, fino al momento di mangiar____; al momento del consumo ____ può anche "lavar____" con l'acqua del rubinetto se ____ ____ preferisce meno salata;

- metter____ in un luogo fresco (eventualmente, in estate, nel frigo)

- se ____ conserva in frigorifero, per gustar____ meglio ____ può immerger____ in acqua calda (35-40°) per circa cinque minuti prima del consumo; ____ consiglia comunque di lasciar____ almeno mezz'ora a temperatura ambiente prima di metter____ nell'acqua calda;

- essendo____ un prodotto fresco, prima ____ mangia e meglio è!

Per cucinar__, invece, ____ deve togliere dall'acqua e tenere per alcune ore nel frigo, affinché possa separar____ dall'acqua in eccesso e guadagnare così la giusta consistenza.

Ogni pronome inserito in modo esatto vale 1 punto.   **Totale: _____/20**

B1 Innamorarsi a Venezia

1 Estate a Venezia

Completa la lettera con i verbi all'indicativo presente, passato prossimo, imperfetto e trapassato prossimo, al condizionale semplice e composto e al congiuntivo presente.

Gentile Signor Direttore di "Panorama",

ho deciso di intervenire sull'articolo della scorsa settimana "Amori estivi, finiscono a settembre" e di raccontare a Lei e a tutti i lettori la mia storia. Mi chiamo Helda e sono tedesca, di Tubinga. La scorsa estate *(andare)* _____ a Venezia per frequentare un corso d'italiano. Qualcuno di voi ora *(potere)* _____ domandarsi perché abbia scelto Venezia e non un'altra città come per esempio Firenze. *(Esserci)* _____ molti buoni motivi, e poi non pensate anche voi come me che Venezia *(essere)* _____ la città più bella del mondo? Per me non ne *(esistere)* _____ una più romantica! Dunque, l'estate scorsa *(decidere)* _____ di andare a Venezia e di rimanerci almeno due mesi. Così *(iscriversi)* _____ ad un corso per stranieri dell'università Ca' Foscari. Dopo qualche giorno *(cominciare)* _____ ad annoiarmi a passeggiare sempre su e giù per le strade strette (le "calli") della città. Per fortuna una sera in Piazza San Marco *(incontrare)* _____ Eugenio, il mio professore d'italiano. Il professore era lì con suo fratello Andrea che *(tornato)* _____ appena _____ dalle vacanze. Siccome i due *(stare)* _____ andando a mangiare un gelato, mi hanno proposto di unirmi a loro. Io, sebbene *(amare)* _____ moltissimo il gelato, all'inizio ho rifiutato, perché proprio in quei giorni *(decidere)* _____ di cominciare una dieta. Ma poi, dato che Andrea molto gentilmente ha insistito, *(accettare)* _____ l'invito. Durante la serata *(rendersi)* _____ conto del fatto che Andrea era davvero carino e gentile, così quando Eugenio mi ha detto che loro due dopo l'estate *(venire)* _____ in Germania, *(affrettarsi)* _____ a dargli i miei recapiti. Ma Andrea ha detto: "Che fretta c'è, magari possiamo incontrarci ancora qui a Venezia per fare qualche passeggiata!"

A quel punto Eugenio, vedendo la simpatia di Andrea per me, con una scusa *(tornare)* _____ a casa. Così da quella sera io *(uscire)* _____ sempre e solo con Andrea, per le strade, pardon, le calli di Venezia ed ancora oggi qui a Tubinga *(uscire)* _____ sempre con lui che adesso è mio marito!

Ogni verbo esatto vale 1 punto.   **Totale: _____/20**

2 Il gelato galeotto

Scegli la forma corretta.

Eugenio - Helda, perché non prende un gelato con **loro/io/noi**?

Helda - **Ti/La/Le** ringrazio professore, **la/lo/li** prenderei volentieri, ma sono a dieta.

Andrea - Una ragazza così carina a dieta? Non **ci/la/gli** posso credere! Scusi se insisto, ma **nella/a/in** questa gelateria fanno dei gelati buonissimi! Sarebbe un vero peccato…

Helda - E va bene, accetto.

Andrea - Come lo preferisce, grande o piccolo?

Helda - **Ne/Lo/Gli** prendo uno piccolo, alla fragola. Ma non possiamo darci del **Lei/te/tu**? In fondo qui non siamo **a/in/alla** scuola.

Eugenio - Ma certo, non c'è alcuna ragione **da/di/a** essere così formali.

Andrea - No, infatti. Inoltre ai giovani italiani non piace **darti/darsi/darLe** del Lei.

Ogni forma esatta vale 1 punto. **Totale: _____/10**

3 Colpo di fulmine

Inserisci le parole della lista nella lettera. Attenzione: c'è una parola in più.

> che - che - conosciuto - di - fa - finalmente - pensare - quanto - se - si - spesso

Andrea scrive a Helda la sera del giorno in cui l'ha incontrata.

Cara Helda,

non sai _____ sono felice di averti conosciuta. Scusami _____ ti scrivo una lettera poche ore dopo che ci siamo incontrati, ma conoscerti è stata davvero una fortuna: la prova _____ la vita può riservarci sorprese magnifiche. Un anno _____ la mia fidanzata mi ha lasciato ed in pochi mesi _____ è sposata con un ragazzo _____ al mare a Rimini! E _____ che noi siamo stati fidanzati per dieci anni! Qui in Italia i fidanzamenti sono _____ così lunghi. È normale. Abbiamo anche il proverbio "amarsi sempre, sposarsi mai!" Pensa tu! Sono stato male ed ho cercato di dimenticarla con altre donne. Ma stasera, quando ti ho vista in piazza San Marco, ho capito subito che _____ anch'io sono pronto ad amare di nuovo. Mi darai questa possibilità? Spero _____ sì. Ti telefono domani,

Andrea

Ogni parola inserita in modo esatto vale 1 punto. **Totale: _____/10**

4 Incontri veneziani

Inserisci le frasi della lista nei due dialoghi. Attenzione: il primo dialogo è formale, il secondo è informale.

Dialogo 1 - formale	Dialogo 2 - informale
Professore - Buonasera Helda. *Helda* - _____ *Professore* - _____ *Helda* - _____ *Andrea* - _____ *Helda* - _____ *Professore* - Ah, sa che mio fratello andrà ad insegnare all'università di Tubinga, il prossimo anno?	*Helda* - Ciao Gloria! *Gloria* - _____ *Helda* - Ciao Chiara, io sono Helda. *Chiara* - Anche tu sei americana come Gloria? *Helda* - _____ *Chiara* - _____ *Gloria* - _____ *Helda* - Cosi potrete vedervi spesso. *Gloria* - _____

1. Chiara quest'anno ha vinto un'altra borsa di studio e starà per un anno a Los Angeles.

2. Sì, di Tubinga.

3. Non solo: io e Chiara divideremo lo stesso appartamento!

4. No, io sono tedesca, di Tubinga.

5. Buona sera professore, anche Lei qui in piazza?

6. Piacere… Lei è tedesca?

7. Salve Helda, posso presentarti la mia amica Chiara?

8. Tubinga: che bella città, ci sono stata lo scorso anno con una borsa di studio.

9. Beh, a me non piacciono molto i concerti all'aperto di musica classica, ma con questo caldo… Ah, Helda, Le presento mio fratello Andrea.

10. Piacere.

Ogni frase inserita al posto giusto vale 1 punto.   **Totale: _____/10**

5 In giro per Venezia

Trasforma dall'informale (tu) al formale (Lei) scrivendo i cambiamenti sotto ad ognuna della 10 forme <u>*sottolineate*</u>*, come nell'esempio.*

Helda - <u>Scusa</u>, posso <u>chiederti</u> un'informazione?
   Scusi
Passante - Certo, <u>dimmi</u>.

Helda - Come faccio ad arrivare al lido di Venezia?

Passante - Allora <u>guarda</u>, <u>devi</u> prendere il ferry boat che ci mette 35 minuti. Oppure

il numero 1, che passa per il Canal Grande, che però è molto è più lento. Il ferry boat

parte dalla fermata "Tronchetto" mentre la fermata dell'1 <u>la trovi</u> proprio qui dietro la

piazza.

Helda - E la spiaggia è vicina a dove arriva il traghetto?

Passante - No, è dall'altra parte. Quando <u>arrivi</u> al Lido, <u>chiedi</u> alla fermata quale autobus

bisogna prendere per andare alla Mostra del Cinema. Il villaggio della mostra

cinematografica è proprio sul lungomare quindi una volta lì non <u>ti sarà</u> difficile trovare

la spiaggia.

Helda - <u>Ti ringrazio</u> molto.

Passante - Prego, <u>figurati</u>.

Ogni forma esatta vale 2 punti.　　　　　　　　　　　　**Totale: _____/20**

6 Un fine settimana

Completa il testo inserendo i determinatori temporali della lista (avverbi, aggettivi e preposizioni) dove ritieni più opportuno. Le parole della lista sono in ordine.

> **scorso - sempre - da - verso - prima - fino a - dopo - fa - prossima - tra**

Lo fine-settimana, io e Andrea siamo andati in Toscana. Quando ero piccola andavo in vacanza con i miei genitori in una casa vicino a Firenze, ma non ci tornavo otto anni. Siamo arrivati a Siena mezzogiorno, ma abbiamo dovuto girare per un'ora di trovare un albergo libero, perché era il primo luglio, il giorno precedente il celebre Palio. Dopo esserci sistemati, abbiamo mangiato qualcosa e siamo andati in un posto bellissimo: le Crete. Non è un posto storico, ma la natura è davvero bellissima. Abbiamo deciso di cenare lì e poi di guardare le stelle tardi. Il giorno, domenica, siamo andati in un paesino, San Gimignano, dove ero stata con i miei genitori dieci anni. Che bel fine settimana è stato! La settimana pensiamo di tornare in Toscana, ma non è sicuro perchè dieci giorni avrò gli esami e devo studiare molto.

Ogni forma inserita in modo esatto vale 1 punto.   **Totale: _____/10**

7 Caro diario

Completa il testo scrivendo la parte finale delle parole.

Venezia, 25 settembre

Caro diario,
oggi è il 25 settembre, il mio soggiorno in Italia è quasi finito e io sono un po' triste. Naturalmente sono contenta di tornare a casa, tuttavia mi mancher_____ Venezia, tutti i ragazzi che ho conosc_____ qui e soprattutto Andrea! L'Italia mi è piaciut_____ moltissimo: la scuola, la gente; insomma è stata davver_____ una bella esperienza. Pur studia_____ molto, ci siamo divertiti un sacco e abbiamo pot_____ visitare gran parte delle citt_____ più importanti: ma la mia preferita riman_____ Venezia, romantica come me! Non ci sono dubb_____: Venezia è una città unica!
Venezia è decisamente particolar_____; ha le fondamenta su 118 isole colleg_____ da 160 canali, di cui il più larg_____ è il "Canal Grande" come dice il suo nome. In città si può girare solo a piedi o in barca, ma non pensate che non ci s_____ traffico: ho visto decine di gondole ferme in fila perché il canale e_____ bloccato. Nel Medioevo è diventata ricchiss_____ grazie al commercio soprattutto con l'Oriente e la città si è trasformata in una potente repubblica. Oggi Venezia vive quasi esclusiva_____ di turismo ed è un importante centro culturale ch_____ ospita un'università e numerosi musei. Promuove molte iniziative cultural_____ e folcloristiche come la Biennale, il festival del Cinema e il famosissimo carnevale.
Peccato! A febbraio, durante il carnevale, io avrò gli esami e non posso torn_____, sar_____ stato così romantico con Andrea!

Ogni forma esatta vale 1 punto.   **Totale: _____/20**

1 **Al Festival pucciniano a Torre del Lago**

Scegli la forma corretta del verbo.

Federica - Alessia, mi **hai presi/prenderesti/prendevi** due biglietti per la *Tosca* con Bocelli?

Alessia - Per quando? La *Tosca* **è/era/è stata** in programma il 16, 19, 21 e 25 agosto.

Federica - Uhm, il 16 e il 19 no, non sono sicura ma credo che Filippo **debba/deve/dovrebbe** fare il turno di notte quella settimana. Il 21 o il 25, tu che mi **consigli/consiglierai/consiglierei**?

Alessia - Secondo me **dobbiate/dovreste/siete dovuti** venire a vedere *Madama Butterfly*, primo perché ci **canta/canterei/canto** io, secondo perché Bocelli canta male.

Federica - Ma perché ce l'hai con Bocelli? Che ti **facevi/farebbe/ha fatto**?

Alessia - Niente, anzi mi **è stato/sta/stia** simpatico. L'anno scorso durante le prove dello spettacolo **avrà raccontato/raccontava/stava raccontando** delle barzellette divertentissime, questo non toglie però che **deve/doveva/dovrebbe** cantare le canzonette[1], o al limite le arie, ma non un'opera intera.

Federica - Secondo me **è/sarebbe/sia** bravo. E non lo **penso/penserei/pensi** solo io. Come ti **spiega/spiego/spieghi** il grande successo mondiale che **ha ottenuto/ottiene/otterrebbe** in questi anni? Fino a poco tempo fa **cantava/ha cantato/canterebbe** nei pianobar, l'**abbiamo sentito/ha sentito/aveva sentito** anche noi a Castelfalfi, ti ricordi?

Alessia - Sì e **sarebbe stato/sia stato/è stato** bravissimo, così come quando **cantava/ha cantato/stava cantando** al Festival di Sanremo *Con te partirò*, ma l'opera è un'altra cosa, Federica. Se vuoi andare ad ascoltarlo in *Lucean le stelle*[2], **andaci/andresti/vacci**, ma dopo non mi **venire/vieni/venivi** a dire che l'ha cantata meravigliosamente, d'accordo?

Federica - D'accordo.

Ogni verbo esatto vale 1 punto.
Totale: _____/20

---

note

1. canzonette: canzoni di musica leggera, musica pop.
2. Lucean le stelle: famosa aria della "Tosca" di Giacomo Puccini.

2 Giacomo Puccini

Completa il testo inserendo le preposizioni della lista dove ritieni più opportuno. Le preposizioni sono in ordine.

> da - di - fin da - di - all' - a - per - sul - della - senza

Nasce a Lucca nel 1858 una famiglia musicisti da cinque generazioni; piccolo dimostra possedere un grande talento musicale, ma non ha nessuna voglia di studiare, forse perché gli viene tutto fin troppo facile. L'11 marzo 1876, età di diciotto anni, va piedi da Lucca a Pisa, "consumando un paio di scarpe", ascoltare l'Aida di Verdi. Ne rimane folgorato; l'Aida rappresenta per lui "l'aprirsi di una finestra mondo musica" e comincia a comporre le proprie opere: *La Bohème, Tosca, Madama Butterfly*. Muore nel 1924 poter veder in scena l'ultima opera composta, *Turandot*.

Ogni preposizione inserita in modo esatto vale 1 punto.
Totale: _____/10

3 Andrea Bocelli

Scegli il pronome relativo corretto.

È senza dubbio la voce italiana più amata, dopo Pavarotti e Caruso[3], soprattutto a livello internazionale. La gente fa a gara per comprare i suoi dischi **che/dove/con** sono sempre in testa alle classifiche. Questo perché Andrea Bocelli è sentito come uno dei pochi prodotti veramente e genuinamente italiani. E cosa c'è di più italiano di una voce **a cui/che/chi** unisce melodramma e musica leggera?
Nato il 22 settembre 1958, Andrea Bocelli, **che/chi/cui** è cresciuto nella fattoria di famiglia vicino a Volterra, a sei anni già comincia il difficile studio del pianoforte, **della quale/la cui/sulla cui** tastiera le sue piccole mani scorrono con scioltezza. Non soddisfatto affronta lo studio di un secondo strumento, il flauto, dopo **che/il quale/quale** arriva anche il sassofono. Frattanto continua gli studi liceali e universitari terminati con la laurea in giurisprudenza, senza mai abbandonare la sua ricerca musicale **a cui/con che/da quale** Bocelli chiede di più che ad un semplice hobby. Quando finalmente scopre il suo strumento più prezioso, la sua voce, studia canto con il celebre tenore Franco Corelli, ma per mantenersi deve cantare nei pianobar. Il periodo dei pianobar è quello **che/in cui/quando** incontra Enrica, sua moglie, **a cui/da cui/dalla cui** avrà due figli e comincia la sua brillante carriera **di che/di cui/del quale** tutti conoscono la relativa discografia. Nel 1992 accompagna Zucchero in tournée per sostituire sul palco Pavarotti, **chi/il quale/quale** lo indica personalmente come suo sostituto. Da lì conquista il palco del Festival di Sanremo e poi quelli di tutto il mondo fino al Metropolitan di New York.

Ogni pronome relativo esatto vale 1 punto.   **Totale: _____/10**

---

note
  3. Luciano Pavarotti e Enrico Caruso (1873-1921), come Bocelli, sono due tenori conosciuti in tutto il mondo non solo dagli | amanti dell'opera perché hanno cantato anche musica leggera.

4 Dopo lo spettacolo

Completa il dialogo con i pronomi riflessivi, diretti e indiretti atoni e tonici, "ci" e "ne".

Dopo la "Tosca" Alessia incontra i suoi amici Federica e Filippo.

Alessia - Allora ragazzi _____ è piaciuta la Tosca con Bocelli?

Federica - Sì, a _____ è piaciuta un sacco. Lui _____ è addormentato, quindi non può dire se _____ è piaciuta o no.

Filippo - Senti, Federica, _____ avevo detto che ero stanco. Sai a che ora _____ sono alzato stamattina?

Federica - No, non _____ so e non _____ interessa saper_____ . E la prossima volta all'opera _____ vado con mia madre.

Filippo - Perfetto. Domani quando vengo a pranzo da tua madre _____ regalo subito il mio biglietto di *Madama Butterfly*. Non _____ dispiace, vero, Alessia, se non _____ vengo?

Alessia - No, no, non preoccupar_____. Piuttosto hai trovato i biglietti per il concerto di Sting?

Filippo - Sì, sì, _____ ho comprati stamattina da Discofollia. Per fortuna _____ sono andato appena ha aperto, perché ho comprato proprio gli ultimi 5.

Federica - 5? Ma siamo in 6. Cecilia _____ voleva due, uno per _____ e uno per Marco.

Filippo - Invece no. Marco mi ha scritto un Sms: "Niente Sting, ho rotto la moto. _____ servono i soldi per riparar_____."

Ogni pronome esatto vale 1 punto.   **Totale: _____/20**

5 A proposito di Madama Butterfly

Leggi la storia di Madama Butterly e poi riordina il dialogo tra Federica e Filippo.

> **Madama Butterfly:** l'opera racconta la tragica storia di una donna giapponese che si suicida quando capisce che Pinkerton, l'uomo che amava e da cui aveva avuto un figlio, in America ha un'altra vita. La donna, prima di uccidersi, affida il bambino a Pinkerton perché lo porti in America.

Federica	Filippo
1. Tutti uguali, voi uomini, che schifo!	**A.** Io spettegolo? Hai cominciato tu!
2. Che vuoi dire? Ti riferisci a Laura?	**B.** Perché, scusa, ti sembra che io sia un uomo come Pinkerton?
3. E di chi? Smettila di spettegolare.	**C.** Laura? E chi è?
4. Io parlavo in generale, tu invece non perdi mai l'occasione di parlare male di una mia amica.	**D.** Ma quando ho parlato male di una tua amica? Fammi un esempio.
5. No, ma ammettilo, ci sono tanti uomini superficiali come Pinkerton che tradiscono e ingannano le donne.	**E.** Ah, l'ex-moglie di Francesco. Io non parlavo di lei.
6. Non fare finta di non conoscerla; l'abbiamo incontrata entrando.	**F.** Se è per questo, anche tante donne si comportano come Pinkerton. Tu non ne conosci nessuna?
7. Per esempio, uhm…, ora non mi viene in mente.	

1/B __/__   __/__   __/__   __/__   __/__ 7

Ogni frase inserita al posto giusto vale 1 punto.   **Totale: _____/10**

6 Dialogo formale

Trasforma il dialogo tra Federica e Filippo dall'informale (tu) al formale (Lei) scrivendo i cambiamenti sotto ad ognuna della 10 forme sottolineate*, come negli esempi.*

Federica - Tutti uguali, voi uomini, che schifo!

Filippo - Perché, scusa, ti sembra che io sia un uomo come Pinkerton?
    scusi

Federica - No, ma ammettilo, ci sono tanti uomini superficiali come Pinkerton che tradiscono e ingannano le donne.

Filippo - Se è per questo, anche tante donne si comportano come Pinkerton. Tu non ne conosci nessuna?

Federica - Che vuoi dire? Ti riferisci a Laura?
    Che vuole dire

Filippo - Laura? E chi è?

Federica - Non fare finta di non conoscerla; l'abbiamo incontrata entrando.

Filippo - Ah, l'ex-moglie di Francesco. Io non parlavo di lei.

Federica - E di chi? Smettila di spettegolare.

Filippo - Io spettegolo? Hai cominciato tu!

Federica - Io parlavo in generale, tu invece non perdi mai l'occasione di parlare male di una mia amica.

Filippo - Ma quando ho parlato male di una tua amica? Fammi un esempio.

Federica - Per esempio, uhm…, ora non mi viene in mente.

Ogni forma esatta vale 2 punti.   **Totale:** _____/20

Test 6 Musica

7 Antonio Stradivari (1644-1737)

Riordina il testo inserendo nei giusti spazi le parti mancanti. Fai attenzione alla punteggiatura.

In tutto il mondo il nome Antonio Stradivari è sinonimo di "violino" in quanto (____). In realtà dalla sua scuola non sono usciti solo violini, (____). Le sue abili mani trasformavano preziosi legni in magici strumenti (____) Non si sa (____) ma tutti sono d'accordo nell'affermare (____). Sappiamo che usava una vernice speciale (____) Più probabilmente il segreto dei suoi violini consiste negli esatti calcoli (____) Il primo violino che porta la sua firma è del 1687, (____). Oggi è possibile ammirare uno dei "gioielli" di Stradivari al Palazzo Comunale di Cremona (____) che deve suonare ogni giorno i preziosi strumenti dei liutai cremonesi (____).

A. sui quali basava il proprio lavoro.
B. ancora oggi è il maestro liutaio più famoso
C. mentre l'ultimo è del 1736
D. di cui nessuno è mai riuscito a scoprir la formula.
E. come riusciva a farlo
F. che dava un'anima ad uno strumento di legno
G. il cui suono perfetto incanta ancora musicisti ed appassionati.
H. dove lavora il più fortunato musicista del mondo
I. ma anche viole e violoncelli di cui oggi abbiamo rispettivamente 12 e 50 esemplari
L. per mantenere perfetto il loro suono e difendere gli strumenti da eventuali parassiti del legno

Ogni frase inserita al posto giusto vale 1 punto.

Totale: _____/10

Livello B2

- 1. Maternità e paternità

- 2. Università e comunicazione

- 3. Cronaca e Legge

- 4. Inquinamento

- 5. Tolleranza

- 6. Donne

1 Essere mamma

Completa il dialogo con i verbi all'indicativo presente, passato prossimo, imperfetto e trapassato prossimo, al condizionale semplice e composto e all'imperativo.

Anna - Ma che cosa hai, Monica, *(rilassarsi)* _____! Non fai altro che guardare l'orologio da quando *(noi-uscire)* _____. Non eri tu quella che *(dire)* _____ che avrebbe ricominciato a lavorare subito dopo il parto?

Monica - Hai detto bene: ero. Adesso sono un'altra persona. Diventare mamma mi *(cambiare)* _____ la vita. Da quando *(nascere)* _____ Matteo *(sentirsi)* _____ diversa: più ansiosa, più sensibile, più insicura.

Anna - Insicura, tu, la regina del marketing e della consulenza?

Monica - Non mi *(prendere)* _____ in giro, ti prego. Sapevo che con la nascita di un figlio la mia vita *(cambiare)* _____, ma non *(immaginare)* _____ che *(io-cambiare)* _____ carattere.

Anna - Io ti *(avvisare)* _____, ma tu...

Monica - È vero. Me l'*(dire)* _____. "*(Conoscere)* _____ professioniste autoritarie, abituate solo a dare ordini - mi hai raccontato un giorno - che dopo il parto *(scoprirsi)* _____ capaci perfino di ascoltare e dialogare." Ma dimmi un po', è un effetto passeggero oppure...?

Anna - Dipende. In genere prima o poi *(passare)* _____. Ti ricordi la Melegatti?

Monica - Sì, *(avere)* _____ una bambina un paio d'anni fa.

Anna - Infatti. La maternità l'*(addolcire)* _____, *(diventare)* _____ quasi simpatica. Ora, a distanza di due anni *(tornare)* _____ ad essere la solita iena.

Monica - Bene, grazie, allora non *(io-preoccuparsi)* _____!

Ogni verbo esatto vale 1 punto.   **Totale: _____/20**

2 La maternità cambia il carattere

Completa il testo con i pronomi personali e gli aggettivi possessivi della lista. Attenzione: ce ne sono due in più.

> **gli - lei - proprio - sé - si - si - suo - suo - suo - vi - vi - voi**

Prima eravate sicure di _____, avevate poche ansie e la capacità di risolvere situazioni difficili di certo non _____ mancava. Ora quella donna non esiste più o almeno così _____ sembra. Al _____ posto c'è una madre insicura che ha una gran paura di commettere qualche errore. È normale. Con la nascita di un figlio ogni donna _____ sente investita da una nuova e grande responsabilità perché la sopravvivenza di un altro essere umano dipende da _____. Perciò è inevitabile che tema di non capire le esigenze del _____ bambino. In realtà tutte le donne hanno dentro di _____ la capacità di allevare un figlio. Il problema per le mamme di oggi è piuttosto quello di riuscire a fidar_____ del _____ istinto.

Ogni parola inserita in modo esatto vale 1 punto.   **Totale: _____/10**

3 La nuova paternità

Completa il testo con le parole della lista. Attenzione: c'è uno spazio in più.

> **alcuni - ben - caso - così - difficoltà - riguardo - per - sempre - solo - su**

Le donne stanno raggiungendo gli uomini nella carriera. Sono _____ di più le donne manager, imprenditrici e libere professioniste e _____ gli uomini, battuti nelle loro sedi tradizionali, sfidano le loro compagne _____ un terreno originariamente solo femminile: la cura dei figli.

Gli uomini padri crescono. _____ sono mariti difficili e disattenti, ma come padri si riscattano _____ e accudiscono i figli come le madri. Non a _____ il Parlamento italiano ha provveduto a modificare la legge _____ ai congedi parentali, permettendo anche ai padri di assentarsi dal lavoro _____ provvedere alla cura dei figli. La nuova legge prevede non _____ congedi di paternità *post-partum*, ma anche permessi di sei-otto mesi per seguire il figlio in _____. La legge ha raccolto un consenso generale, tuttavia sono molte le donne pronte a scommettere che _____ pochi uomini in carriera approfitteranno di questi congedi.

Ogni parola inserita in modo esatto vale 1 punto.   **Totale: _____/10**

4 Nipoti e figli
Completa il dialogo con i pronomi (anche doppi) e le particelle "ci" e "ne".

Monica - Sto cercando una baby-sitter per Matteo. Tu conosci qualcuno?

Anna - Sì, che combinazione! _____ conosco una affidabile, bravissima, era la baby-sitter dei miei nipotini, se vuoi _____ chiamo subito. _____ presento.

Monica - Scusa, ma ora chi _____ occupa dei tuoi nipoti?

Anna - Da quando il giudice _____ ha affidati, mio fratello li manda al nido. _____ porta lui prima di andare al lavoro e poi va a riprender_____ mia madre.

Monica - Tua madre aiuta molto tuo fratello.

Anna - Sì, _____ da una mano con i bambini. _____ piace stare con loro e poi è felice che Luigi abbia vinto la causa per l'affidamento. Ancora oggi in caso di separazione dei genitori nel 92,1% dei casi il giudice affida i figli alla madre e in generale _____ tratta di una decisione presa a priori a favore della maternità.

Monica - Mi pare giusto. Fatta eccezione per Luigi e la tua ex-cognata, le madri sono meglio.

Anna - Ma Monica!

Ogni pronome esatto vale 1 punto.   **Totale: _____/10**

5 I consigli di una psicologa ad una mamma ansiosa
Trasforma il testo dal formale (Lei) all'informale (tu), scrivendo i cambiamenti sotto le forme sottolineate. Attenzione: in 2 casi le forme non vanno cambiate.

Guardi, Lei si preoccupa troppo, stia tranquilla, suo figlio sta benissimo. Si abitui a pensare a lui come ad un essere indipendente, non può risolvere tutti i suoi problemi e non deve farlo; così facendo gli impedisce di crescere. Lo tratti da adulto: non lo aiuti sempre a fare i compiti, gli dia una somma di soldi una volta la settimana e gli dica di spenderli in modo responsabile, perché non ne riceverà altri. Non gli proibisca di uscire la sera, ma sia rigida sull'ora del rientro, insomma non gli corra sempre dietro, anzi lo mandi in vacanza con i suoi amici, abbia fiducia, ormai Guido è grande.

Ogni forma esatta vale 1 punto.   **Totale: _____/20**

6 Il congedo di maternità

Riordina il dialogo tra la cassiera della banca e la Signora Paci.

Cassiera	Signora Paci
1. - Buongiorno Signora Paci, facciamo il bonifico mensile come al solito?	**A.** - Ma non mi aveva detto il mese scorso che era quasi al settimo mese?
2. - No. La legge è cambiata. Sono ancora 5 mesi di congedo a stipendio pieno, ma è più flessibile; se ne possono prendere per esempio uno solo prima del parto e 4 dopo.	**B.** - Come sarebbe a dire? Non sono due mesi prima del parto e tre dopo?
3. - Potrei, ma mi sento bene e quindi preferisco continuare a lavorare e prendere più tempo dopo la nascita del bambino.	**C.** - Buongiorno, sì, ma ... Lei che cosa fa ancora qui? Pensavo di non trovarla questo mese.
4. - Non lo so. Probabilmente rientrerò a lavorare al più presto. Non sono abituata a stare a casa.	**D.** - Oh che bella cosa. Ai miei tempi era obbligatorio lasciare il lavoro al settimo mese. Mia figlia è nata prematura di 40 giorni è così io ho fatto solo 4 mesi di maternità. Dopo i tre mesi sono rientrata perché non mi potevo permettere di perdere il 35% di stipendio. Lei che pensa di fare?
5. - Sì, infatti adesso sono di 35 settimane.	**E.** - E allora non dovrebbe essere in congedo di maternità?
6. - Perché? È ancora presto.	**F.** - La capisco. Beh, auguri.

1/__ __/__ __/__ __/__ __/__ __/F

Ogni frase messa nel giusto ordine vale 1 punto.   **Totale: _____ /10**

7 Legislazione italiana

Scegli la congiunzione, l'avverbio o la preposizione corretti.

Come/Siccome/Visto il bassissimo tasso di natalità e l'alta aspettativa di vita, che fa dell'Italia il Paese più vecchio del mondo, il Parlamento italiano **ancora/già/quindi** da molti anni sta provvedendo a sviluppare una politica sempre **così/meno/più** vicina a quelle persone che desiderano avere dei figli.

Innanzitutto/Prima/Poi sono gratuiti tutti gli esami e le visite riguardanti la gravidanza, **anche/così/uguale** come il parto. La legge 53/2000, **anzi/oltre/più** a confermare la garanzia di non essere licenziate **fino/lungo/quando** al compimento del primo anno del bambino e di poter rientrare al lavoro nelle stesse mansioni di **dopo/precedentemente/prima**, ha reso più flessibile l'astensione obbligatoria **dal/del/nel** lavoro della madre. **Inoltre/Oltre/Perciò** ha permesso anche al padre di poter usufruire di tutti i permessi **finora/perfino/sino** riservati solo alla madre, nel caso **a/in/per** cui sia l'unico genitore o di assentarsi dal lavoro **anziché/con/invece** della madre per prendersi cura del proprio figlio.

Da/Per/Più favorire i genitori sono previsti degli incentivi alle imprese che favoriscono orari e forme di prestazioni lavorative, **come/così/quanto** il part-time reversibile, l'orario flessibile, la banca-ore e il telelavoro.

In/Nel/Per caso in cui la neo-mamma sia una lavoratrice autonoma o una libera professionista la legge offre agevolazioni contributive per l'assunzione della persona che lavorerà **al/dal/in** suo posto per un massimo di 12 mesi.

La legge prevede **anche/appena/già** assegni familiari e di maternità **perché/quindi/se** la famiglia si trova in condizioni economiche precarie e detrazioni fiscali per tutti i nuclei familiari **a/con/in** proporzione al loro reddito e al numero di figli.

Ogni forma esatta vale 1 punto.   **Totale: _____/20**

B2 Università e comunicazione

1 Le prime donne docenti universitarie

Completa il testo con i verbi all'indicativo presente, passato remoto, imperfetto.

Una leggenda parla di una donna che aveva insegnato a Bologna tra il XII e il XIII secolo: Bettisia Gozzadini. La leggenda *(raccontare)* _____ che non solo *(tenere)* _____ le sue lezioni nelle classi, ma anche nelle piazze di fronte a molte persone. La tradizione *(raccontare)* _____ anche di una figlia di Accursio, un famoso professore dell'ateneo bolognese, che *(dare)* _____ lezione di diritto. In seguito *(esserci)* _____ Novella d'Andrea, che *(tenere)* _____ lezione coperta da un velo: *(essere)* _____ molto bella e non *(volere)* _____ distrarre gli studenti con il suo fascino. *(Venire)* _____ poi l'epoca di Bettina Sangiorgi, che *(impartire)* _____ lezioni di greco, e di Giovanna Bianchetti, che *(essere)* _____ esperta di latino. In ogni caso l'Università di Bologna *(ammettere)* _____ le donne all'insegnamento sin dal XII secolo. Questa apertura a studiosi di sesso femminile era evidente nel XVIII secolo. Le nuove idee dell'Illuminismo *(stare)* _____ cambiando i pregiudizi e in tutta Europa si discuteva il problema della cultura delle donne. Una tra le più celebri insegnanti di sesso femminile all'università di Bologna *(essere)* _____ Laura Bassi: nel 1733 *(riuscire)* _____ ad avere la cattedra di filosofia e nel 1776 quella di fisica sperimentale; era una donna così colta che *(occuparsi)* _____ anche di logica, chimica, idraulica, matematica, meccanica, algebra, geometria, lingue antiche e moderne.
Nel 1760 Anna Morandi *(diventare)* _____ modellatrice di cere anatomiche presso la cattedra di anatomia.
Maria Gaetana Agnesi *(avere)* _____ nel 1750 la cattedra di matematica e geometria analitica.
Clotilde Tambroni *(ottenere)* _____ nel 1791 quella di greco. Eppure ci *(volere)* _____ ancora molti secoli prima che le donne potessero accedere liberamente a tutte le facoltà.

Ogni verbo esatto vale 1 punto.   **Totale:** _____/20

2 Il telefono, che passione! (parte I)

Completa il testo con i verbi della lista. Attenzione: c'è uno spazio in meno. I verbi NON sono in ordine.

rappresenti	avesse	sopporta	sta	sia
lavora	telefonare	avvicinare	rappresenta	costretti

La maggioranza degli italiani pensa che il telefono _____ assolutamente indispensabile; usando il telefono si _____, si comunica, ci si parla, ci s'innamora e qualche volta ci si lascia. Conoscete quella vecchia pubblicità della Telecom in cui una ragazzina _____ ore e ore al telefono a chiedere al suo ragazzo "Mi ami? Ma quanto mi ami?" Immaginate cosa sarebbe successo se lui _____ risposto "Abbastanza!" Secondo un sondaggio solo una parte minima degli italiani ritiene che il telefono _____ una noia, tuttavia molti preferiscono non essere disturbati da una telefonata e lasciano rispondere la segreteria.

Quali sono le persone più insopportabili al telefono? Non c'è dubbio: il 70% degli italiani non _____ chi non si presenta. Una famiglia italiana su tre possiede almeno un cellulare; ciò significa che sono davvero pochi quelli _____ ad usare un telefono pubblico, ma che cosa disturba un italiano che deve _____ da un apparecchio pubblico? La risposta è praticamente unanime: l'idea di al proprio viso un ricevitore usato da estranei. Forse anche per questo il cellulare, lo status symbol dei primi anni '90, è diventato tanto velocemente un oggetto così popolare. Oggi il cellulare non _____ più l'immagine dell'uomo d'affari sempre impegnatissimo, bensì quella di ragazzini che, troppo timidi per avvicinare l'altro sesso, ricorrono ai loro telefonini per mandarsi dei messaggi.

Ogni verbo inserito in modo esatto vale 1 punto.   **Totale: _____/10**

3 Il telefono, che passione! (parte II)

Ricostruisci il testo mettendo le frasi a destra nel giusto ordine seguendo il senso e le informazioni contenuti nell'esercizio precedente.

1. Sembra che solo una piccola minoranza di italiani	**A.** la nuova frontiera della comunicazione?
2. Il telefono non serve solo a comunicare un messaggio urgente	**B.** ma anche per innamorarsi, litigare, ecc...
3. Quasi tutti ormai	**C.** sebbene negli anni novanta fosse ancora uno status symbol.
4. Pare che gli italiani	**D.** mentre adesso è in mano agli adolescenti che si scambiano i messaggini;
5. Il 70% degli italiani pensa che	**E.** chi non si presenta al telefono sia un gran maleducato.
6. Se la crescita dei cellulari continua in questo modo	**F.** ritengano quasi all'unanimità il telefono assolutamente indispensabile.
7. Sembrerebbe che agli italiani	**G.** non piaccia dover avvicinare al proprio viso un ricevitore usato da chissà quanti altri.
8. Il cellulare è diventato un oggetto di uso comune	**H.** posseggono un cellulare.
9. Prima il cellulare era un oggetto che distingueva l'uomo d'affari impegnato,	**I.** pensi che il telefono sia una seccatura.
10. che siano proprio gli SMS	**L.** non ci sarà più bisogno di telefoni pubblici.

1 / ___ - 2 / ___ - 3 / ___ - 4 / ___ - 5 / ___ - 6 / ___ - 7 / ___ - 8 / ___ - 9 / ___ - 10 / ___

Ogni frase inserita al posto giusto vale 1 punto.   **Totale: _____/10**

4 Una telefonata difficile

Completa il dialogo inserendo nei giusti spazi le battute mancanti.

Mario chiama Paola al cellulare.
Mario - Pronto, Paola, dove sei, ti disturbo?
Paola - _____
Mario - _____
Paola - _____

Mario richiama al telefono di casa.
Mario - Ma che era successo?
Paola - _____
Mario - _____
Paola - Sì, ma tanto per le cose urgenti c'è il cellulare e mi puoi mandare i messaggini.
Mario - _____
Paola - Ah, sì, ho spento la suoneria del telefonino per non disturbare mia nonna.
Mario - _____
Paola - _____
Mario - _____
Paola - _____
Mario - Niente, volevo invitarti a cena.

Mario:
A. Ho provato al telefono di casa, ma non rispondeva nessuno, pensavo fossi fuori.
B. Forse no, ma almeno so usare il cellulare.
C. Guarda che ti ho mandato un messaggino un'ora fa, per dirti di chiamarmi quando eri libera e tu non mi hai risposto.
D. Altro che telefonino, tu sei rimasta ai piccioni viaggiatori!
E. Uffa, Paola, ma fai sempre così, ti dimentichi tutto.

Paola:
1. Ah ho capito… richiamami fra un minuto al telefono di casa.
2. Pensi di essere divertente?
3. Avevo staccato la spina del telefono per potermi collegare a internet, poi ho dimenticato di riallacciarla.
4. Ciao Mario, sono a casa, perché chiami al cellulare?
5. Va bene, va bene, ma adesso dimmi, che c'è di così urgente?

Ogni battuta inserita in modo esatto vale 1 punto.   **Totale: _____/10**

5 L'industria della cultura

2 parti di questo testo contengono un errore di grammatica. Trova i 2 errori e correggili.

1. Con il diffondersi di un sempre più forte interesse per l'arte e per ciò che le ruota attorno,
2. la capacità di organizzare e di gestire eventi culturali sta diventando una delle caratteristiche più ricercate.
3. Per questo recentemente all'interno di Università o di strutture private sono sorti o stanno sorgendo corsi di formazione dedicati alla preparazione per la professione di promotori culturali.
4. Le competenze richieste per fare i promotori culturali sono complesse:
5. innanzi tutto si deve possedere una classica formazione umanistica insieme ad una solida preparazione in economia e comunicazione,
6. perché, sebbene questa professione ha a che fare con la cultura,
7. è molto orientato verso la "vendita" della cultura
8. e non tutti sono dei buoni venditori;
9. perciò non ci si dovrebbe avvicinare a questo lavoro senza almeno aver riflettuto bene
10. su cosa sia il marketing.

1. frase sbagliata: _____ ➡ *frase corretta:* _____
2. frase sbagliata: _____ ➡ *frase corretta:* _____

Ogni errore corretto nel modo giusto vale 5 punti.   **Totale: _____/10**

6 La facoltà di Scienze della comunicazione

Completa il testo coniugando i verbi della lista. I verbi NON sono in ordine.

risultare	preparare	studiare	preparare	frequentare
avere	potere	scegliere	nascere	entrare

Si tratta di una facoltà relativamente nuova, _____ proprio per offrire dei corsi che _____ al mondo del lavoro. Nell'ambito di Scienze della comunicazione si _____ materie tradizionali e utili, come Comunicazione aziendale, Marketing, Pubblicità, ma si _____ la possibilità di _____ anche corsi più all'avanguardia. Esemplare in questo senso è la Facoltà di Scienze della comunicazione dell'Università di Roma 1. Uno studente che _____ i corsi offerti da questa Università _____ poi lavorare nell'ambito delle organizzazioni pubbliche e private, nel settore delle pubbliche relazioni della pubblica amministrazione, delle Organizzazioni non Governative (ONG), nonché in ogni altro ambito nel quale _____ centrale l'attività per la promozione dello sviluppo e della cooperazione.
Un altro corso di laurea interessante, per il quale Scienze della comunicazione _____ virtualmente in competizione con la Facoltà di Lettere, è quello in Editoria, comunicazione multimediale e giornalismo, che _____ al vecchio mestiere di giornalista ma anche alle nuove professioni del *web* e del *multimedia*.

Ogni verbo esatto vale 2 punti.   **Totale: _____/20**

7 Il successo di Scienze della comunicazione

Completa il testo inserendo i pronomi relativi, interrogativi ed indefiniti della lista dove ritieni più opportuno. I pronomi NON sono in ordine. Vicino ad ogni riga è segnato quanti pronomi vanno inseriti.

> **quello che - chi - a chi - a cui - di cui - per cui - per cui - a chiunque - che - che**

1	Uno dei corsi di laurea preferiti dai giovani si iscrivono negli ultimi anni all'università
0	è quello in Scienze della Comunicazione: tra i corsi di laurea umanistici, è
2	forse garantisce maggiori sicurezze intenda entrare presto nel mondo del lavoro.
0	Nella società contemporanea la comunicazione ha assunto un ruolo predominante,
2	ragion è necessario poter dominare tutte le tecnologie ed i linguaggi ci si serve.
0	Viviamo in una società fatta di immagini. Il successo delle aziende spesso dipende
1	dalla capacità di presentare i propri prodotti. Questo è il motivo sempre più giovani si
1	iscrivono a questo corso e non a Lettere o Filosofia, negli anni scorsi venivano preferite.
1	Le carriere possono aspirare i laureati in Scienze della Comunicazione sono molte:
1	dal marketing alla pubblica amministrazione. A si rivolge questo corso di laurea?
1	abbia fantasia, comunicatività, ma anche una naturale disposizione all'imprenditoria.

Ogni pronome inserito in modo esatto vale 2 punti.   **Totale: _____/20**

B2 Cronaca e Legge

1 Come difendersi dai ladri
Completa il testo con le parole della lista. Attenzione: ci sono due parole in più.

> brutte - ci - è - è - era - male -
> possa - può - sarebbe - siamo - siano - tranquilli

Si può fare qualcosa per vivere _____ senza la paura continua che qualcuno _____ entrare in casa mentre non ci _____? È chiaro che non _____ possibile difendersi al cento per cento, tuttavia si _____ fare qualcosa per diminuire i rischi e per evitare _____ sorprese. Prima di uscire di casa _____ bene controllare che tutte le finestre _____ chiuse a dovere e che la porta sia chiusa a chiave. Se _____ si allontana per un lungo periodo _____ meglio che qualcuno prendesse la posta dalla cassetta delle lettere per non far capire che i padroni di casa sono fuori.

Ogni parola inserita in modo esatto vale 1 punto.　　　　　　**Totale: _____/10**

2 L'esame
Completa il dialogo mettendo nel giusto ordine le battute di Carlo.

Marina e Carlo, studenti di Legge all'università, si preparano per l'esame di Diritto privato.

Marina	Carlo
1 - Hai trovato i libri?	A - No, non lo sanno. Sono libri difficili da trovare.
2 - E per gli altri come facciamo?	B - Anche di quelle ne ho trovate solo due.
3 - Ti hanno detto quando arrivano?	C - Un amico mi ha detto che le altre si trovano alla Biblioteca Nazionale.
4 - E le riviste?	D - No, l'ho lasciata dal meccanico.
5 - Che cosa facciamo allora?	E - Non lo so, fa un rumore strano…
6 - Dobbiamo trovare i libri e le riviste al più presto, l'esame si avvicina.	F - Li ho ordinati alla libreria Feltrinelli.
7 - È una buona idea, andiamoci subito. Hai la macchina?	G - Allora via, presto.
8 - Che cosa è successo?	H - Sì, hai ragione, li dobbiamo trovare subito. Andiamo alla Nazionale adesso?
9 - Bene. Allora, andiamoci con la mia Vespa…	I - Ne ho trovati solo due.
10 - Ne ho uno in più…	L - E come faccio per il casco?

1 / ___ - 2 / ___ - 3 / ___ - 4 / ___ - 5 / ___ - 6 / ___ - 7 / ___ - 8 / ___ - 9 / ___ - 10 / ___

Ogni battuta inserita in modo esatto vale 1 punto.　　　　　　**Totale: _____/10**

3 Due vecchi compagni

Completa il dialogo con i verbi all'indicativo presente, passato prossimo, imperfetto e trapassato prossimo, al congiuntivo presente, imperfetto, passato e trapassato, al condizionale semplice e composto e all'infinito.

Marina e Carlo, due vecchi compagni d'università, per molto tempo non si sono visti. Poi un giorno Carlo ha telefonato a Marina...

Marina - Pronto?

Carlo - Ciao Marina, sono Carlo. Ti ricordi di me?

Marina - Carlo?? Ciao! Credevo che mi *(tu-dimenticare)* _____.

Carlo - Ma dai! Come puoi pensare una cosa simile? Come *(potere)* _____ dimenticare un'amica come te? E tuo marito? Spero che ora *(stare)* _____ bene, l'ho visto in tribunale una quindicina di giorni fa, era raffreddatissimo.

Marina - Mio marito?! Ma non lo sai?! Non t'ha detto niente? *(io-Pensare)* _____ che tu lo *(sapere)* _____: io e Claudio *(separarsi)* _____ tre mesi fa.

Carlo - Davvero?! Com'è possibile?

Marina - È stata una decisione improvvisa da parte sua. *(io-Notare)* _____ che da qualche mese le cose non *(andare)* _____ bene, ma lui non mi diceva niente. Poi, un giorno, mi ha annunciato che *(vincere)* _____ il concorso come Pubblico Ministero[1] e che *(trasferirsi)* _____ a Catania 20 giorni dopo. Appena *(andarsene)* _____ ho creduto che non *(potere)* _____ resistere senza di lui, ma adesso non *(avere)* _____ paura di *(vivere)* _____ sola.

Carlo - Mi dispiace, non ne sapevo niente, comunque è meglio così. Se *(voi-rimanere)* _____ insieme, non *(essere)* _____ felici, né tu, né lui! Certo, Claudio è sempre stato un tipo strano, ma non capisco come *(potere)* _____ lasciare te e Firenze, così all'improvviso. E poi diceva di odiare gli avvocati che *(lavorare)* _____ per lo Stato. E per il vostro studio legale[2] che avete deciso? Se *(essere)* _____ in te, *(cercare)* _____ un nuovo socio.

Marina - Per esempio te?

Carlo - Già, perché no? All'università formavamo una bella coppia.

Ogni verbo esatto vale 1 punto.   **Totale: _____ /20**

note
1. Pubblico Ministero: avvocato dell'accusa che lavora per lo Stato.
2. Studio legale: ufficio in cui lavorano in società due o più avvocati.

4 La delinquenza ha un grande futuro (parte I)

2 parti di questo testo contengono un errore di grammatica. Trova i 2 errori e correggili.

1. In base alle previsioni dei sociologi il lavoro umano nella new economy si baserà sull'informazione, lo spettacolo, la seduzione.
2. I sociologi forse esagerano con le ipotesi;
3. secondo loro il lavoro a tempo pieno, per tutta la vita e per tutti è finito.
4. Il lavoro insomma come lo abbiamo conosciuto dalla metà del Novecento ad oggi non esisteva più.
5. Il lavoro, quello su cui si fonda la Repubblica Italiana, come recita la Costituzione, appartiene al passato.
6. Ma cambiare un modo di pensare il lavoro, durato così a lungo, non è facile.
7. Mentre la sostituzione degli uomini con le macchine intelligenti è un dato di fatto, mancano ancora buone soluzioni per i disoccupati.
8. Lavorare meno per lavorare tutti, ridurre la produttività, insomma redistribuire il lavoro fra occupati e disoccupati potrebbe essere una soluzione.
9. Ma è una soluzione complessa in una società divisa in due, quella in alto di coloro cui conoscono e comandano e quella in basso dei molti che non sanno e devono obbedire.
10. E allora evviva la delinquenza, forse l'unico forte collegamento fra quelli del piano alto e quelli del piano basso.

adattato da G. Bocca "L'Espresso"

1. *frase sbagliata:* _____ ➡ *frase corretta:* _____
2. *frase sbagliata:* _____ ➡ *frase corretta:* _____

Ogni errore corretto nel modo giusto vale 5 punti.   **Totale:** _____/10

5 La delinquenza ha un grande futuro (parte II)

Completa il testo inserendo le preposizioni della lista dove ritieni più opportuno. Vicino ad ogni riga è segnato quante preposizioni vanno inserite. Le preposizioni NON sono in ordine.

> **del - delle - di - di - di - in - in - in - nella - su**

2	Qualche anno fa una sua rubrica L'*Espresso*[3], Giorgio Bocca scriveva: "Non
0	rispettare la legge è divertente. Meno la rispetti e meno rischi. E puoi avere
2	successo società divertimento.
1	Se ci si chiede perché la gente delinqua[4], particolare perché delinquano
0	politici, burocrati, militari, persone ricche ed importanti che non avrebbero un
2	bisogno materiale delinquere, una risposte può essere che delinquere è
1	divertente e che una società dove cresce la delinquenza cresce anche l'impunità.
2	Ai figli si potrebbe consigliare andare a scuola delinquenza, privata o pubblica,
0	non fa differenza."

Ogni preposizione inserita in modo esatto vale 2 punti.   **Totale:** _____/20

note

3. L'Espresso: rivista settimanale di attualità, politica, informazione. | 4. delinquere: fare qualcosa di illecito, non rispettare la legge.

6 Precauzioni da prendere quando si va in vacanza

Trasforma dal formale (Lei) all'informale (tu) le parti <u>sottolineate</u> della lettera qui sotto, come negli esempi.

Cara signora Pina,

so che <u>sta partendo</u> per le vacanze, per questo volevo <u>raccomandarle</u> di prendere alcune precauzioni, visto che <u>vive</u> in un luogo così isolato. Prima di tutto <u>non spenga</u> tutte le luci, <u>faccia</u> in modo che una anche piccola rimanga sempre accesa. <u>Chieda</u> ad un vicino di casa di <u>svuotarle</u> la cassetta delle lettere e <u>faccia</u> un inventario di tutte le cose di valore che <u>lascia</u> a casa. <u>Non dica</u> in giro che <u>va</u> via, <u>lo dica</u> solo alle persone di fiducia. <u>Non lasci</u> la chiave sotto lo zerbino e <u>non la dia</u> neppure alla signora che <u>le</u> pulisce la casa, <u>chieda</u> alla <u>sua</u> vicina, alla signora Maria: penserà lei ad aprire la porta quando occorre. Prima di uscire <u>si ricordi</u> di inserire il sistema di allarme e <u>prenda</u> con <u>sé</u> anche il codice per disinserirlo al ritorno. <u>Abbia</u> anche molta cura delle carte di credito durante il viaggio. <u>Le</u> raccomando il telefono cellulare per telefonarci spesso, io e Mariella ci preoccupiamo, lo <u>sa</u>.

A presto,

Mario

Cara Pina,

So che ***stai partendo*** per le vacanze per questo volevo _____ di prendere alcune precauzioni, visto che _____ in un luogo così isolato. Prima di tutto _____ tutte le luci, _____ in modo che una anche piccola rimanga sempre accesa. _____ ad un vicino di casa di _____ la cassetta delle lettere e _____ un inventario di tutte le cose di valore che _____ a casa. _____ in giro che ***vai*** via, _____ solo alle persone di fiducia. _____ la chiave sotto lo zerbino e _____ neppure alla signora che ***ti*** pulisce la casa, _____ alla _____ vicina, alla signora Maria: penserà lei ad aprire la porta quando occorre. Prima di uscire _____ di inserire il sistema di allarme e _____ con _____ anche il codice per disinserirlo al ritorno. _____ anche molta cura delle carte di credito durante il viaggio. _____ raccomando il telefono cellulare per telefonarci spesso, io e Mariella ci preoccupiamo, lo _____.

A presto,

Mario

Ogni forma esatta vale 1 punto.   **Totale: _____/20**

7 Una brutta sorpresa

Completa il testo inserendo i connettori della lista dove ritieni più opportuno. I connettori sono in ordine.

> dove - quando - Dopo - e - senza - perché - malgrado - quindi - sebbene - mentre

Salve, vi racconto la mia storia...

Il mio nome è Alessandro e lo scorso 8 gennaio verso le 11.00 mi sono recato presso l'ufficio postale vado di solito sono a Milano. circa un'ora di attesa, arrivato il mio turno, chiedo il saldo del mio conto corrente scopro che mancavano 4.000 euro rispetto alla cifra attesa!!! Ho richiesto immediatamente l'estratto dei movimenti ed ho capito che da alcuni giorni qualcuno stava prelevando da "altri sportelli" tramite la mia carta Postamat cifre altissime. Perciò aspettare un attimo ho bloccato la carta, ma non ho potuto domandare altro alle 12.00 in punto l'ufficio ha chiuso le mie proteste. Allora ho iniziato subito a bombardare di telefonate il call center di Poste Italiane ed ogni operatore che ho interpellato mi ha indicato una procedura differente; mi sono precipitato dai carabinieri per effettuare una denuncia contro ignoti e grazie anche alle loro indicazioni ho mandato una richiesta di rimborso alla Direzione delle Poste Italiane, allegando tutti i documenti, dai quali pareva evidente la clonazione della mia carta. Infatti, io sia tutt'ora in possesso della mia carta Postamat Maestro e non l'abbia mai ceduta a terzi, qualcuno aveva prelevato ingenti somme di denaro dal mio conto tra Nizza, Mentone e Lugano io ero serenamente a Laglio per passare le festività natalizie come posso dimostrare proprio grazie ai movimenti della carta.

Ciò nonostante, a distanza di tre settimane, non ho ancora ricevuto alcuna risposta esauriente dalle Poste.

Ogni parola inserita in modo esatto vale 1 punto. Totale: _____/10

B2 Inquinamento

1 **A proposito d'inquinamento**

Completa le due parti del testo con le parole delle liste. Attenzione: in ogni lista c'è una parola in più e in ogni testo uno spazio in meno.

> acqua - anche - costruire - distruzione - inquinamento -
> infatti - la - ma - meno - problema - vadano

Difendere l'ambiente è un progetto importante che richiede l'impegno di tutti, _____ non è necessario che tutti _____ a pulire le spiagge o facciano _____ doccia in gruppo per risparmiare l' _____. Se tutti fossimo un po' più attenti, l' _____ diminuirebbe automaticamente e non ci sarebbe neppure bisogno di _____ enormi discariche.

Secondo un'indagine dell'ONU il più grande dei prossimi anni sarà l'acqua potabile. _____, a causa dell'effetto serra e della _____ sistematica annuale delle grandi foreste, piove _____ e la desertificazione aumenta.

> cui - guerre - in - mentre - particolare - pensassero -
> politica - risorsa - purché - risolvere - se

Fino a 100 anni fa si combattevano _____ per l'espansione territoriale. Il ventesimo secolo invece, in _____ negli ultimi decenni, è stato caratterizzato dalla _____ in nome del petrolio e nel ventunesimo l'acqua sarà la _____ al centro degli equilibri internazionali. Certo, individualmente non possiamo _____ il problema delle scorte d'acqua mondiali, tuttavia, se tutti _____ che il 20% dell'acqua potabile consumata _____ casa è "sprecata" forse diventerebbe un'abitudine chiuderla _____ ci si lava i denti e si userebbe l'acqua in _____ sono stati cotti gli spaghetti per innaffiare i fiori.

Insomma salvare la natura è possibile, tutti siano più consapevoli.

Ogni parola inserita in modo esatto vale 1 punto. **Totale: _____/20**

Test 4

2 Spegni il motore

Completa il dialogo con i gradi dell'aggettivo e le preposizioni. Attenzione: c'è una parola in più.

> che - che - del - di - la più - meglio - meglio - meno - migliore - peggio - più

Giornalista - Signora che cosa pensa dell'iniziativa "Spegni il motore, accendi la città"?

Signora - Secondo me l'iniziativa è buona ma dovrebbe essere organizzata _____ . Chiudere il centro per un giorno alla settimana costa più _____ tenerlo sempre chiuso. Ci vogliono _____ vigili e poi non ci sono abbastanza parcheggi dove lasciare le auto.

Signore anziano - La macchina è _____ grande invenzione _____ secolo. Io mi ricordo quando si doveva andare in bicicletta o a piedi perché non avevamo le macchine e vi posso assicurare che si stava _____ .

Giornalista - Quindi Lei non crede che la macchina sia più pericolosa_____ utile.

Signore anziano - Guardi, io ho usato per 40 anni la bicicletta e per 45 la macchina e le posso dire con certezza che una macchina è più utile _____ una bicicletta, ma non so dire se sia più o _____ pericolosa. Lo vede questo bastone? Lo uso da 45 anni, da quando sono caduto dalla bicicletta! Il problema non è il mezzo, ma chi lo usa.

Giornalista - Ma io parlavo del pericolo dell'inquinamento da gas di scarico.

Signore anziano - Mio caro giovane, tutte le invenzioni e le scoperte possono uccidere, anche la _____ . Pensi alla scoperta dell'atomo. Ma questo è un problema politico.

Ogni forma inserita in modo esatto vale 1 punto.　　　　　**Totale: _____/10**

3 Raccolta differenziata

Riordina il dialogo tra il ragazzo e la signora.

1) Ragazzo　　- Scusi, signora, sa dov'è il bidone per la raccolta delle lattine?
2) Signora　　- Vuol dire quello del vetro?
__)　　- Anche quelle con il vetro.
__)　　- Non lo chieda a me, io ho già tanti problemi con la mia immondizia.
__)　　- Come ogni 15 giorni?! E dove li metto io tutti i giornali?
__)　　- No, quello delle lattine, di coca-cola, pomodori, eccetera.
__)　　- Passano a ritirarla dalle case una volta ogni 15 giorni.
__)　　- Sì. Domenica esclusa, naturalmente.
__)　　- Davvero? E le bottiglie di plastica?
__)　　- I rifiuti organici però li ritirano tutti i giorni vero?
__)　　- E per la carta come fate?
__)　　- Non ce l'abbiamo. Le mettiamo con il vetro.

Ogni frase inserita al posto giusto vale 1 punto.　　　　　**Totale: _____/10**

4 Centro chiuso al traffico

Completa il dialogo coniugando i verbi in modo corretto.

Tommaso - Giacomo, andiamo a fare un giro in centro domenica? Lo chiuderanno al traffico e i mezzi pubblici, tram, autobus e metropolitana *(essere)* _____ gratuiti. Molti negozi *(restare)* _____ aperti e *(potere)* _____ cominciare a fare i regali di Natale.

Giacomo - *(Guardare)* _____, non me ne *(parlare)* _____ neanche!

Tommaso - Di che cosa? Dei regali di Natale?

Giacomo - No, del centro chiuso al traffico.

Tommaso - Scusa, ma che problema *(esserci)* _____, tu *(andare)* _____ sempre in bicicletta!

Giacomo - Infatti. E se tutti *(fare)* _____ come me, non *(esserci)* _____ bisogno di bloccare il traffico la domenica. Così dopo aver usato tutta la settimana la bicicletta, la domenica chiunque *(volere)* _____ usare la macchina, lo potrebbe fare liberamente.

Tommaso - Non ti *(capire)* _____. Domenica scorsa ti *(proporre)* _____ di fare una passeggiata a piedi per il centro e *(tu-lamentarsi)* _____ tutto il tempo perché *(passare)* _____ troppe macchine. Questa domenica che il centro è chiuso al traffico, vorresti prendere la macchina?! Non sei tu quello che *(dire)* _____ sempre a tutti che *(noi-dovere)* _____ rispettare di più l'ambiente e cercare di non inquinare?

Giacomo - Sì, ma *(dovere)* _____ cominciare ad essere tutti ambientalisti proprio domenica prossima?

Tommaso - Ma, insomma, a che ti *(servire)* _____ la macchina domenica?

Giacomo - *(Ricordarsi)* _____ gli 80 chili di pesi che mi ha prestato Vito?

Tommaso - Non mi *(dire)* _____, ti ha chiesto di riportarglieli domenica?

Giacomo - Indovinato. In bicicletta o in autobus!

Ogni verbo esatto vale 1 punto.   **Totale:** _____/20

5 Le domeniche senza traffico

Trasforma le parti <u>sottolineate</u> al passivo o alla forma impersonale completando la nuova versione tra parentesi, come nell'esempio.

Volete davvero godervi Milano? Allora andateci in una delle domeniche "senza traffico". Non sapete cosa sono? Bene, vi ricordate il 1973? In quel periodo il governo aveva deciso che <u>gli italiani non potevano usare le macchine</u> (le macchine *non potevano essere usate dagli italiani*) perché non c'era la benzina. Oggi <u>la vendono</u> (_____ venduta) a caro prezzo, ma ce n'è in abbondanza. E allora perché a Milano <u>lasciano l'auto in garage la domenica</u> (la domenica l'auto _____ in garage)? Forse <u>i milanesi non l'amano più</u> (l'auto non _____ più _____ milanesi)? Il problema è un altro. Magari <u>potessero</u> (_____) guidare l'ultimo modello acquistato in pieno centro davanti a tutti! Purtroppo almeno la domenica non si può, perché all'ingresso della città <u>fermano tutte le macchine</u> (tutte le macchine _____). Allarme inquinamento! <u>I vigili invitano gli automobilisti</u> (Gli automobilisti _____ dai vigili) a lasciare l'auto al parcheggio fuori dal centro e poi tutti a piedi o in bicicletta e perfino a cavallo. I milanesi, come tutti gli italiani, non sono particolarmente salutisti e se fosse possibile non lascerebbero la macchina in garage per un intero giorno. Così per ricompensarli dell'auto perduta <u>l'amministrazione comunale ha offerto ai cittadini</u> (ai cittadini _____ _____) spettacoli e attività varie. I milanesi terranno spenti i motori nelle prossime domeniche e in cambio <u>il Comune organizzerà concerti e spettacoli teatrali in piazza</u> (concerti e spettacoli teatrali _____ in piazza _____ Comune). <u>I cittadini più sportivi potranno noleggiare biciclette</u> (Biciclette _____ cittadini più sportivi) e i più allenati potranno partecipare ad una maratona. Inoltre ai bambini <u>regaleranno</u> (_____) un pomeriggio di grande divertimento con pagliacci e giocolieri.

Ogni parentesi completata in modo esatto vale 2 punti e ½.   **Totale: 30 punti**

6 Cose da sapere

Completa la frasi in modo grammaticalmente corretto.

1. È un peccato che ogni anno in Italia	a. vengano bruciati tanti ettari di bosco.	☐
	b. bruciano tanti ettari di bosco.	☐
2. Per proteggere la natura è bene	a. che si usano detersivi biodegradabili.	☐
	b. usare detersivi biodegradabili.	☐
3. Non è necessario che la lavatrice	a. lavi tutto a 90°, spesso ne bastano 60°.	☐
	b. lavi tutto a 90°, spesso ne bastino 60°.	☐
4. Non è indispensabile far funzionare la lavatrice a pieno carico, ma	a. sarebbe meglio.	☐
	b. sia meglio.	☐
5. È una vergogna che la gente	a. non impara ancora ad usare la raccolta differenziata dell'immondizia.	☐
	b. non abbia ancora imparato ad usare la raccolta differenziata dell'immondizia.	☐

Ogni frase esatta vale 2 punti.   **Totale: _____/10**

1 Italiani tolleranti ma non troppo

Completa il testo con gli aggettivi comparativi e superlativi e le preposizioni della lista.

> abbastanza - degli - i meno - maggiore di - moltissime -
> più - più - pochissimi - primissima - quanto

Gli italiani pensano sempre di essere _____ tolleranti _____ altri cittadini europei, ma è davvero così? Sono davvero _____ razzisti in Europa? Secondo quanto emerge da un'indagine condotta dall'Osservatorio Europeo sui fenomeni di razzismo e xenofobia gli italiani sono _____ tolleranti, ma non quanto credono.

Il 54%, infatti, si dichiara tollerante verso le minoranze e non più dell'11% ritiene di essere disturbato dalla presenza di persone di un'altra religione: dati, questi, che pongono gli italiani in _____ posizione in Europa, per quanto riguarda la capacità di accettare gli immigrati. Se si va però a leggere la statistica che riguarda il nostro interesse e sostegno per politiche relative all'integrazione culturale e sociale delle minoranze, gli italiani sono coinvolti _____ il resto d'Europa. A questo proposito è significativa la quota di chi chiede che gli immigrati senza lavoro vengano espulsi dal Paese (_____ del 50%): che è forse addirittura _____ quella negli altri Paesi d'Europa. Gli italiani tendono poi a dimenticare due cose importanti: che il loro Paese ospita _____ immigrati rispetto agli altri Paesi europei e che fino a pochi decenni fa anche l'Italia era un Paese da cui emigravano _____ persone.

Ogni parola inserita in modo esatto vale 1 punto.   **Totale: _____/10**

Prepariamoci a vivere in una società multirazziale. Senza pregiudizi, con naturalezza. Ce lo chiede la storia, che ci piaccia o no. Ai bambini di certo l'idea non disturba: ce lo dimostrano tutti i giorni nelle scuole, nei cortili, per le strade. Di fronte ad ogni diversità sanno essere spontanei. E spontaneamente non fanno dell'amicizia una questione di razza, religione o colore. Sono loro il futuro. Guardiamoli e impariamo.

Saranno amici per la pelle.

No al razzismo. Sì alla tolleranza.

Test 5 Tolleranza

2 La tolleranza

Completa le due parti del testo con le parole delle liste. Attenzione: due parole della seconda lista si devono inserire nella prima parte del testo e viceversa.

> **che - dicano - eletti - giusto - modo - niente - passar - qualcuno - secondo - soprattutto**

Sebbene sia piuttosto tollerante ci sono alcune cose che non sopporto. Odio che _____ mi dica bugie o si comporti in _____ ipocrita e detesto che una persona, _____ un amico, non mantenga le promesse. _____ me una persona dovrebbe sempre fare quello _____ ha detto, anche a condizione di dover _____ a qualcosa che gli interessa. Insomma è una _____ che, per esempio, i politici _____ che faranno questo e quello se saranno _____ e poi non facciano mai _____.

> **arroganti - della - diminuito - io - nessuno - parole - poi - rinunciare - traffico - vergogna**

A questo proposito, ricordate chi diceva che avrebbe _____ le tasse e la disoccupazione? Belle _____, in Italia non è cambiato proprio niente.

E _____ non sopporto le persone _____, quelle che pensano non ci sia _____ più intelligente o furbo di loro. Vi sembra _____ che mentre tutti stanno in fila nel _____ qualcuno superi tutti da destra? Al posto _____ polizia gli farei delle multe salatissime, farei _____ loro la voglia di comportarsi così, e invece niente!

_____ non ho problemi con chi commette un errore, ma i saccenti, non li tollero proprio.

Ogni parola inserita in modo esatto vale 1 punto.   **Totale: _____/20**

3 Tutti possiamo sbagliare... (parte I)

Completa il dialogo con i verbi all'indicativo presente, passato prossimo, imperfetto e trapassato prossimo, al congiuntivo imperfetto e trapassato, al condizionale composto e all'infinito.

Da piccolo *(credere)* _____ che tutte le persone adulte *(essere)* _____ buone e mi *(volere)* _____ bene. Purtroppo i miei genitori *(morire)* _____ quando io *(avere)* _____ solo nove anni e da allora tutto è cambiato.

Sebbene io *(avere)* _____ ancora la nonna, non *(volere)* _____ andare a vivere con lei perché non era una donna buona: quando *(lei-bere)* _____ infatti mi *(picchiare)* _____, perciò io le urlavo "Vorrei che tu *(morire)* _____!"

Allora lei mi rispondeva, ironica, che al mio posto non *(dire)* _____ così; infatti se *(lei-morire)* _____ *(io-rimanere)* _____ solo.

Io pensavo che mia nonna *(essere)* _____ così fin da giovane, ma un giorno *(venire)* _____ a trovarla una sua amica del liceo che mi *(raccontare)* _____ la verità.

"Da ragazza tua nonna *(volere)* _____ sposare un giovane ufficiale, ma purtroppo i suoi genitori l' *(obbligare)* _____ a sposare un uomo ricco, affinché con i suoi soldi *(lui-aiutare)* _____ la famiglia che, a causa della guerra, *(perdere)* _____ tutto. Così tua nonna ha sposato tuo nonno, sebbene non lo *(amare)* _____, e non *(dimenticare)* _____ mai _____ il suo primo amore.

A causa di tutto questo odiava già la figlia, prima che *(nascere)* _____, e ora che tua madre è morta *(sentirsi)* _____ in colpa e *(odiare)* _____ tutto e tutti."

La signora avrebbe voluto che *(io-lasciare)* _____ la nonna e *(andare)* _____ a vivere con lei. Infatti desiderava molto un nipotino, perché suo marito *(morire)* _____ dopo appena un mese di matrimonio.

Per un momento ho pensato di *(andarsene)* _____ davvero, ma poi ho ringraziato la signora per la sua offerta e ho rifiutato. Io dovevo rimanere vicino a mia nonna. Aveva solo me.

E da allora io *(essere)* _____ di nuovo felice.

Ogni verbo esatto vale 1 punto. **Totale: _____/30**

④ Tutti possiamo sbagliare... (parte II)
Ricostruisci il testo mettendo le frasi a destra nel giusto ordine seguendo il senso della storia dell'esercizio precedente.

1. "È meglio
2. Se cerchi aiuto, nonna,
3. Cercavo di nascondermi
4. Poi, per paura che mi picchiasse ancora,
5. Quando sono tornato a casa
6. L'amica della nonna mi ha detto la verità
7. Mia nonna sposò mio nonno
8. "Se non lo sposi - le dicevano -
9. Poi è nata mia madre
10. È stata una lezione dura

A. io sono qui", le dicevo.
B. purché lui aiutasse la sua famiglia.
C. ho trovato una signora ad aspettarmi.
D. affinché capissi finalmente la situazione.
E. sebbene la nonna non avesse mai smesso di amare il suo ufficiale.
F. prima che lei cominciasse a bere e diventasse violenta.
G. scappai.
H. ma ho imparato a non odiare e perdonare.
I. che tu smetta di bere.
L. rovinerai la famiglia".

1/__   2/__   3/__   4/__   5/__   6/__   7/__   8/__   9/__   10/__

Ogni frase inserita al posto giusto vale 1 punto. **Totale: _____/10**

5 San Francesco d'Assisi

Scegli la forma verbale corretta.

San Francesco, il santo protettore d'Italia, è senz'altro la figura storica che meglio **rappresenti/rappresenta/rappresenterebbe** la virtù della tolleranza. Francesco **nacque/nasceva/nacqui** ad Assisi nel 1182 in una famiglia ricca. **Trascorreva/Trascorse/Trascorre** l'infanzia serenamente in famiglia ad Assisi, dove poté studiare il latino, il volgare, il provenzale e la musica. Il padre **desiderò/desidererebbe/desiderava** avviarlo al più presto all'attività del commercio, ma Francesco aveva un carattere allegro e non aveva ancora voglia di dedicarsi al lavoro. All'età di vent'anni partecipò alla guerra tra Assisi e Perugia, e è **fatto/fu fatto/fece** prigioniero. La prigionia e le torture **cambiavano/cambiò/cambiarono** l'animo del giovane. Tornò a casa gravemente malato e passò molto tempo prima che **guarì/guariva/guarisse**. Una volta che fu completamente guarito sentì dentro di sé la chiamata di Dio. Francesco decise così di rifiutare tutti i beni paterni e **visse/viveva/vivrebbe** tutta la vita in povertà. Ci sono molti episodi della sua vita che **illustrino/illustrassero/illustrano** quanto **sia/fosse/sarà stato** amorevole e tollerante, ma il più famoso è quello del lupo di Gubbio, un animale, che incuteva terrore e morte, reso mansueto dalle parole del santo.

L'amore smisurato di San Francesco per ogni creatura emerge chiaramente dalle sue bellissime poesie, fra cui il famosissimo "Cantico delle creature".

Ogni verbo esatto vale 1 punto.   Totale: _____/10

6 Assisi

Completa il testo inserendo i connettori della lista dove ritieni più opportuno. I connettori sono in ordine.

> **ma - dopo che - nonostante - in seguito alla - e - quando - ma anche - che - fino alla - ed**

Non si ha una data certa sulla nascita di Assisi, sappiamo che sorse in territorio etrusco e risentì della cultura di questa civiltà. Divenne un importante Municipio fu conquistata dai Romani, che edificarono grandi templi come quello di Minerva, un teatro, il foro, l'anfiteatro, terme e ville. Dopo l'Impero Romano Assisi non rimase indenne al passaggio delle invasioni barbariche, fosse situata in una posizione privilegiata. Poi, caduta del Sacro Romano Impero, fu rasa al suolo dai Goti di Totila riconquistata dai Bizantini per essere poi nuovamente presa dai Longobardi.

Fu Federico Barbarossa scese in Italia che Assisi assunse un ruolo importante, non solo dal punto di vista militare e strategico, come centro culturale. Fu proprio ad Assisi infatti il Barbarossa fece educare il nipote Federico II, futuro imperatore.

Dal 1200 al 1500 ad Assisi si alternarono nuovi e vecchi padroni tra cui i Visconti, i Montefeltro e gli Sforza. Dal '500, formazione dello Stato Italiano nel 1860, fece parte del territorio dello Stato della Chiesa. Con la proclamazione di San Francesco "Patrono d'Italia" Assisi divenne, è tutt'oggi, meta turistica di massa. Inoltre, in qualità di testimone del messaggio di Francesco, Assisi si propone come "Capitale Mondiale della Pace".

Ogni connettore inserito in modo esatto vale 2 punti.   Totale: _____/20

1 Paola e Luciano

Completa il testo con i verbi sulle righe .... e scrivendo i pronomi (anche doppi) sulle righe _____.

Ieri era il loro primo anniversario di matrimonio e Luciano *(volere)* ....…...... fare una bella sorpresa a Paola. Ha pensato di comprar_____ un bell'anello, che *(vedere)* ....…...... insieme in una vetrina un paio di giorni prima, e di dar_____ a cena.

A Paola *(piacere)* ....…...... molto gli anelli e _____ ha molti, di tutti i tipi, ma in particolare _____ *(preferire)* ....…...... d'oro bianco, perciò Luciano *(decidere)* ....…...... di comprar_____ uno. Purtroppo mentre *(uscire)* ....…...... dall'ufficio, il direttore _____ *(telefonare)* ....…...... per dir_____ che _____ *(aspettare)* ....…...... nella sua stanza per un problema urgente. Luciano *(innervosirsi)* ....…...... molto, ma *(dovere)* ....…...... andar_____.

Quando finalmente *(riuscire)* ....…...... a liberarsi, *(correre)* ....…...... in gioielleria, ma _____ *(trovare)* ....…...... chiusa. Luciano non *(sapere)* ....…...... cosa fare e *(cominciare)* ....…...... a guardarsi intorno. *(Desiderare)* ....…...... comprare qualcos'altro, ma tutti i negozi *(essere)* ....…...... già chiusi. All'improvviso *(ricordarsi)* ....…...... di una zingara che vende i fiori per strada. _____ *(cercare)* ....…...... dappertutto, per fortuna non *(andarsene)* ....…...... ancora, perché non *(vendere)* ....…...... abbastanza fiori. Luciano era così contento che _____ ha comprati tutti, poi _____ ha contati velocemente: erano 55 rose, così _____ *(lasciare)* ....…...... 2 alla zingara per regalo e le altre _____ *(portare)* ....…...... a sua moglie, Paola, con un biglietto: "52, tesoro, come le splendide settimane che _____ hai regalato tu!" L'ultima rosa _____ ha messa fra i capelli dicendo "le rose vanno regalate sempre dispari, si sa!"

Ogni forma esatta vale ½ punto.   **Totale: _____/20**

2 Per amore o per soldi?

Completa il dialogo con i verbi.

Maria - Sai che ieri *(incontrare)* _____ Paola? Credo che *(aspettare)*
_____ un bambino perché *(portare)* _____
un vestito molto largo e mi sembra che *(diventare)* _____ più
pesante, ma anche più bella.

Lucia - No, non credo. Secondo me ha finalmente *(prendere)* _____ qualche chilo, ma
non *(essere)* _____ incinta. Lei e suo marito desiderano molto avere
dei bambini, ma Paola *(lavorare)* _____ molto e *(volere)*
_____ fare carriera.

Maria - E suo marito probabilmente pensa che sia meglio che il bambino non *(nascere)*
_____ prima che lui *(trovare)* _____ un
buon lavoro a Roma.

Lucia - Esatto, lo *(dire)* _____ anche a me l'altro ieri.

Maria - Ah, certo Paola a suo tempo *(dovere)* _____ ascoltare suo padre e
sposarsi con Alberto, ora non *(avere)* _____ problemi di soldi.
Invece ora bisogna che anche lei *(alzarsi)* _____ presto e *(stare)*
_____ in ufficio dalla mattina alla sera. Non può pensare di non
(lavorare) _____ e quando va a fare spese deve *(valutare)*
_____ anche il prezzo, non solo il modello come faceva prima.

Lucia - Tu sei la solita materialista! A me sembra che Paola *(essere)* _____
contentissima della sua vita. Non credo proprio che *(pentirsi)*
_____ del suo matrimonio con Luciano. Lui l'ama così tanto!
Figurati, siccome a lei *(piacere)* _____, la porta ogni fine-settimana
all'Opera, sebbene lui la *(detestare)* _____. Inoltre fa lui tutti i
lavori di casa perché Paola non *(stancarsi)* _____ troppo. Certo,
non è ricco come Alberto, ma secondo me se *(continuare)* _____
così, in futuro *(essere)* _____ anche più ricco di lui! È un grafico
bravissimo, un artista!

Maria - Esagerata, va be', ora è meglio che *(andare)* _____ prima che il
treno *(partire)* _____. Voglio comprare il giornale altrimenti non
ho niente da leggere. Ah, senti, Lucia, probabilmente sabato io e Giovanna *(andare)*
_____ al mare, tu *(venire)* _____?

Lucia - Certo, a patto che tu e Giovanna non *(parlare)* _____ ancora di Paola
e non *(passare)* _____ tutto il giorno a spettegolare!

Ogni verbo esatto vale 1 punto. **Totale: _____/30**

Test 6 Donne

3 Lucia racconta: "Ambiziosa sì, ma..."

Completa il testo inserendo le parole delle liste dove ritieni più opportuno. Le parole della prima lista sono in ordine. Le parole della seconda lista NON sono in ordine.

> **farei - altri - scopo - importante - necessario - lavorare - di -
> non - famiglia - la - ricevuto - dissi - più - piace - che**

> **che - pace - meglio - della - ebbi**

"Penso di essere una donna piuttosto ambiziosa, ma non mai del male agli per raggiungere il mio. Credo che la cosa più nella vita sia vivere in con sé stessi.

Se fosse, sarei disposta a anche la notte e i giorni festa per raggiungere un successo, ma rinuncerei mai alla mia o ad un amico.

Una volta un'ottima proposta di lavoro, più interessante e vantaggiosa che abbia mai, ma avrei dovuto trasferirmi e lasciare le persone amavo.

Così di no, ma non mi sono mai pentita mia scelta e oggi la rifarei.

Per me la vita affettiva è importante della carriera.

Mi avere successo, certo, ma penso che sia vivere liberi e sereni con meno soldi diventare schiavi della propria avidità."

Ogni parola inserita in modo esatto vale 1 punto. **Totale: _____/20**

4 Una questione delicata

Riordina il dialogo fra Paola e il suo datore di lavoro.

___ - Preferirei di no. Non riguarda solo me. È una questione delicata.

___ - Buongiorno, dottor Franchini, ha un minuto?

___ - Purtroppo no, dottor Franchini, e non glielo chiederei se non fosse davvero importante.

___ - Prego, mi dica.

___ - Sì, lo so, ma l'appuntamento è alle 3 ed io uscirei alle 5.

___ - Ecco, domani avrei bisogno di uscire un'ora prima. È possibile?

___ - Bene. Faccia come crede e non si stupisca se il mese prossimo sarà il dottor Guidi a ricevere la promozione.

___ - Uhm, mi può almeno dire di che impegno si tratta? Così importante?

___ - Paola, dovrebbe sapere che certe riunioni si sa quando cominciano ma non quando finiscono. Non può rimandare il suo impegno?

___ - Veramente domani pomeriggio abbiamo un incontro con la Virgo.

Ogni frase messa nel giusto ordine vale 1 punto. **Totale: _____/10**

Test 6 Donne

5 Il lavoro più difficile: la mamma

In questo testo ci sono 4 errori. Trovali e correggili.

Io e mia figlia non andiamo d'accordo. Non che non mi voglia bene: lo so che me ne voglia. Ma non le va mai bene niente di quello che dico o faccio. Talvolta mi viene da pensare che io sia per lei una specie di bancomat. "Mamma, mi servono i soldi per la benzina, per il parrucchiere, per la palestra…" Mai che le basti il mensile che le passo! L'unico modo chi conosce per comunicare con me è chiedermi qualcosa. Con mio figlio devo dire va meglio. Forse perché l'ho dedicato più tempo quando era piccolo. Io non lavoravo più quando lui era piccolo e il bambino non è stato lasciato mai ai nonni come invece è successo con la femmina. Lei infatti è stata allevata da nonni, più che da me, forse è per questo che pensa che io serva solo a finanziarla.

1. frase sbagliata: _____ ➡ *frase corretta:* _____
2. frase sbagliata: _____ ➡ *frase corretta:* _____
3. frase sbagliata: _____ ➡ *frase corretta:* _____
4. frase sbagliata: _____ ➡ *frase corretta:* _____

Ogni errore corretto nel modo giusto vale 2 punti e ½ .   **Totale:** _____/10

6 Il punto di vista della figlia

Scegli la forma corretta.

Mia madre non mi capisce, **per quanto/siccome** cerchi di parlarci, fra noi non c'è proprio dialogo. Secondo **a lei/lei** tutto quello che dico è fuori luogo; **ogni cosa che/qualsiasi cosa** faccia è sicuramente sbagliata. **Sebbene/Se** faccio tardi, vuole assolutamente sapere con chi sono uscita e perché. Ma con mio fratello non si comporta affatto **così/mai** e sono sicura che se **fosse/fossi** un ragazzo non lo farebbe con me. Non approva **almeno/nemmeno** come mi vesto. Se mi metto i pantaloni a vita bassa ed una maglietta corta, mi **dice/dicesse**: "Vai in giro mezza nuda, cosa penserà la gente?" A me di **cosa/quello** dice la gente non importa proprio un bel niente. Mi importa cosa dice lei, vorrei che mi approvasse, che qualche volta mi dicesse "Come sei carina! Come ti vesti bene!" Invece l'unico momento **in cui /la quale** mi vede è quando le chiedo i soldi, allora esclama: "Ma dove butti tutti questi soldi?"

Ogni forma corretta vale 1 punto.   **Totale:** _____/10

Livello C1

- 1. Premi Nobel italiani

- 2. Esploratori

- 3. Paesaggi umani

- 4. Ma questo italiano?

- 5. Ma come farebbe Hollywood?

- 6. Scrittori

1 **Rita Levi Montalcini e Renato Dulbecco**
Inserisci nel testo le espressioni della lista. Le espressioni NON sono in ordine.

> **dalle - dopo - grazie - malgrado - tali da**

Sono due grandi scienziati italiani che hanno ricevuto il Premio Nobel per le loro ricerche in medicina. Entrambi si sono laureati all'Università di Torino nel 1936 e, _____ le enormi difficoltà a causa del regime fascista e della guerra, hanno portato avanti i loro studi in Italia. Nell'immediato dopoguerra però, _____ aver lottato con i Partigiani per la liberazione della propria patria, sono stati costretti a trasferirsi negli Stati Uniti per continuare le proprie ricerche. È qui che, _____ ai mezzi messi loro a disposizione università americane, hanno raggiunto risultati scientifici _____ meritare il Nobel.

Ogni espressione inserita in modo esatto vale 2 punti.   **Totale: _____/10**

2 **Rita Levi Montalcini, premio Nobel per la medicina nel 1986 racconta**
Completa il testo con le parole della lista. Attenzione: c'è uno spazio in meno.

> **ci - dotato - la - maggiore - noi - nonostante - nostra - personale - tale - uno**

Mia sorella gemella Paola ed io siamo nate a Torino nel 1909. Eravamo le più giovani dei 4 figli di Adamo Levi, ingegnere elettrico e _____ matematico ed Adele Montalcini, pittrice di talento. Nostro fratello _____ Gino, professore di architettura all'università di Torino, è stato _____ degli architetti italiani più famosi del dopoguerra mentre sorella Anna, più grande di _____ di 5 anni, ha sempre avuto una grande passione per _____ letteratura. Quando ero adolescente la sua influenza su di me era _____ che io desideravo diventare scrittrice. I nostri genitori _____ hanno insegnato l'amore per la cultura e lo studio. Tuttavia nostro padre, _____ il suo rispetto per le donne, riteneva che la vita accademica non si addicesse al ruolo di moglie e madre. Così, all'età di 20 anni, assolutamente convinta dell'importanza dello studio per la mia realizzazione _____, ho chiesto a mio padre di poter continuare gli studi rinunciando a sposarmi e formare una mia famiglia.

Ogni parola inserita in modo esatto vale 1 punto.   **Totale: _____/10**

③ Biografia di un Premio Nobel

Rimetti in ordine la carriera di Renato Dulbecco.

__1__ | Renato Dulbecco nasce a Catanzaro nel 1914. Nel 1930 si

_____ | viene conferito il Premio Nobel. Ritorna poi negli Stati Uniti, al Salk Institute di La Jolla, in California. È del 1986 la proposta fatta da Dulbecco (allargata poi a tutto il mondo come

_____ | Nel 1972 Dulbecco si

_____ | frequenta dal 1945 al 1947. Nel 1947 lascia l'Italia per gli Stati Uniti chiamato da Salvatore Luria all'Università di Bloomigton, nell'Indiana.

_____ | i meccanismi delle cellule che riparano il DNA quando è danneggiato da radiazioni. Viene chiamato al California Institute of Technology, dove diventa Professore Ordinario. Nel 1955 riesce ad isolare

_____ | progetto di collaborazione internazionale) di costruire la mappa del genoma umano. Recentemente Dulbecco è rientrato in Italia e lavora per il CNR[1] al Progetto Genoma.

_____ | iscrive alla Facoltà di Medicina dell'Università di Torino, laureandosi a soli 22 anni con una tesi di Anatomia patologica. Alla fine della Seconda guerra mondiale, di ritorno dalla campagna di Russia, diviene

_____ | Qui Dulbecco studia

_____ | trasferisce dagli Stati Uniti a Londra, allo Imperial Cancer Research Fund, dove continua gli studi di oncologia. Per questi studi nel 1975 gli

_____ | il primo mutante del virus della poliomelite, che servirà a Sabin per la preparazione del vaccino e nel 1960 comincia a lavorare nel campo della ricerca oncologica.

_____ | assistente di Levi ad Anatomia Patologica ma nello stesso tempo compie studi di Fisiologia e si iscrive alla Facoltà di Fisica, che

Ogni parte inserita al posto giusto vale 1 punto.   **Totale: _____ /10**

Test 1 Premi Nobel italiani

note
1. CNR: Centro Nazionale Ricerche. Si tratta dell'istituto di ricerca finanziato dallo Stato italiano.

4 **Intervista a Dulbecco**
Completa la risposta alla domanda con i verbi.

"Professor Dulbecco, esistono dei rischi reali che possono derivare da una eventuale e completa mappatura del DNA, come ad esempio la manipolazione del comportamento umano?"

Bisogna distinguere tra quelle che sono le possibilità un po' fantasiose e quella che invece è la realtà. Ora, questa che Lei mi *(sottoporre)* _____, io direi, è una possibilità fantasiosa. Prima di tutto noi non *(conoscere)* _____ ancora i geni responsabili, in secondo luogo qualora questi *(essere)* _____ noti, bisognerebbe scoprire come intervenire per modificarli. Al giorno d'oggi, dunque, io credo che non *(avere)* _____ molto senso pensare a questo rischio. Invece *(essere)* _____ da tenere presenti difficoltà di altro tipo. Per esempio, le possibilità di discriminazione nel campo dell'impiego e in quello dell'assicurazione. Nel primo caso perché in base alla propria mappa genetica una persona potrebbe non *(assumere)* _____ in un determinato posto di lavoro, ma il problema *(essere)* _____ relativo, in quanto la stessa persona potrebbe *(preferire)* _____ rispetto ad altri per un altro posto. Nel campo dell'assicurazione forse la situazione *(essere)* _____ più grave perché, se le debolezze genetiche delle persone *(essere)* _____ pubbliche e le Compagnie d'Assicurazione le *(conoscere)* _____, allora queste *(potere)* _____ determinare chi è assicurabile e chi non lo è. Questo è un problema reale e io penso che ci *(dovere)* _____ essere una legge opportuna. O si *(tenere)* _____ queste conoscenze segrete, oppure la legge *(dovere)* _____ impedire alle Società di Assicurazione di tener conto di queste caratteristiche individuali. Dopo tutto, se uno *(nascere)* _____ con una menomazione genetica non ne *(avere)* _____ nessuna colpa; è, diciamo, un'ingiustizia genetica che può capitare a qualunque persona perciò il suo peso deve *(suddividere)* _____ tra tutti. Insomma, io *(adottare)* _____ un principio generale: che *(esserci)* _____ cioè una responsabilità pubblica per compensare le conseguenze dell'ingiustizia.

Ogni verbo esatto vale 1 punto.   **Totale: _____/20**

5 **Enrico Fermi**
Completa le forme verbali.

Quattro sono i premi Nobel italiani per la fisica, ma forse il piu noto, per ess____ tristemente legato agli studi sulla bomba atomica, è Enrico Fermi.

Fermi nacque a Roma il 29 Settembre 1901. Eb____ una precoce vocazione per la fisica e si laure____ a Pisa (come l'altro premio Nobel Carlo Rubbia) nel 1922. Il fertile periodo di studi che gli frutt____ il Nobel iniziò con il trasferimento a Roma, nel 1926. Qui il giovane Fermi cono____ "i ragazzi di Via Panisperna", altri giovani scienziati ed intellettuali di grande talento, fra i quali l'altro futuro premio Nobel e suo biografo, Emilio Segré. Alla maniera di altri grandi fisici del passato,

Fermi realizz_____ nella propria attività di ricerca una stretta unità di competenze e capacità teoriche e sperimentali.

Si pu_____ affermare che il premio Nobel abbia salv_____ la vita alla famiglia Fermi poiché il viaggio a Stoccolma segu_____ di poco la promulgazione delle leggi razziali contro gli ebrei che avre_____ certamente colp_____ anche Fermi, la cui moglie e_____ di religione giudaica.

Invece i coniugi Fermi part_____ per la Svezia per ricevere il premio e non fec_____ più ritorno in Italia se non alla fine della seconda guerra mondiale. Da Stoccolma si trasfer_____ direttamente in America dove lo scienziato fu coinv_____ nel progetto che port_____ alla messa a punto della bomba atomica. Mor_____ nel '54 per un cancro allo stomaco, dov_____ forse agli esperimenti atomici cui av_____ preso parte a Los Alamos.

Ogni forma esatta vale 1 punto.   Totale: _____/20

6 **Dario Fo, Premio Nobel per la Letteratura**
Inserisci nelle due parti del testo le parole delle due liste. Attenzione: in ogni lista c'è una parola in più. Le parole NON sono in ordine.

> **come - così - poiché - affinché - e - la**

Quando Dario Fo è stato insignito del Premio Nobel per Letteratura nel 1997, molti sono stati sorpresi, in passato era stato molto ostacolato dalla politica nazionale italiana. Ma dare torto all'Accademia delle Scienze, che ha motivato la decisione:
MOTIVAZIONE: *Figura preminente del teatro politico che, nella tradizione dei giullari medievali, ha fustigato il potere restaurato la dignità degli umili.*

> **più - dove - cui - a - ma - da**

Dario Fo nasce il 24 marzo 1926; ancora giovanissimo si trasferisce a Milano frequenta l'Accademia di Belle Arti di Brera. A partire dal 1952 comincia a collaborare con la Rai, da viene spesso censurato. Sempre causa della sua irriverenza nei confronti del potere, i grandi teatri evitano di accoglierlo, questo non frena l'affetto e l'ammirazione che il pubblico nutre per lui. Nel 1997 ottiene, per il suo lavoro, il riconoscimento ambito: il Premio Nobel.

Ogni parola inserita in modo esatto vale 2 punti.   Totale: _____/20

7 Luigi Pirandello

Sottolinea nel testo i quattro errori grammaticali e scrivi le forme corrette nella tabella.

Un altro premio Nobel per meriti teatrali è andato a Luigi Pirandello, nato a Girgenti (oggi Agrigento), nel cuore della Sicilia, il 28 giugno 1867.

La sua esistenza fu contrassegnato dapprima dal dolore per l'incomprensione dimostrato nei suoi confronti dai genitori e poi dalla gelosia morbosa della moglie. Di tutto ciò si trova indubbiamente traccia nella sua opera di drammaturgo. L'esperienza individuale fu sempre filtrata da Pirandello attraverso lo studio estetico più disciplinato e il massimo rigore stilistico. Studiò a Roma ed a Bonn, dove si fermò come Lettore per qualche anni. Nel 1908, insieme al successo, arrivò per Pirandello la nomina a Professore Ordinario di Lingua italiana presso il Magistero di Roma. A Roma cominciò ben presto a rivelarsi la pazzia della moglie, che lo scrittore sopportava per lunghi anni con rassegnazione. Pirandello, frustrato nella vita privata, si dedicò completamente alla letteratura e nel 1912 iniziò ad occuparsi di novellistica. A partire dal 1916 si concentrò invece sulla produzione teatrale, cui è legata la sua maggior gloria. Nel 1934 ricevette il Premio Nobel per la Letteratura. Morì a Roma il 10 dicembre 1936.

1.	2.	3.	4.

Ogni errore corretto in modo esatto vale 2 punti e ½.   **Totale: _____/10**

Premi Nobel italiani

Test 1

1 Roberto Vittori: un italiano nello spazio
Completa il testo con le preposizioni semplici e articolate.

A poche settimane dalla missione "Eneide", conclusasi _____ successo il 25 aprile 2005 in Kazakistan, il colonnello Roberto Vittori, astronauta dell'Agenzia spaziale europea (Esa) e pilota dell'aeronautica militare, ha raccontato la sua esperienza in microgravità in un incontro _____ la stampa.

Vittori è stato _____ orbita dieci giorni; negli otto giorni trascorsi a bordo della Stazione spaziale internazionale (Iss) sono stati condotti ventidue esperimenti _____ settori della fisiologia umana, della biologia, della dimostrazione tecnologica e della didattica. Un bilancio positivo per una sfida sponsorizzata _____ Ministero della Difesa italiano e dalla Regione Lazio nell'ambito di un accordo _____ l'Agenzia Spaziale Europea e l'Agenzia Spaziale della Federazione russa (Roscosmos).

"Quello che spinge un astronauta a partire per una missione - ha detto Vittori - è la consapevolezza _____ fare qualcosa per il futuro. Sono convinto che a livello spaziale il sistema Italia può essere _____ prima fila in Europa soprattutto in campi come quello della ricerca medica, grazie alla nostra capacità _____ usare professionalità e fantasia, genialità e impegno. Per me - ha aggiunto il colonnello - è stato un onore rappresentare l'Italia e l'Europa con questa missione. _____ futuro continuerò a dare la mia disponibilità in questo settore. Il mio personale obiettivo è trasmettere il mio entusiasmo ai giovani."

Ogni preposizione esatta vale 1 punto.

Totale: _____ /10

2 Amerigo Vespucci

Sottolinea nel testo i quattro errori grammaticali e scrivi le forme corrette nella tabella.

Nato a Firenze nel marzo 1454, divenne funzionario del banco dei Medici a Siviglia, dove conobbe Cristoforo Colombo e finanziò la sua terza spedizione, avvenendo nel 1498. Nel 1499 partecipò come comandante di un nave alla spedizione di Alonso de Ojeda e raggiunse la laguna di Maracaibo che egli chiamò Venezuela, "piccola Venezia". Separatasi dal resto della spedizione, esplorò la foce del Rio delle Amazzoni e le coste del Brasile. Avendo così attirato l'attenzione del Re portoghese, venne incaricato di proseguire nell'esplorazione di quelle terre. Dopo aver scoperto la baia di Rio de Janeiro e altre coste brasiliane, si convinse di non essere arrivato nelle Indie, ma di aver scoperto un nuovo continente. Nella prima descrizione organica delle coste scoperte da Vespucci, il cartografo tedesco Waldseemüller chiamò l'intera continente *Americi terra sive America* in suo onore.

1.	2.	3.	4.

Ogni errore corretto in modo esatto vale 2 punti e ½.   **Totale: _____/10**

3 Reinhol Messner

Completa il testo con i verbi. I verbi NON sono in ordine.

> **aprire - attraversare - cercare - essere - essere -
> potere - riuscire - racchiudere - ricordare - spiegare**

È stato il primo a scalare i 14 Ottomila metri della Terra e a salire sull'Everest senza bombole d'ossigeno. _____ a piedi la Groenlandia, l'Antartide e la Mongolia. Oggi _____ musei e studia miti. E _____ il mistero dello Yeti.

Alpinista tutto italiano e tra i più grandi della storia. Uomo capace di imprese, che _____ quelle degli esploratori del passato. Scrittore e profondo conoscitore delle culture delle montagne di tutto il mondo. Studioso di miti e di recente deputato del Parlamento Europeo impegnato nella difesa dell'ambiente. _____ le diverse anime di un solo protagonista: le "vite", come ama definirle, di Reinhol Messner, moderno avventuriero negli angoli più sperduti e selvaggi del pianeta.

Pochi al mondo _____ vantare i suoi successi. _____ il primo a scalare tutti i 14 Ottomila metri della Terra. Ma anche a conquistare le vette dei cinque continenti e a salire, per primo senza l'aiuto dell'ossigeno, sull'Everest nel 1978. E nelle sue 3.500 imprese alpinistiche compiute, ha aperto 100 nuove vie di ascensione. Poi, a piedi, ha vinto le intemperie dei grandi deserti della Terra. Da quelli di ghiaccio dell'Antartide, nel 1990, e della Groenlandia, nel 1993, fino a quelli di sabbia: come il Takla Makan nel 1992 in Sinkiang Uighur, la regione autonoma del nordovest della Cina, e il Gobi nel 1998, in Mongolia. Eppure, a conoscerlo, sembra un uomo così normale. E tutto ciò che _____ a compiere fino ad oggi, Messner lo _____ in un solo pensiero: "Io _____ l'avventura e non i record, a me interessa la dimensione umana e non quella sportiva."

Ogni verbo esatto vale 1 punto.   **Totale: _____/10**

4 Intervista a Reinhol Messner

Rimetti nel giusto ordine i paragrafi delle risposte di Messner.

1) Il K2 è chiamato, nella lingua locale, Chogori, ossia "grande montagna". Chi gli ha attribuito il nome per cui è maggiormente noto?

_A_ - ___ - ___ - ___

2) Nel suo libro *K2 Chogori* Lei racconta la storia delle imprese e delle spedizioni che hanno affrontato questa montagna. Cosa è cambiato dalla spedizione italiana che tentò la scalata nel 1909 a quella che in questi giorni ne sta ripercorrendo le tracce?

___ - ___ - ___ - ___

3) Nel libro Lei ripropone un interrogativo che ha suscitato forti polemiche in tutta la storia dell'alpinismo: è lecito rischiare la vita di uomini per conquistare una montagna? Alla luce della sua lunga esperienza, qual è la sua opinione a riguardo?

___ - ___ - ___

A - Furono gli inglesi nel 1856 a arrivare nella zona del Kashmir settentrionale.

B - Poi io ho riproposto lo stile alpino classico, cioè scalate in cordata di due sole persone, per salire in vetta e subito ridiscendere. Gli anni Ottanta hanno invece visto affermarsi il turismo d'alta quota, sono stati preparati appositamente campi e case (ossia tende molto forti) come tappe per le scalate; con l'aiuto di una cinquantina di *sherpa* oggi si può raggiungere qualsiasi cima.

C - Pertanto il nome K2 sta a significare "seconda cima da sinistra della catena del Karakorum". Essendo lontani da ogni luogo abitato, gli inglesi non poterono chiedere né venire a sapere quale fosse il nome dato dagli abitanti del luogo a quelle cime.

D - Ma questo è turismo, appunto, non alpinismo.

E - Loro classificarono per primi le vette della catena montuosa del Karakorum, mantenendosi però a una distanza di 200 km da quelle montagne.

F - Partendo da sinistra a destra, individuarono una serie di cime che indicarono con numeri progressivi; la lettera iniziale significa Karakorum.

G - Bisogna capire però che quello degli scalatori è un altro mondo, è quindi un problema diverso per chi parte e per chi osserva da fuori, dal mondo borghese.

H - In seguito negli anni Trenta è stato inventato lo stile himalayano: in spedizioni molto grandi e costose, tonnellate di materiale venivano trasportate da centinaia di *sherpa* per preparare vari campi che intervallavano il cammino verso la cima.

I - Per una persona che scala, infatti, la responsabilità è totale. Elemento che in certi casi però ai giovani scalatori manca.

L - Una volta non esisteva una logistica nelle scalate, le spedizioni partivano come tentativi di raggiungere una vetta.

M - È una questione di punti di vista: l'uomo comune pensa che chi si avventura su certe montagne mette a repentaglio la propria vita, magari quella di molte altre persone, come i portatori.

Ogni parte inserita al posto giusto vale 2 punti.   Totale: _____ /20

Test 2 Esploratori

5 Cristoforo Colombo
Completa i verbi.

Non abbiamo documenti certi sul luogo e la data della sua nascita, tanto che dal sec. XVII si è svilupp____ un dibattito sulla sua nazionalità, rivendic____ da Genova e da altri centri della Liguria, dal Portogallo, dalla Spagna e dalla Grecia. È invece certo che suo padre, Domenico, era un tessitore genovese e che Cristoforo, non seg____ le orme paterne, cominciò a viaggiare per mare per varie ditte commerciali. Nel 1476 si trasfer____ in Portogallo dove si spos____ ed ebbe un figlio. Probabilmente risal____ a quel periodo l'idea di raggiungere le Indie navig____ verso occidente. Av____ studiato su testi come la *Historia naturalis* di Plinio, l'*Imago Mundis* di D'Ailly e *Il Milione* di Marco Polo, Colombo riten____ che la circonferenza della terra fo____ più piccola di quello che è in realtà e che bast____ percorrere solo 5000 km per arrivare in Giappone.
Salp____ da Palos in Spagna con una flotta di 3 navi, la *Nina*, la *Pinta* e la *Santa Maria*, che gli era____ state conces____ dai reali spagnoli, Ferdinando ed Isabella, il 12 ottobre 1492 sbarcò in un'isola delle Bahamas, da lui nomin____ San Salvador. Dopo avere esplorato per un paio di mesi la zona, tocc____ anche Cuba e Haiti, il 15 Marzo rientrò a Palos, dove ve____ accolto da trionfatore. Cristoforo Colombo organiz____ altre 3 spedizioni ed esplorò le coste dell'America centrale e della Giamaica, ma mor____ (1506) senza a____ mai capito di essere giunto in un nuovo continente.

Ogni verbo completato in modo esatto vale 1 punto.   **Totale: _____/20**

6 Marco Polo (parte I)
Scegli nel testo la forma adeguata.

Marco Polo nasce **nel/al/il** 1254 a Venezia da una famiglia nobile di facoltosi mercanti. Più o meno in **quegli/quelli/quell'**anni - non si sa con certezza **tuttavia/se/sia** prima o dopo la sua nascita - il padre Niccolò e lo zio Matteo partono per un viaggio commerciale in Oriente e si spingono fino alla corte del grande Qubilai, il conquistatore e unificatore della Cina, **più/il più/di più** illustre discendente del Gensis Khan. Durante questo **il loro/suo/loro** primo soggiorno (1265) i fratelli Polo ottengono importanti privilegi e probabilmente anche la dignità nobiliare mongola.
Nel 1269, quando il padre e lo zio fanno ritorno a Venezia, Marco ha quindici anni; e poco più **presto/tardi/dopo**, nell'estate del 1271, parte insieme a loro per la Cina, **nel quale/in quale/dove** rimarrà per circa venticinque anni.
Verso il maggio 1275 i Polo giungono alla corte di Qubilai. Qui Marco, dopo aver assolto l'incarico **affidatolo/affidatogli/affidandogli** dall'imperatore di ispezionare le regioni al confine del Tibet e lo Yün-nan, viene elevato alla dignità di "messere", titolo che lo lega direttamente alla figura del sovrano **a cui/di cui/con cui** diviene informatore ed ambasciatore personale presso tutti i popoli dell'impero. Durante tutta la sua permanenza presso la corte mongola, Marco svolgerà attività amministrative, lunghe e delicate ambascerie e incarichi diplomatici di prestigio, compiendo a **tal fine/affinché/finalmente** diversi viaggi.

Ogni forma esatta vale 1 punto.   **Totale: _____/10**

7 Marco Polo (parte II)

Il testo è scritto al presente storico. Riscrivilo al passato remoto, usando dove necessario anche altri tempi, come negli esempi. Attenzione: non tutti i verbi cambiano.

Nel 1292 i Polo **salpano** (*salparono*) dal porto di Zaitun ed **iniziano** (_____) per mare il viaggio di ritorno in patria che si **concluderà** (*sarebbe concluso*) nel 1295. In quello stesso anno, in una delle tante battaglie navali che a quel tempo avvenivano tra veneziani e genovesi nel Mediterraneo orientale e nei mari italiani, Marco **cade** (_____) prigioniero dei genovesi. E fra il 1298 e 1299, proprio nelle carceri di Genova, **detta** (_____) al compagno di prigionia, Rustichello da Pisa, il suo resoconto di viaggio *Le Divisament du Monde*. Scritto nella redazione originale in franco-italiano, il libro **sarà** (_____) ben presto noto con il titolo di *Il Milione*, dal soprannome di tutta la stirpe dei Polo che proveniva dal nome di un antenato: Emilione.

Ratificata la pace tra veneziani e genovesi, il primo luglio 1299, Marco **torna** (_____) libero e **fa** (_____) ritorno a Venezia, dove **sposa** (_____) Donata, da cui **ha** (_____) tre figlie.

Fino alla morte, il viaggiatore veneziano si **occuperà** (_____) con lo zio Matteo di affari e commercio, oltre che soprattutto della diffusione del suo libro. **Sappiamo** (_____) che nell'agosto del 1307 **consegna** (_____) una copia del *Milione* a Thibault de Cepoy, affinché la **recapiti** (_____) a Carlo di Valois, fratello del re di Francia Filippo il Bello. Oltre a Carlo di Valois, se ne **procurano** (_____) copie l'infante di Portogallo don Pedro e numerosi nobili e principi. Il libro, da subito, **conosce** (_____) infatti un notevole successo.

Il 9 gennaio 1324 Marco **firma** (_____) il suo testamento il quale, insieme ad altri documenti, **attesta** (_____) come le proprietà dei Polo **fossero** (_____) in realtà più limitate rispetto alle meravigliose ricchezze che solitamente **venivano** (_____) attribuite loro.

Il *"nobilis vir Marchus Paulo Milioni"* - così come l'illustre viaggiatore **viene** (_____) chiamato in un documento del 1305 - **muore** (_____) a Venezia nel 1324.

Ogni forma esatta vale 1 punto.   Totale: _____/20

1 Un mito del cinema italiano: Totò

Riordina il testo scrivendo il numero d'ordine vicino ad ogni paragrafo.

13	Nel 1966 Totò riceve il secondo "Nastro d'argento" per l'interpretazione del film *Uccellacci e uccellini* di Pier Paolo Pasolini, e l'anno successivo, il 15 aprile 1967, si spegne, ma non la sua fama. Bisogna dire però che se il successo popolare fu eccezionale ed indiscutibile, la stampa non gli ha mai risparmiato critiche accusandolo spesso di essere solo un buffone e di ripetere sempre le stesse battute.

___ Allora cambia compagnia e presenta un nuovo repertorio. È il successo. La forza artistica di Totò stava principalmente nel forte carisma, cosa che lo differenziava notevolmente dagli altri attori.

___ Si innamora infatti di Franca Baldini a cui resterà legato fino alla morte (dalla loro unione nasce un bambino che purtroppo muore poche ore dopo).

4 Infatti nel tempo libero dal lavoro di imbianchino inizia a recitare in piccoli e vecchi teatri proponendo al pubblico imitazioni e parodie, ma riceve scarso successo.

___ Alla fine della guerra Totò riprende la sua attività teatrale a Napoli, ancora con poco successo, poi, nel 1922, si trasferisce a Roma con la famiglia.

___ Per tutto il periodo che precede e segue immediatamente la seconda guerra mondiale Totò continua a dedicarsi al teatro, ma il grande successo arriva veramente con il cinema.

___ Ma lo lascerà quasi subito, poco prima dello scoppio della prima guerra mondiale, perché non sopporta la gerarchia e la disciplina militare.

___ Nella capitale riesce a farsi assumere in un'importante compagnia comica per poche lire. Ma quando chiede un aumento, lo licenziano.

___ All'educazione di Antonio, bambino, provvede dunque la madre da sola che, fra l'altro, è l'"inventrice" del nome Totò. È lei, infatti, che per chiamarlo più in fretta lo chiama così.

___ Negli anni '50 Totò gira un film dopo l'altro, moltissime commedie ed alcune storie drammatiche impegnate con Pasolini. Anche la sua vita privata ha una svolta.

1 Antonio De Curtis, più conosciuto come Totò, è nato a Napoli nel 1898. Sua madre, Anna Clemente, lo registra all'anagrafe come Antonio Clemente. Poi nel 1921 sposa il marchese Giuseppe De Curtis che dà il suo cognome anche ad Antonio.

___ Un paio d'anni dopo, quando ha solo sedici anni, si arruola volontario nell'esercito.

___ Totò non ama studiare e a quattordici anni lascia gli studi per lavorare come aiutante di un pittore di appartamenti e dedicarsi al teatro.

Ogni frase messa nel giusto ordine vale 1 punto.   **Totale: _____ /10**

2 Peppone e Don Camillo (parte I)

Sottolinea nel testo i 2 errori grammaticali e scrivi le forme corrette nella tabella.

Don Camillo e Peppone sono due personaggi creati dalla penna di Giovani Guareschi negli anni '50 e simboleggiano l'impatto tra due culture opposte che, proprio negli anni '50, si scontrarono accanitamente proponendo due diversi modelli di vita. Da una parte il tradizionale contesto sociale dell'Italia cattolica e democristiana[1], rappresentata dal parroco Don Camillo, dall'altra il modello comunista, rappresentato dal sindaco Peppone. Ma il confronto politico, che nella vita reale fu aspra e si protrasse per decenni, nei romanzi di Guareschi diventa anche un modo per riflettere, in maniera bonaria, divertita e sarcastica, sui modelli antropologici dell'italiano medio. In fondo Don Camillo e Peppone sono due lati della medesima medaglia: due italiani dal cuore d'oro che dietro l'apparente ostilità non possono fare a meno l'uno dell'altro. Conterranei, si capiscono e si stimano: così, spesso divisi sulle faccende locali, si ritrovano poi uniti contro le avversità esterne.

Dai celebri romanzi di Guareschi furono tratti altrettanti film, frutto di una coproduzione italo francese. Il produttore Peppino Amato ebbe l'intuizione geniale di affidare una materia così italiana, ma al contempo universale, ad un regista e ad un attore francesi. Infatti, accanto a Gino Cervi nel ruolo di Peppone troviamo il comico francese Fernandel nei panni di Don Camillo e alla regia dei primi due episodi fu chiamato Julien Duvivier. Mai tali scelte non furono più azzeccate poiché i due attori trasfigurarono i loro personaggi facendoli talmente propri da oscurare gli archetipi letterari.

1.	2.

Ogni errore corretto in modo esatto vale 5 punti.   **Totale: _____/10**

3 Peppone e Don Camillo (parte II)

Completa il testo con le preposizioni semplici e articolate.

Il primo titolo *Don Camillo* è datato 1952 ed è tratto _____ romanzo *Mondo piccolo: Don Camillo* (1948). Il film racconta gli innumerevoli e gustosissimi scontri quotidiani _____ due protagonisti. Campione d'incasso della stagione il film fu il primo _____ una vera e propria serie che continuò fino _____ 1965 con altri cinque film, di cui quattro interpretati _____ stessa coppia: *Il ritorno di Don Camillo* (1953), ancora diretto da Julien Duvivier, vede il parroco coalizzarsi con il sindaco _____ seguito ad un'alluvione che sconvolge l'Italia del nord, *Don Camillo e l'onorevole Peppone* (1955) racconta una campagna elettorale movimentata, *Don Camillo Monsignore... ma non troppo* (1961) vede proseguire i battibecchi. Entrambi gli episodi sono diretti da Carmine Gallone. *Il compagno Don Camillo* (1965), infine, _____ Luigi Comencini, segna l'ultimo capitolo _____ serie interpretato dalla coppia Fernandel-Cervi e vede i due in trasferta _____ Unione Sovietica. Fece poi seguito un sesto film: *Don Camillo e i giovani d'oggi* del 1972, diretto da Mario Camerini e interpretato da Lionel Stander _____ ruolo di Peppone e da Gastone Moschin in quello di Don Camillo.

Ogni preposizione esatta vale 1 punto.   **Totale: _____/10**

note
1. democristiana: della Democrazia Cristiana, partito politico d'ispirazione cattolica che rimase al governo in Italia per oltre 40 anni.

4 Il padre di Pinocchio

Completa il testo con i pronomi (indefiniti, interrogativi, relativi) della lista. I pronomi NON sono in ordine.

> a cui - alcuni - che - che - che - chi - chi - da cui - quelli che - il cui

_____ non conosce la storia di Pinocchio, il burattino di legno diventa bambino?
È il libro più tradotto al mondo dopo la Bibbia. Tuttavia non tutti conoscono la storia _____ hanno letto il libro e sanno _____ l'ha scritto. _____ credono che l'autore di Pinocchio sia lo stesso _____ ha creato Cenerentola. Qualcun altro pensa addirittura che l'abbia inventato Walt Disney. Invece l'autore _____ dobbiamo la storia del famoso burattino-bambino è un italiano _____ vero cognome, Lorenzini, è sconosciuto alla maggioranza degli stessi italiani, _____ lo conoscono con il suo nome d'arte: Carlo Collodi. Lo scrittore nacque a Firenze nel 1826 da una famiglia modesta. Il padre era cuoco e la madre sarta. La madre era originaria di un paesino in provincia di Pistoia, Collodi, appunto, _____ lo scrittore prese l'idea del suo pseudonimo.

Ogni pronome esatto vale 1 punto.   **Totale: _____/10**

5 Carlo (Lorenzini) Collodi

Scegli l'espressione corretta.

Alla/In/Nella/A fine del liceo Collodi lasciò gli studi e andò a lavorare nella Libreria Piatti di Firenze. **A/In/Nel/Sotto** quel periodo iniziò a frequentare circoli socialisti ed a collaborare con **diversi/ogni/qualsiasi/qualche** giornali.
Nel 1848 fondò il giornale satirico *Il lampione* che però fu **ancora/già/subito/mai** soppresso. **Dopo/Fra/Prima/Sopra** una breve parentesi nell'esercito, iniziò a occuparsi di narrativa per bambini traducendo le fiabe di Perrault e collaborando ad una collana di romanzi per la scuola elementare. Nel 1856 uscì il suo primo romanzo.
A/Malgrado/Prima/Sotto il suo lavoro e le soddisfazioni letterarie, Carlo Collodi trascorse una vita difficile, sempre fra i debiti **a causa del/grazie al/per/sotto** vizio del gioco. Fu **per/proprio/quando/questo** il bisogno di denaro che lo portò a riprendere in mano *La storia di un burattino*, pubblicato **a/con/da/in** puntate sul *Giornale dei bambini* e a darlo nuovamente in stampa nel 1880 con il titolo *Le avventure di Pinocchio* e il finale felice che tutti conosciamo, **ma/sebbene/siccome/perciò** che non aveva in origine. Carlo Collodi morì a Firenze il 26 ottobre 1890.

Ogni espressione esatta vale 1 punto.   **Totale: _____/10**

6 Storia ordinaria di un ricercatore italiano

Completa la lettera coniugando i verbi tra parentesi.

Lettera alla rubrica "Lo psicologo risponde…"

LO PSICOLOGO RISPONDE…

La mia storia? Eccola qui.
Fino ad un paio di anni fa *(lavorare)* _____ in un'università. Poi, quando *(stancarsi)* _____ delle pratiche italiane - così burocratiche e poco trasparenti - *(partire)* _____ per l'Inghilterra dove ho lavorato come ricercatore, *(gestire)* _____ sia studenti che fondi di ricerca. Qui, dopo due anni, *(avere)* _____ una studentessa di Bergamo, che - oggi lo so - *(dovere)* _____ trattare in maniera diversa. Mi sono infatti battuto affinché *(ottenere)* _____ una borsa di studio e *(lavorare)* _____ al mio progetto. Le ho trovato altri 3 lavori, fra cui uno di responsabilità nel mio dipartimento.
Risultato: lei *(rivelarsi)* _____ più opportunista e falsa dei colleghi che *(lasciare)* _____ in Italia. Non solo mi ha scavalcato in tutti i modi, ma ha fatto sì che in questa università non *(avere)* _____ più lavoro e *(dovere)* _____ emigrare nuovamente.
So che *(essere)* _____ la mia stupidità e generosità a cacciarmi in una situazione davvero orribile, ma che *(potere)* _____ farci? Ormai è tardi e non *(riuscire)* _____ a credere che tutto *(potere)* _____ andare a finire bene.
Ora la domanda è, ma da dove si *(cominciare)* _____? Devo cambiare io, o cambiare posto fino a che non *(trovare)* _____ quello giusto? Come *(difendersi)* _____ dagli squali come quello che *(trovare)* _____ io? Possono sopravvivere i pesci rossi nella vasca degli squali? Se sì, come? Aiutatemi a capirlo.
Pesce rosso '61

Ogni verbo esatto vale 1 punto.

Totale: _____/20

7 Giacomo Casanova

Scegli la forma verbale corretta.

Fu/Sarebbe/Fosse il più grande dei seduttori, **brillando/ha brillato/brillante** letterato, instancabile viaggiatore, avventuriero, forse spia al servizio dei dogi[2], massone[3], libertino. **Caratterizzava/Avrebbe caratterizzato/Caratterizzò** un periodo storico e ancor oggi nella lingua italiana Casanova **significa/ha significato/significherebbe** "rubacuori". **Amasse/Amò/Amerebbe** molto le donne, malgrado gli psicologi **sostenendo/sostengano/sostenessero** che in realtà **amerebbe/amasse/amando** solo se stesso. **Fu/È stato/Fu stato** anche prete, militare, violinista. Frequentò le corti di Londra, Parigi, Pietroburgo, Dresda, Madrid. Incontrò Voltaire. **Aveva**

note
2. dogi: il doge era il capo della Repubblica di Venezia.
3. massone: membro della Massoneria, società segreta organizzata in una rigida gerarchia per l'aiuto reciproco dei soci.

inventato/Ebbe inventato/Inventò giochi e lotterie. Occultista[4] di fama arricchitosi/si arricchì/arricchendosi, secondo la moda del tempo, grazie a vecchi aristocratici come Manfredo Bragadin e la marchesa d'Urre, erano convinti/convincevano/convinti di poter tornare giovani usavano/usando/usata la magia. Era finito/Fu finito/Finì in prigione per vari reati di pensiero ed anche per truffa, ma dopo 15 mesi è riuscito/riuscì/riusciva ad evadere e cambiò nome comprò/ha comprato/comprando il titolo di Cavaliere di Seingait.

Nelle sue memorie scrisse: "L'uomo dev'essere un camaleonte capace di avendo assunto/assumere/aver assunto tutti i colori che l'ambiente in cui vive ha richiesto/richiede/richiese. Dev'esser abile, intrigante, falso, impenetrabile, compiacente, persino ignobile... di tutte queste qualità io ho posseduto solo la compiacenza." Trascorrendo/Ebbe trascorso/Trascorse una vecchiaia triste, solo ed abbandonando/abbandonato/abbandonante da tutti.

Ma la sua autobiografia avrà avuto/aveva/avrebbe avuto enorme fortuna per le preziose indicazioni (anche gastronomiche) sulla seduzione.

Ogni verbo esatto vale 1 punto.   **Totale: _____/20**

8 **Giulio Andreotti**

Trasforma le parti <u>sottolineate</u> *del testo da discorso diretto a discorso indiretto, come nell'esempio.*

Giulio Andreotti, uno dei più importanti politici italiani del dopoguerra, più volte capo del governo in oltre cinquant'anni di carriera politica, negli anni '90 venne accusato di avere legami con la mafia. Famoso per il suo umorismo, ecco come rispose alla domanda di un giornalista:

Giornalista - Onorevole Andreotti, <u>pensa</u> che lo Stato <u>debba</u> investire negli asili nido, nell'università o nelle carceri?

Andreotti - Eh, vede, <u>io mi sono già laureato</u>, non <u>ho</u> più l'età per fare bambini, ma <u>posso</u> sempre aver bisogno di una bella cella!

Una volta un giornalista chiese a Giulio Andreotti se *pensava* che lo Stato _____ investire negli asili nido, nell'università o nelle carceri.

Così il celebre politico rispose con una battuta che _____ _____,

non _____ più l'età per fare bambini, ma _____ sempre aver bisogno di una bella cella!

Ogni cambiamento esatto vale 2 punti.   **Totale: _____/10**

note

4. Occultista: esperto di magia.

1 Ortografia italiana

Completa il testo con i verbi all'indicativo presente e passato prossimo, al congiuntivo presente, passato ed imperfetto e al condizionale semplice.

IL DIRETTORE RISPONDE

Gentile Signor Direttore,

sono un insegnante di italiano come lingua straniera e prima di tutto *(volere)* _____ dirLe che sono molto felice che il suo giornale *(prendere)* _____ l'iniziativa di parlare dello stato della lingua italiana. Come gli articoli del suo giornale *(sottolineare)* _____ bene, c'è chi *(desiderare)* _____ che l'ortografia dell'italiano, che pure non mi pare così complessa, *(venire)* _____ ulteriormente semplificata (cambiare "chi" con "ki" ecc.). Penso che una parziale modifica dell'ortografia italiana non *(essere)* _____ da ritenersi prioritaria. A parer mio la soluzione è un'altra. Da una parte, bisogna apportare all'ortografia quei cambiamenti che *(rendersi)* _____ necessari quando una determinata grafia *(suggerire)* _____ l'esistenza d'una pronuncia non più in uso. Per esempio *(essere)* _____ bene eliminare la "i" in termini come "camicie" o "ciliegie". Gli insegnanti delle elementari *(dovere)* _____ spiegare ai bambini da dove *(provenire)* _____ alcune parole, così che *(potere)* _____ ricordare più facilmente come si *(scrivere)* _____ parole come "scienza" e "conoscenza", tanto per fare un esempio. Infine *(bisognare)* _____ cominciare a insegnare la fonetica alle elementari attraverso il "metodo fonetico" suggerito dal grande studioso Canepàri, che i bambini *(sembrare)* _____ fra l'altro apprezzare e assimilare rapidissimamente. Questo farebbe sì che i bambini *(imparare)* _____ un italiano corretto e *(essere)* _____ più coscienti del dialetto che parlano. Alcune scuole elementari *(introdurre)* _____ questo tipo di insegnamento e pare che i bambini ne *(trarre)* _____ notevoli benefici. Se *(noi-imparare)* _____ l'italiano a scuola, invece che dalla televisione come spesso avviene, la nostra lingua ne trarrebbe profondo giovamento.

Ogni verbo esatto vale 1 punto.

Totale: _____ /20

2 Italiano e dialetti

Completa le due parti del testo con le parole delle liste. Attenzione: in ogni lista ci sono due parole in più.

> **che - chiunque - come - insomma - moltitudine - piuttosto - più - proprie - qualcuno - quello - questo - tuttavia**

_____ sia venuto in Italia avrà sicuramente notato che vi è una grande differenza fra l'italiano di Trento e _____ parlato a Roma. E _____ senza calcolare i dialetti che, in certi posti, sono delle vere e _____ lingue. A Venezia per esempio, se sentite _____, che non vi pare straniero, parlare una lingua oscura, state sicuri che si tratta di veneziani DOC[1] _____, per distinguersi dalla _____ di turisti che ogni giorno arrivano in città, preferiscono comunicare nel loro dialetto _____ che in italiano.

Ma _____ da dove deriva questo italiano ed ancor _____ importante, da dove derivano tutti questi dialetti che sono simbolo della ricchezza di culture che vivono sul nostro territorio nazionale?

> **causa - certo - che - come - grazie - hanno origine - proposito - quale - se - sebbene - si - sorta**

Le ragioni di questa diversificazione _____ nel fatto che, _____ ad un certo punto il latino avesse portato una _____ di unità alle popolazioni che vivevano sulla penisola italica, con il disgregarsi dell'Impero Romano, a _____ delle invasioni barbariche, il territorio si frammentò nuovamente e _____ svilupparono lingue diverse, sia per l'influenza delle lingue barbariche _____ per l'isolamento.

Con l'unità d'Italia, avvenuta nel 1861, il toscano è divenuto lingua nazionale, _____ al prestigio che aveva raggiunto attraverso poeti _____ Dante e Petrarca. Ma l'italiano standard di oggi non è _____ il toscano, dal quale si è allontanato. Ormai tutti gli italiani parlano la lingua nazionale anche _____ con particolarità tipiche della zona di provenienza (variante locale). Nonostante questo in molte zone il dialetto continua ad essere la principale lingua della comunicazione orale.

Ogni parola inserita in modo esatto vale 1 punto.   **Totale: _____/20**

note
_____

1. DOC: in questo caso la denominazione vinicola DOC (Denominazione di Origine Controllata), sta a significare "vero", "autentico".

3 Impariamo a scrivere

Inserisci nel testo le espressioni della lista. Le espressioni sono in ordine.

> tanto per - ma anche - senza - se - che - anche se - di più - infatti - se - mai

Cosa deve fare chi vuole imparare a scrivere? Lo abbiamo chiesto al famoso scrittore Silvio Avventura, eccovi i suoi preziosi consigli.

Per imparare a scrivere non bisogna essere presuntuosi, ma occorre seguire queste semplici regole: cominciare bisogna leggere molto. Ricordo che un celebre calciatore ha detto che deve la sua bravura non solo all'esercizio fisico, al fatto che ha guardato migliaia di partite. Quindi occorre leggere molto, e leggere testi di grandi autori. Inoltre leggere molto ci darà la possibilità di imparare, accorgercene, i meccanismi della lingua e i trucchi della narrazione. Poi bisogna esercitarsi molto. Ogni occasione è buona (articoli, diari, appunti, ecc...): infatti è vero che per sviluppare l'abilità orale bisogna parlare molto, per sviluppare la scrittura bisogna scrivere molto. A volte può essere utile imparare a familiarizzare con i vari tipi di scrittura. Pertanto ogni volta scrivete qualcosa, si tratta di una semplice e-mail, non dimenticate di rileggerla. Quando vi capita di scrivere qualcosa corposo (un articolo, un racconto), non correggete subito, ma aspettate un po' di tempo: capita che si cominci a scrivere una frase e poi, invece, strada facendo, ne aggiunge un'altra e si cambia costruzione sintattica. Infine non stancatevi di rileggere: serve a correggere questo tipo di errori.

Ogni espressione inserita in modo esatto vale 2 punti.　　　**Totale: _____ /20**

4 A lezione di scrittura con Silvio Avventura

Inserisci nel dialogo i pronomi personali (semplici o composti) e i pronomi relativi sulle righe _____ e i verbi sulle righe ....

Gianni - Ciao Mario, ieri sera _____ *(telefonare)* ...., ma non eri a casa.

Mario - Sì, *(iniziare)* .... un corso di scrittura con Silvio Avventura.

Gianni - Ah, lo scrittore di _____ si *(parlare)* .... tanto?

Mario - Proprio _____.

Gianni - Tutte le volte _____ _____ *(vedere)* .... in televisione, sembrava molto antipatico, è davvero cosi?

Mario - No, come insegnante è bravo. Gli studenti _____ *(apprezzare)* .... molto e anche lui sembra ricambiare questo sentimento.

Gianni - Bene. _____ viene con _____? C'è qualcuno _____ conosco anch'_____?

Mario - Sì, c'è Carla. Suo fratello *(venire)* .... a scuola con noi, _____ ricordi?

Gianni - Non è quella brunetta molto carina _____ *(dirigere)* .... il giornale della scuola all'ultimo anno del liceo?

Mario - Sì, è lei. Vedo che non l'hai dimenticata, eh?

Gianni - Non mi stupisco che *(fare)* .... un corso di scrittura creativa. Già al liceo scriveva dei begli articoli, mi ricordo che un paio _____ *(pubblicare)* .... anche su "Il Tempo". Mi sembrava che *(diventare)* .... una giornalista o qualcosa di simile. Invece che lavoro fa?

Mario - Quello _____ *(pensare)* ………..………. _____: scrive articoli per un famoso portale Web.

Gianni - E allora perché frequenta un corso a _____ partecipano dei "senza talento" come _____?

Mario - Non hai capito: _____ non frequenta il corso, è l'assistente di Avventura e quando suo fratello _____ ha detto io mi sono iscritto. Magari finalmente mi nota!

Ogni forma esatta vale 1 punto.   **Totale: _____/30**

5 Il siciliano

In queste frasi ci sono 4 errori grammaticali. Trovali e correggili.

1. Le radici del siciliano derivano dalla posizione dell'isola in cui è parlato, quasi un ponte fra l'Africa e l'Europa.
2. Qui gli incrociarono le prime emigrazioni di popoli preistorici provenienti sia dalle coste africane che dall'Europa centrale.
3. È comprovato che i primi antichi abitatori con un certo grado di civiltà furono i Sicani, un popolo proveniente probabilmente dalla penisola iberica.
4. In seguito è attestato che vi ci stabilirono i Siculi, popolo proveniente dalla penisola italica (Liguria).
5. I siculi erano un popolo d'origine indoeuropea.
6. Non vanno poi dimenticati gli Elimi, un pacifico popolo di agricoltori/allevatori proveniente dalla Libia.
7. Fin dall'ottavo secolo avanti Cristo la Sicilia fu sottomessa di orde di invasori parlanti gli idiomi più diversi: a partire dai greci per arrivare agli austriaci.
8. Il latino incise moltissimo sulle varianti dialettali siciliane, nonostante il greco si fossi molto diffuso già due secoli prima della conquista romana.
9. Si può pertanto sostenere che, grazie al passaggio dei popoli più svariati, si sia sviluppata in modo autonomo una lingua cosmopolita.
10. In tal senso la Sicilia, spesso considerata solo l'ultima provincia dello stivale, con la sua lingua racchiude in sé il mondo.

1. frase sbagliata: _____ ➙ *frase corretta:* _____

2. frase sbagliata: _____ ➙ *frase corretta:* _____

3. frase sbagliata: _____ ➙ *frase corretta:* _____

4. frase sbagliata: _____ ➙ *frase corretta:* _____

Ogni errore corretto nel modo giusto vale 2 punti e ½.   **Totale: _____/10**

Test 4 Ma questo italiano?

C1 Ma come farebbe Hollywood?

1 L'Italia a Hollywood

Completa il testo con i verbi.

Vi siete mai chiesti cosa ne *(essere)* _____ di Hollywood senza gli italiani? *(noi - Intendere)* _____ dire gli italiani con tutti i pregi e difetti: gli attori e registi italo-americani come Martin Scorsese, Francis Ford Coppola, Robert De Niro, Al Pacino, gli emigranti, gli italiani delle quattro emme (mafia, mamma, maccheroni, mandolino), ma anche i grandi film ed attori che *(farsi)* _____ largo nel cuore di tutti gli americani: *(voi-pensare)* _____ a Sofia Loren e Federico Fellini e a tutti gli altri registi italiani che *(vincere)* _____ l'Oscar. *(Provare)* _____ solo un attimo a pensare al cinema americano privo di tutto questo. Per non *(parlare)* _____ dei costumisti e degli scenografi italiani a Hollywood. Quanti film, quante belle e preziose emozioni *(noi-perdersi)* _____? Lo *(sapere)* _____ bene e ce lo hanno dimostrato magistralmente i fratelli Taviani con il film "Good Morning Babilonia". *(Trattarsi)* _____ della storia di due fratelli, Nicola e Andrea Bonanno, entrambi abilissimi restauratori, che emigrano dalla Toscana negli Stati Uniti agli inizi del Novecento. I due, dopo *(affermarsi)* _____ all'Esposizione internazionale di San Francisco, si trovano a lavorare per le scenografie del film "Intolerance", il capolavoro del grande David W. Griffith. Sono già diventati scenografi molto richiesti quando la Prima Guerra Mondiale *(interrompere)* _____ definitivamente il loro lavoro e le loro vite. In questo film i Taviani *(raccontare)* _____ la nascita del cinema americano e *(mettere)* _____ in luce due aspetti importanti della storia italiana: da una parte la necessità di emigrare e dall'altra l'accoglienza ricevuta nel Paese di arrivo. I Taviani *(dare)* _____ vita ad un'autentica storia italiana, ambientata in America, *(mostrare)* _____ la capacità creativa tipica, forse genetica, degli italiani, quella creatività che possiamo ammirare in tante opere *(produrre)* _____ da artisti italiani nel corso dei secoli. Sembra invece che il cinema americano non *(potere)* _____ o non *(volere)* _____ ancora rinunciare a proporre lo stereotipo dell'italiano delle 4 emme, spesso *(chiamare)* _____ a recitare questi ruoli proprio attori italiani o italo-americani.

Ogni verbo esatto vale 1 punto.   **Totale:** _____/20

2 Il mandolino del capitano Corelli

Scegli la forma corretta.

È un classico esempio dell'immagine stereotipata degli italiani delle 4 emme che Hollywood **comincia/continua/finisce** a presentare e premiare.

Già il titolo è **completo/perfetto/tutto** un programma. Dal momento che Corelli è italiano, **deve/doveva/ha dovuto** per forza suonare il mandolino. **Mai/Mai che/Talvolta** un italiano nel cinema americano suoni il violino (ugualmente maneggevole ma non **tanto/altrettanto/molto** adatto agli stereotipi sugli italiani), eppure i **maggiori/più/tanto** famosi violini del mondo sono stati creati a Cremona da Antonio Stradivari.

Comunque per fortuna Corelli nel film non mangia **per sempre/continuamente/ancora** spaghetti al pomodoro e non canta "O sole mio", **perché/insomma/altrimenti** lo stereotipo **sarà/sia stato/sarebbe stato** perfetto. "Il Mandolino del Capitano Corelli" non è certo un film di denuncia su una delle pagine **nere/grigie/bianche** della nostra storia: è di fatto un "polpettone" melenso **dallo/per lo/sullo** sfondo della Seconda Guerra Mondiale.

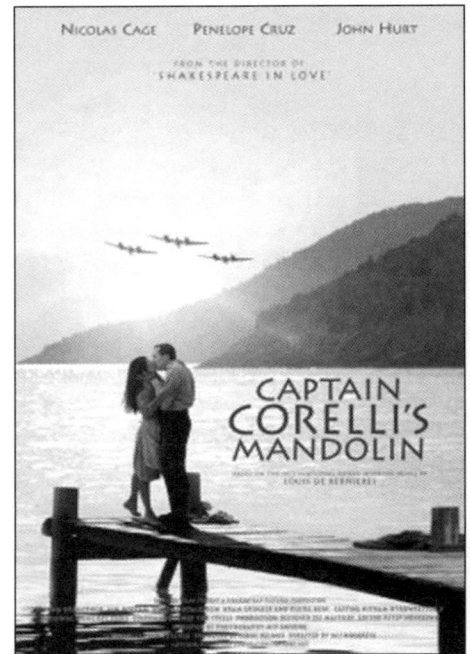

Le atmosfere ricordano vagamente il film "Mediterraneo" di Gabriele Salvatores (ma lì l'ufficiale **il più/più/-** alto in grado restaurava dipinti invece di suonare il mandolino) ma il clima da commedia viene rotto dalla cruda realtà della guerra. **Devono/È dovuto/Si deve** effettivamente ammettere che il quadro fornito dal film americano è **sufficiente/abbastanza/basta** realista, ma **poco/moltissimo/troppo** superficiale. Noi italiani **ci escono/ne usciamo/ci usciamo** come al solito: **incapaci/impossibili/insufficienti** di fare la guerra, melomani, bonaccioni e sprovveduti e naturalmente rubacuori. Il film prende **spunto/via/strada** dalla storia della divisione "Acqui" che nel '41 prende possesso dell'isola di Cefalonia, **considerata/che sia considerata/essendo considerata** strategicamente fondamentale per il controllo del Mediterraneo. **Con/Per/Dopo** l'iniziale difficoltà con la popolazione locale, il clima **instaurantesi/instauratosi/instaurandosi** tra italiani e greci, **a causa/grazie/per** soprattutto alla lontananza del conflitto, diventa idilliaco (naturalmente nel film; quello che è successo davvero a Cefalonia **qualcuno/nessuno/tutti** lo sa con certezza). In questa cornice nasce il sentimento **che/cui/quale** legherà il capitano Corelli e Pelagia. Ma la storia d'amore fra il soldato occupante e la ragazza del Paese occupato **mal/ben/tal** si concilia con la tragedia che seguirà di lì a **poco/molto/troppo**. I conflitti fra i vari personaggi diventano ridicoli **in confronto/invece/secondo** a quello tra l'esercito italiano e quello tedesco che **portò/porterebbe/portava** alla morte più di 4000 soldati italiani. Di tutto il film è **a/da/per** salvare solo una frase: "L'amore è quello che resta del fuoco quando l'innamoramento è consumato. Non sembra **una/-/la** cosa molto eccitante, ma lo è", per chi abbia voglia di meditarci sopra.

Ogni forma esatta vale 1 punto.   **Totale: _____/30**

3 Gli oscar italiani più recenti

Completa il testo con le parole della lista. Attenzione: c'è uno spazio in meno.

> comune - completamente - con - da - dove - durante - il - lontana - più - tardi

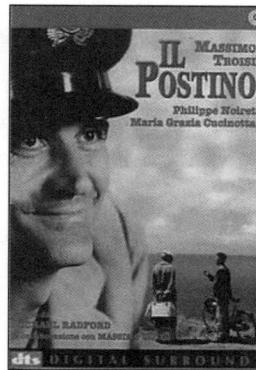

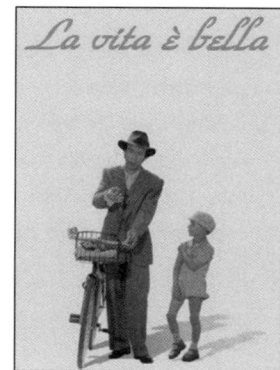

Sono andati a quattro film di quattro registi differenti. Storie diverse, diversa ambientazione, ma con una nota _____ nel modo di raccontare in cui sentimento ed ironia, comico e patetico si mescolano e inducono lo spettatore a piangere e a ridere _____ volte nell'arco della durata del film.

In *Nuovo Cinema Paradiso* (1988), di Giuseppe Tornatore, un famoso regista ricorda la storia romantica e avvincente di una sala cinematografica di paese _____, con l'aiuto del proiezionista, _____ bambino imparò ad amare il cinema e la vita.

Mediterraneo (1991), di Gabriele Salvatores, racconta la storia di un gruppo di soldati che _____ la Seconda Guerra Mondiale viene mandato in missione su un'isoletta della Grecia sperduta nel Mediterraneo. Con il passare del tempo e l'assenza del nemico i soldati entreranno in contatto sempre più stretto con gli abitanti e la guerra resterà dall'isola.

Nel 1994 *Il Postino*, di Massimo Troisi, (ma in realtà diretto da Michael Radford) viene premiato con l'Oscar per la musica e infatti una splendida colonna sonora accompagna la storia del giovane pescatore Mario che, _____ l'arrivo nella sua isola di Pablo Neruda, ha l'occasione di diventare postino. L'incontro con il famoso poeta cileno in esilio cambierà _____ la vita di Mario che rimarrà per sempre segnata da quell'incontro.

Quattro anni più _____, nel 1998, vince l'Oscar *La vita è bella* di Roberto Benigni. È la favola amara di un giovane ebreo italiano che protegge il proprio bambino dall'orrore del campo di concentramento, _____ tutto in un gioco cinematografico fantasmagorico che porta lo spettatore a ridere di rabbia e a piangere con il sorriso sulle labbra.

Ogni parola inserita in modo esatto vale 1 punto. **Totale:** _____/10

4 **E l'attore più bravo di Hollywood? Ma Benigni, naturalmente.**
Sottolinea nel testo i 4 errori grammaticali e scrivi le forme corrette nella tabella.

Bravo, simpatico, intelligente, alla mano, Benigni è proprio il contrario del divo hollywoodiano. Alla gente che lo incontra per strada risponde sempre con gentilezza. Conserva ancora amicizie sincere nel paesino di cui proviene, Vergaio, in provincia di Prato. È molto legato alla famiglia, infatti è il padre che gli ha ispirato il bellissimo film *La vita è bella*. Molti credono, per via del film, che il padre di Benigni sia ebreo ma non è così, era comunista e per questo è stato detenuto in un campo di concentramento. Nella sua saggezza è riuscito a trasmettere la sua esperienza senza lasciare cicatrici indelebili, proprio come fa nel film Guido con suo figlio. Ma pensare a Benigni come ad un attore comico e basta sia fargli un torto. Non solo è regista della maggior parte di suoi film, ma ha recitato anche per grandissimi registi come Federico Fellini. È inoltre un uomo di grande cultura, che conosce e recita la Divina Commedia con un stile proprio ed indimenticabile.

1.	2.	3.	4.

Ogni errore corretto in modo esatto vale 2 punti e ½.   **Totale: _____ /10**

5 **Gli "Spaghetti Western"**
Inserisci nel testo i connettori della lista. I connettori NON sono in ordine.

> **ma - mentre - malgrado - neppure - per quanto**

Se i film americani girati nelle città italiane non si contano, i film italiani che hanno come ambientazione il mondo dei *cowboys* sono pochissimi.
Come dire che l'erba del vicino è sempre più verde e il cinema offre la possibilità di coglierla. Ma gli italiani, specialmente in passato, non erano ricchi come gli americani, perciò, gli attori di Hollywood venivano a Roma a girare *Vacanze romane* e si recavano a Capri, Siena, Firenze, Venezia, Palermo per altri indimenticabili film, i registi italiani ricreavano il far west sulle spiagge di Tirrenia, vicino a Pisa. Qui vennero girati quasi tutti i cosiddetti *Spaghetti western*, che crearono un vero e proprio genere cinematografico che si compose di oltre 100 opere in meno di dieci anni, tra la fine degli anni 60 e i primi anni 70. Caposcuola del genere fu Sergio Leone, che realizzò film *western* diventati di culto anche negli Stati Uniti lui fosse completamente italiano. I suoi film lanciarono anche attori divenuti poi delle vere e proprie Star di Hollywood, primo fra tutti Clint Eastwood, anche Klaus Kinski, Rod Stiger, Lee Van Cleef e Charles Bronson. E sia difficile immaginare l'Arizona o il Messico in Toscana, sullo schermo l'illusione è perfetta.

Ogni connettore inserito in modo esatto vale 2 punti.   **Totale: _____ /10**

6 **L'antica Roma hollywoodiana**

Riordina il dialogo fra marito e moglie.

1. - Non mi dire che hai noleggiato *Ben Hur*! L'avrai visto 10 volte!

__ - Ma che c'entra la tecnologia... Pensi che il cinema neorealista ricostruisse le immagini con il computer?

__ - Ma come fai a rivedere 10 volte lo stesso film? E poi che film!

__ - Che vorresti dire? Che cos'hai contro i film storici?

10. -E allora? Vorresti dar fuoco di nuovo al Colosseo[1] per fare un bel film realistico?

__ - E perché non lo sarebbero? Forse dimentichi che sono film girati negli anni 60, senza il computer.

__ - Contro i film storici niente. Infatti quelli girati a Hollywood non lo sono.

__ - Spiritoso! Non vale la pena parlare di cinema con te.

__ - Ma si vede lontano un chilometro che è una città finta!

__ - Oh, brava, adesso stai zitta e lasciami guardare in pace il mio filmone hollywoodiano.

__ - Sì, ma ieri in TV davano *Il gladiatore* e dopo averlo visto mi è venuta voglia di riguardarli tutti: *Ben Hur*, *Nerone*, *Cleopatra*...

__ - No, e infatti si vede. Sono film così grigi, piatti, noiosi, senza una scenografia, privi di colori, vuoi mettere con la Roma del film *Nerone*.

Ogni frase inserita al posto giusto vale 1 punto. Totale: _____ /10

note
_____

1. Secondo alcune fonti fu Nerone ad incendiare Roma, secondo altre l'incendio avvenuto durante il governo di Nerone fu accidentale.

7 Scene italoamericane

Completa l'introduzione all'intervista con parole di due lettere.

Martin Scorsese, Quentin Tarantino, Francis Ford Coppola, Robert De Niro, Al Pacino e, prima ____ loro, ____ padre dell'*american way of life* cinematografico, Frank Capra. Cosa hanno questi mostri di Hollywood in comune? Semplice: l'italianità.

____ parliamo con ____ professoressa Anna Camaiti Hostert, curatrice di un'inedita raccolta ____ saggi sul cinema dei più famosi registi italoamericani: "Scene italoamericane. Rappresentazioni cinematografiche degli italiani d'America".

Ogni parola esatta vale 1 punto.   **Totale: _____/5**

Intervista a Anna Camaiti Hostert

Inserisci le domande dell'intervista prima delle risposte corrispondenti.

____ - Io sono italiana e quando sono arrivata negli Stati Uniti mi sono trovata nell'impossibilità di comunicare con una lingua e una cultura che non erano le mie. Nella società americana ci sono state delle grandi discriminazioni verso gli italiani: venivano chiamati con appellativi dispregiativi che sottolineassero la loro condizione di lavoratori a giornata. Questi stereotipi e quei nomignoli rappresentano appunto il bagaglio di questa discriminazione ed è da questo dato che siamo partiti.

____ - Sì, alcuni registi come Scorsese o Coppola hanno cominciato a parlare delle loro appartenenze etniche perché questo significava un far parte della società americana a pieno titolo, non a caso proprio durante il periodo delle lotte per i diritti civili.

____ - Le lotte fatte da alcune minoranze, tra cui quella nera, hanno reso questi autori coscienti dell'importanza di parlare del loro background. Esempio ne sono le due serate che Scorsese ha intitolato "Il mio viaggio in Italia", dove racconta come il cinema italiano abbia avuto una grande influenza non solo sulla sua biografia e sul suo cinema ma, in generale, su tutto il cinema americano.

____ - Purtroppo sì. Certo, oggi non è più come un tempo! Adesso tutto quello che è italiano è molto "glamorous", molto "fashionable", molto "in". Però molti vecchi luoghi comuni ancora resistono.

____ - Esatto: l'ironia è l'arma vincente!

DOMANDE

1. Lo stereotipo italiano vende anche oggi?

2. Quello delle discriminazioni non era quindi un problema solo degli immigrati italiani.

3. Perché questo libro?

4. Comunque c'è già chi, come De Niro in "Terapia & Pallottole", ci ha riso sopra…

5. Quindi, il cinema è stato usato un po' come un'arma di riscatto dai registi italo-americani?

Ogni domanda inserita in modo esatto vale 1 punto.   **Totale: _____/5**

C1 Scrittori

1 Scrivere un romanzo

Completa il testo inserendo le congiunzioni della lista. Le congiunzioni NON sono in ordine.

> **anche se - anziché - e - ma anche - né - o - per quanto - qualora - quindi - se**

Se sognate di scrivere un romanzo, sappiate che non basta avere talento aver trovato una buona idea, occorrono anche pazienza e tecnica.

Gli esperti ritengono che tutti i romanzi del mondo si basino su una trentina di trame diverse, per scrivere una storia originale bisogna concentrarsi non tanto sulla trama quanto sui personaggi, l'ambientazione e la narrazione.

Per esempio, scegliete un narratore interno, la stessa storia apparirà del tutto differente la racconti una voce esterna. Lo stesso discorso vale naturalmente per la forma.

Inoltre, un personaggio possa apparire indefinito ed anonimo nel romanzo, lo scrittore deve conoscerlo profondamente sapere ogni cosa di lui, a prescindere dal fatto che se ne voglia informare il lettore meno. Infatti, molti dettagli restano fuori dalla storia, bisogna pensare al protagonista e porsi mille domande su di lui, limitarsi a delinearlo nelle sue caratteristiche principali.

Questo modo di procedere è opportuno non solo per creare dei personaggi, per buttar giù una storia coerente e convincente.

Ogni congiunzione inserita al posto giusto vale 1 punto.   **Totale: _____ /10**

2 Lezioni di scrittura

Ricostruisci le due parti del testo con le espressioni delle liste.

_____ _____ insegnare _____ scrivere? Questa _____ una _____ _____.	**a - bella - domanda - è - può - si**
Una _____ _____ _____ _____ _____ Raymond Carver _____ _____ _____ _____ _____, un'altra _____ _____ _____ _____ Giulio Mozzi "Lezioni di scrittura".	**con un - corso di - creativa - darla - il fatto che - iniziò - libro di - lo scrittore - nel bel - può - risposta - scrittura - si - trova** Giulio Mozzi **Lezioni di scrittura** Invenzione, imitazione, racconto

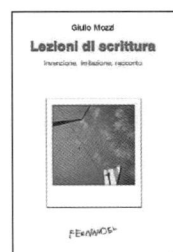

Ogni domanda inserita in modo esatto vale 1 punto.   **Totale: _____ /5**

3 **Italo Calvino**
Riordina il testo scrivendo il numero d'ordine vicino ad ogni paragrafo.

1. Italo Calvino nasce il 15 ottobre 1923 a L'Avana,

__ Dopo due anni la famiglia Calvino rientra in Italia e più precisamente nella piccola città d'origine, San Remo, ma la loro non sarà mai una vita di provincia.

__ che, prima di stabilirsi a Cuba, aveva trascorso una ventina d'anni in Messico alla direzione di un centro sperimentale di agricoltura.

__ Infatti la cittadina della Liguria negli anni venti ospitava ancora inglesi, nobili russi e tanta altra gente eccentrica e cosmopolita.

__ Contemporaneamente al suo lavoro da Einaudi fin dal 1946, ancora studente, aveva cominciato a pubblicare su varie riviste i suoi racconti.

__ Quindi alla notizia delle dimissioni di Mussolini nel luglio 1943 festeggia con i compagni, si avvicina all'ambiente comunista ed inizia a combattere come partigiano.

__ Il piccolo Italo frequenta le scuole private, ma quando negli anni 30 l'iscrizione alle associazioni fasciste diventa obbligatoria per tutti, diventa Balilla[1].

__ Alla fine della guerra invece di riprendere gli studi d'Agraria, si iscrive alla facoltà di Lettere e comincia a lavorare per la casa editrice Einaudi, prima come venditore di libri a rate, poi come responsabile dell'ufficio stampa e quindi come redattore stabile, fino a diventarne dirigente.

__ dove la famiglia si trovava a causa del lavoro del padre agronomo,

__ Tuttavia la sua estraneità ed avversione agli ambienti fascisti, ereditata dai genitori, entrambi socialisti, non potrebbe restare più profonda nel corso di tutta la sua vita.

__ e alla fine di quello stesso anno aveva già terminato il suo primo romanzo *Il sentiero dei nidi di ragno*.

12. Il primo successo di una lunga e felice carriera che terminerà solo con la sua morte, avvenuta il 19 settembre 1985.

Ogni frase messa nel giusto ordine vale 1 punto.   **Totale: _____/10**

---

note

1. Balilla: sono i bambini dell'associazione fascista, addestrati e vestiti come piccoli soldati.

4 Italo Calvino: sinonimo di successo

Completa il testo con le parole della lista. Attenzione: c'è uno spazio in più.

> **attività - collana - il cui - immagine - libreria - opere - parte - più - quanto - si**

Sebbene negli ultimi anni il numero degli autori italiani tradotti in _____ lingue sia cresciuto in maniera considerevole ed oggi _____ non sia difficile trovare all'estero, sugli scaffali di una _____, non solo Umberto Eco e il premio Nobel Dario Fo, ma anche scrittori più giovani come Baricco o la Tamaro, la trilogia di Italo Calvino resta comunque tra le _____ italiane più tradotte e vendute. Ma *Il visconte dimezzato*, *Il barone rampante* e *Il cavaliere inesistente* rappresentano solo una minima _____ della produzione letteraria di Calvino, tanto vasta _____ variegata. Durante la sua quarantennale _____ di scrittore e traduttore Italo Calvino dà vita ad un progetto ambizioso come quello delle fiabe italiane, _____ successo consolida l'_____ di un Calvino favolista e contemporaneamente pubblica una ricca serie di saggi impegnativi di teoria della letteratura. A lui _____ deve *Marcovaldo*, pubblicato in una _____ di libri per ragazzi, ma anche il libretto dell'opera lirica *La vera storia*, composta da Berio.

Ogni parola inserita in modo esatto vale 1 punto.   **Totale: _____/10**

5 Achille piè veloce

Questa è una descrizione "modificata" di "Achille piè veloce", un libro di Stefano Benni. Riscrivila usando i nomi originali dei personaggi come descritto sotto al testo e cambiando 15 parole oltre ai nomi dei personaggi.

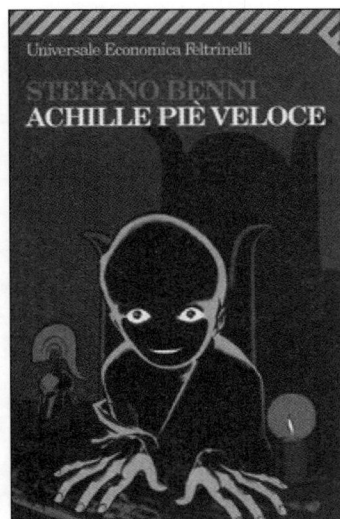

Venere è una giovane scrittrice in crisi creativa (un tempo ha scritto un libro ma si è fermata lì), lavora in una casa editrice sull'orlo del collasso ed è innamorata di Josè, un bellissimo immigrato senza permesso di soggiorno, il quale non rinuncia alla sua inveterata poligamia. Un giorno le arriva via e-mail un messaggio: "Se Lei riuscisse a concepire nella Sua testa una qualsiasi definizione di normalità in nessun modo io rientrerei nella Sua definizione". Venere si reca all'appuntamento con Penelope ("Lei ha un nome omerico come me", diceva il messaggio), che è malata e che le apre un mondo inatteso di assurdità, vitalità e dolore. L'alleanza fra le due donne, Venere e Penelope, è una risorsa nuova, inaspettata. A vantaggio di chi? Di cosa? Che prezzo deve pagare il bel Josè per la sua libertà? E Venere per la sua dignità? E soprattutto Penelope per la sua vita? Gli eventi scivolano rapinosi verso una chiusa inattesa, fra commozione, rabbia e ilarità.

Venere (f) diventa Ulisse (m) - Penelope (f) diventa Achille (m) - Josè (m) diventa Pilar (f)

Ulisse è...

Ogni modifica esatta vale 1 punto.   **Totale: _____/15**

6 L'ermetismo (parte I)

Completa il testo coniugando e mettendo al posto giusto i verbi della lista.

> accettare - accompagnare - afferrare - appartenere - esserci - essere - essere -
> essere - essere - essere - essere - fare - provare - rifiutare - trarre

Il movimento letterario dell'Ermetismo si esplica principalmente nella poesia che si diffuse in Italia a partire dagli anni della prima guerra mondiale e che _____ le sue origini da alcuni poeti decadenti francesi, Mallarmé in particolare, ma anche Valéry e Rimbaud. Si pensa che la caratteristica di questa poesia _____ la sua oscurità, ma ciò non è esatto: l'oscurità _____, ma è la conseguenza delle sue premesse, non è la premessa stessa. La caratteristica assoluta _____ invece l'essenzialità: per ottenere questo risultato il poeta _____ tutte le forme tradizionali del linguaggio, soprattutto quelle forme poetiche consacrate alla tradizione; a questo rifiuto il poeta _____ anche quello dei sentimenti ormai convenzionali della poesia e _____ di esprimere solo quei sentimenti intimi e gelosi che _____ esclusivamente al suo mondo interiore.
Se così non _____, il poeta ermetico non _____ in grado di raggiungere il suo grande proposito: comunicare agli altri i propri sentimenti profondi e _____ in modo che gli altri li _____ con la stessa immediatezza con cui egli li _____.
Pertanto questa poesia, malgrado _____ così scarna, _____ comunque sofferta, spesso dolorosa, sempre evocatrice e comunicativa.

Ogni verbo esatto vale 1 punto.   **Totale: _____/15**

7 L'ermetismo (parte II)

Inserisci negli spazi ____ parole di due lettere (possono essere preposizioni, congiunzioni, articoli, verbi) e negli spazi ...... parole di tre lettere (possono essere pronomi, preposizioni, avverbi, congiunzioni)

Dote necessaria è dunque _____ sincerità dell'ispirazione, ... impegna il poeta ...... compito difficile di riuscire a trasmettere le vibrazioni più riposte dell'animo, i turbamenti passeggeri _____ profondi, il mistero dell'inconscio, e tutto ciò _____ detto trovando quelle poche parole, talora quell'unica parola che riesca a trasmettere da sola tutta la gamma di sensazioni provate. Le parole della poesia ermetica valgono anche ...... il loro valore fonetico, alla ricerca di _____'armonia che nell'animo umano legge sensazioni diverse e pensieri inaspettati. _____ questa poetica viene esaltata l'analogia: non è infatti la ragione che lega le parole, _____ è con la sensibilità, l'istinto ...... si trova una chiave interpretativa. La poetica ermetica è stata accusata di egocentrismo, di esaltare i problemi individuali, e di trascurare i problemi reali dell'esistenza, di essere estranea alla vita ...... proprio tempo, _____ non è una accusa ben fondata _____ si guarda bene. Certo, essa può sorvolare sugli avvenimenti della cronaca quotidiana, ma ...... ignora i problemi più vasti e universali. La poesia di Ungaretti nasce ...... contatto con la tragedia immensa della guerra, e dalla guerra trae la sua dolorosa riscoperta della vita. Né si può dimenticare che tutta la poesia di Quasimodo trae ispirazione ...... Sud, dalla propria terra siciliana, aspra e ingrata, evocata col cuore dell'emigrato, gonfio di malinconia e lacerato dalla nostalgia. _____ questi due esempi si può dire che cade l'accusa di individualismo _____ fronte alla sensibilità _____ essi dimostrata ...... confronti di problemi che purtroppo hanno riguardato intere comunità.

Ogni parola inserita in modo esatto vale 1 punto.   **Totale: _____/20**

Test 6 Scrittori

Livello C2

- 1. Storie di vacanze

- 2. Gli Etruschi

- 3. Storia d'Italia

- 4. Il morso della Taranta

- 5. Cittadini stranieri in Italia

- 6. Lavoro ed economia

C2 Storie di vacanze

1 Ai Caraibi

Completa il testo con i verbi all'indicativo presente, passato prossimo, imperfetto e trapassato prossimo, all'imperativo, al condizionale semplice e composto, al gerundio semplice, all'infinito presente e passato e al participio passato.

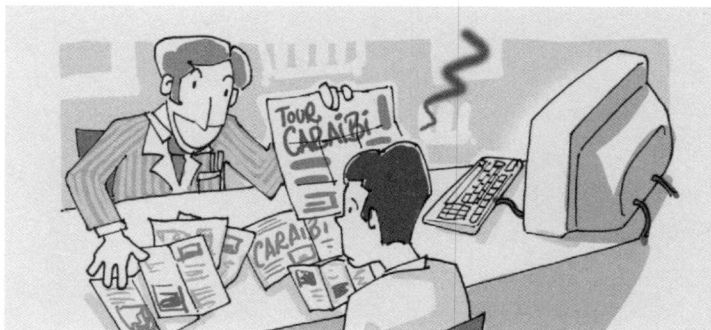

Anche quest'anno, come al solito, Giacomo ed io abbiamo cominciato a pensare alle vacanze estive durante le feste natalizie *(mangiare)* _____ il panettone.

Era il giorno di Santo Stefano e fuori *(fare)* _____ freddo, freddissimo, tutti noi *(sognare)* _____ di trovarci su un'isola tropicale; tutti escluso Giacomo che invece *(sentire)* _____ parlare di un trekking in Islanda.

Per parteciparvi *(noi-dovere)* _____ confermare la prenotazione entro gennaio. Figuriamoci!

Con tutti i posti che non ho ancora visitato, l'Islanda non mi *(interessare)* _____ proprio, senza *(contare)* _____ che io ho sempre freddo!

Tutti e due avevamo voglia di andare all'estero, ma io preferivo un posto esotico, di mare. Inoltre avevo letto che l'Alitalia per l'estate *(fare)* _____ sconti eccezionali, così alla fine, dopo *(discutere)* _____ per ore, *(decidere)* _____ di andare ai Caraibi.

Giacomo, appena *(finire)* _____ le feste, si è fermato all'agenzia di viaggi vicino casa.

Quando è tornato era nervosissimo e, *(gettare)* _____ i depliant sul tavolo, mi ha urlato: "La prossima volta non mi *(chiedere)* _____ di andare in agenzia, *(andarci)* _____ tu!"

E ha continuato, *(imitare)* _____ la voce e i modi dell'agente di viaggi: "Veramente la cosa migliore *(essere)* _____ fare un giro di tutte le isole, ma in questo caso voi *(dovere)* _____ avere più di quindici giorni. Al vostro posto *(scegliere)* _____ un tour organizzato, non *(fidarsi)* _____ delle offerte last minute e bla, bla, bla…"

Io non ho detto nulla e siamo rimasti così in silenzio per 10 minuti, finché poi *(mettersi)* _____ a ridere tutti e due.

Ogni verbo esatto vale 1 punto.   **Totale:** _____/20

2 Sulle tracce della Dea Madre

Trasforma il dialogo in un discorso indiretto modificando le parti sottolineate, se necessario, come negli esempi.

Giacomo racconta:

Quando sono tornato al lavoro, tutti si aspettavano di vedermi abbronzato e pieno di ricordi esotici, così ho dovuto spiegare: "Non **siamo andati** ai Caraibi, [1]abbiamo deciso per una vacanza nostrana."
"E perché?" ha chiesto la mia collega più giovane, quella che domanda sempre tutto come una bambina curiosa.
"[2]Abbiamo deciso di rimanere in Italia e cercare l'esotismo proprio qui" ho iniziato a spiegare.
"E [3]l'avete trovato?" ha riso ironico il mio capo.
"Sì, a mia moglie [4]è venuto in mente di partire sulle tracce della Dea Madre."
"E chi [5]sarebbe questa Dea Madre?" hanno chiesto i colleghi che si dividevano tra gli increduli e gli ironici.
"[6]Abbiamo fatto una bellissima vacanza in Sardegna e [7]abbiamo visitato, oltre le spiagge, tutti i siti archeologici del Neolitico. In Sardegna, come in molti altri luoghi del Mediterraneo, nel Neolitico [8]viveva una popolazione agricola che [9]venerava il culto della Dea Madre.
Uno di loro ha detto: "Ma come [10]ti [11]è saltato in mente di [12]imbarcarti in una simile stupidaggine?"
"Non [13]è una stupidaggine." ho risposto "[14]È stato molto interessante scoprire che a pochi passi da casa nostra [15]ha vissuto una civiltà così importante. Questo [16]è un viaggio che [17]vi [18]consiglio, fisicamente un po' faticoso, ma davvero unico."
Vedendo le espressioni ironiche dei miei colleghi, ho giurato a me stesso "Marina, la prossima vacanza non mi [19]freghi! [20]Ti porto ai Carabi e basta!"

Quando sono tornato al lavoro, tutti si aspettavano di vedermi abbronzato e pieno di ricordi esotici, così ho dovuto spiegare che non **eravamo andati** ai Caraibi e che [1]_____ per una vacanza nostrana. La mia collega più giovane, quella che domanda sempre tutto come una bambina curiosa, ha chiesto **il perché**.
Io ho iniziato a spiegare che mia moglie ed io [2]_____ di rimanere in Italia e cercare l'esotismo proprio qui. Il mio capo mi ha chiesto ironico se [3]_____. Io ho risposto di sì perché a mia moglie [4]_____ in mente di partire sulle tracce della Dea Madre.
I colleghi, divisi tra ironici ed increduli hanno chiesto chi [5]_____ questa Dea Madre.
Ed allora io ho raccontato che [6]_____ una bellissima vacanza in Sardegna e che [7]_____, oltre le spiagge, tutti i siti archeologici del Neolitico. Ho aggiunto che in Sardegna, come in molti altri luoghi del Mediterraneo, nel Neolitico [8]_____ una popolazione agricola che [9]_____ il culto della Dea Madre.
A quel punto uno dei miei colleghi ha chiesto come [10]_____ [11]_____ in mente di [12]_____ in una simile stupidaggine.
Io gli ho risposto che non [13]_____ una stupidaggine e che [14]_____ molto interessante scoprire che a pochi passi da casa nostra [15]_____ una civiltà così importante. Gli ho detto che quello [16]_____ un viaggio che [17]_____ [18]_____, fisicamente un po' faticoso, ma davvero unico.
Ma vedendo le loro espressioni ironiche ho giurato a me stesso che Marina la prossima vacanza non mi [19]_____! [20]_____ ai Carabi e basta!

Ogni modifica esatta vale 1 punto.   **Totale:** _____/20

3 Porto Torres

Inserisci nel testo 10 preposizioni dove servono.

Situata all'interno del Golfo dell'Asinara, Porto Torres è sede uno dei porti principali Sardegna, il più importante il traffico di passeggeri provenienti tutta l'Italia e nord dell'Europa. La città ha un'origine antichissima: Turris Libisonis (questo il suo antico nome) è stata fondata infatti 45 a. C. circa ed è stata l'unica colonia romana in Sardegna. A Turris Libisonis nell'anno 303 subirono il martirio il presbitero Proto, il diacono Gianuario e il soldato Gavino: quale è dedicata la festa patronale, che ogni anno a Maggio attira in città migliaia di visitatori. San Gavino è anche dedicata l'omonima maestosa basilica. Si tratta più importante monumento romanico della Sardegna nonché di uno più grandi d'Italia. Testimonianze dell'epoca romana sono il Ponte Romano e le rovine di tre grandi terme. La zona che li contiene rappresenta un rilevante parco archeologico e vi ha sede anche un Antiquarium dove sono conservati i reperti più importanti.

Ogni preposizione inserita in modo esatto vale 2 punti. **Totale: _____/20**

4 Vacanze: chiusi in casa come talpe

Completa il testo con le parole della lista. Attenzione: ci sono 5 parole e uno spazio in più.

> ancora - coloro - consumatori - così - cosiddetti - incetta - necessità -
> pari - presunto - problema - pur - quanti - secondo - sebbene - tutti

Non _____ vanno in vacanza! _____ la Doxa[1] il 19% della popolazione italiana (_____ a circa 11 milioni di individui) ha deciso, per scelta o per _____, di non partire. L'associazione di psicologi volontari di "*Help me*" ha studiato il fenomeno di coloro che, _____ non andando in ferie, fingono di esserci stati. Da uno studio risulta che il numero dei _____ "vacanzieri talpa" arriva al 5-6% fra _____ che non sono stati in vacanza. Grandi _____ di tv, _____ i vacanzieri talpa si distinguono per queste caratteristiche: fanno _____ di cibo, soprattutto surgelati e scatolame (78%), comprano passatempi per i bambini (75%), ricercano informazioni sul _____ posto di villeggiatura (67%) senza dimenticare dettagli sui negozi, locali e ristoranti.

Ogni parola inserita in modo esatto vale 1 punto. **Totale: _____/10**

note
_____

1. Doxa: istituto di indagini statistiche.

5 Come una valigia

Completa il testo inserendo 15 articoli e modificando, se necessario, le preposizioni da semplici ad articolate, come negli esempi.

Tommaso P., di 6 anni, è stato dimenticato alla stazione da**i** genitori come una valigia vecchia. Quando **il** treno per Parigi è stato fermato a**lla** frontiera e polizia doganale è salita per controllare documenti, i genitori distratti si sono accorti che bambino non c'era. Si è pensato subito ad rapimento, ma poi genitori si sono ricordati che probabilmente lo avevano lasciato a stazione di Milano. Mentre due adulti facevano i biglietti, Tommasino avrebbe dovuto essere tenuto d'occhio da sorellina maggiore, Virginia. La bambina, poco più grande di fratellino pare essersi distratta ed averlo perso; poi salendo su treno, per paura che i genitori la punissero, non ha detto niente. Tommasino è stato ritrovato dopo poco a stazione di Milano, ma non credendo che di genitori possano perdere il proprio bambino tanto facilmente, magistratura ha deciso di aprire inchiesta per fare piena luce su fatto.

Ogni articolo inserito in modo esatto vale 2 punti.   **Totale: _____/30**

1 **Breve storia degli Etruschi**

Completa il testo coniugando i verbi all'indicativo presente, imperfetto, passato remoto e al congiuntivo imperfetto.

Le origini degli Etruschi sono dibattute e controverse. Lo storico greco Erodoto - che li *(chiamare)* _____ Tirreni - *(sostenere)* _____ la tesi della provenienza via mare dalla Lidia, regione dell'Asia Minore. Altri storici antichi pensavano invece che *(avere)* _____ origini autoctone: *(reputare)* _____ infatti che gli Etruschi *(essere)* _____ una popolazione di stirpe italica, che *(risiedere)* _____ nella penisola già dal Neolitico.

La tesi che invece oggigiorno *(venire)* _____ considerata corretta dalla storiografia moderna è quella di gruppi che *(provenire)* _____ dal Mediterraneo orientale, portatori di una civiltà tecnicamente e culturalmente evoluta.

Questi gruppi *(insediarsi)* _____ sul substrato della popolazione italica residente e la loro fusione *(dare)* _____ vita ad una nuova civiltà con caratteri distintivi.

Gli Etruschi *(rappresentare)* _____, a partire dall'VIII secolo a.C., l'unica civiltà presente sulla penisola italica, con sufficiente energia per intraprendere una politica espansionista. Sebbene gli Etruschi non *(essere)* _____ una civiltà amante della guerra, la necessità economica li *(spingere)* _____ a cercare di aumentare il proprio territorio.

Tra il VII ed il VI secolo la crescita dell'influenza etrusca *(raggiungere)* _____, oltre alla Toscana e l'Umbria, a sud il Lazio e la Campania fino a Capua, a nord la pianura padana con la costiera adriatica. Gli Etruschi *(arrivare)* _____ verso la metà del VI secolo ad occupare anche le coste della Corsica e *(diventare)* _____ i padroni del mar Tirreno.

In questa fase di espansione territoriale, gli Etruschi *(entrare)* _____ in contatto con i Cartaginesi, con i quali *(stringere)* _____ patti di alleanza ed i Greci delle colonie dell'Italia meridionale, i loro peggiori nemici. I Celti, che *(abitare)* _____ le pianure del Nord Italia, non *(rappresentare)* _____ mai un grande pericolo.

Ogni verbo esatto vale 1 punto.   **Totale: _____/20**

2 Il declino degli Etruschi

Completa il testo inserendo 15 preposizioni e modificando, se necessario, gli articoli in modo da formare preposizioni articolate, come nell'esempio.

Gli Etruschi erano riusciti ad imporsi **al**le giovani colonie greche del meridione contrastandone l'espansione. Ben presto però le colonie greche dettero il via una crescita culturale e politica travolgente. Inoltre ai confini tra Etruria e Lazio sorgeva per gli Etruschi un nuovo pericolo: Roma. La città Roma infatti, un tempo dominata e governata una dinastia etrusca, diveniva sempre più aggressiva. Sul mare i romani, dopo aver battuto i Cartaginesi, inflissero gli Etruschi a Cuma il 474 a. C. una sconfitta decisiva. Anche la terraferma la situazione andò peggiorando. In meno un secolo l'Etruria campana fu conquistata dai Sabini, mentre quella padana venne invasa popolazioni celtiche provenienti da Oltralpe. Dalla metà il IV secolo la potenza commerciale e militare gli Etruschi si era ridotta poche città-stato e anche queste furono coinvolte, durante il III secolo a.C., una lotta contro la potenza romana che le avrebbe portate presto verso la loro fine. Le città-stato non riuscirono infatti coordinare una resistenza e furono sconfitte una ad una.

Con la perdita l'indipendenza si concludeva così il ciclo un popolo che pure avrebbe lasciato una meravigliosa eredità culturale alle terre che aveva abitato.

Ogni preposizione inserita in modo esatto vale 1 punto.   **Totale: _____/15**

3 La cultura etrusca

Inserisci nel testo le parole della lista e 6 volte la parola "che". Poi rispondi alla domanda sotto al testo.

> **appare - concordi - divinità - latine - oggi - rarissimi - riferivano - serie - veniva - vi**

La maggior parte delle informazioni _____ abbiamo _____ sugli etruschi derivano da fonti _____. Gli autori latini erano _____ nel definire gli etruschi un popolo molto religioso esperto nell'arte divinatoria, ebbero infatti un'articolata letteratura religiosa, oggi quasi completamente perduta. Esisteva una _____ di rigide regole _____ stabilivano il rapporto tra gli dèi e gli uomini. Possiamo farcene un'idea leggendo alcune memorie di storici latini _____ si _____ a traduzioni _____ a noi non sono mai giunte oppure tramite _____ documenti etruschi come la "mummia di Zagabria" o il "fegato di Piacenza". Sappiamo inoltre _____ la religione etrusca _____ rivelata attraverso le profezie di esseri superiori come il fanciullo Tagete e la ninfa Vegoe o Vegonia. Nel periodo piu antico della civiltà etrusca, la divinità _____ sempre in modo molto impreciso. Si pensa che in principio _____ fosse un'unica entità divina _____ si manifestava in molteplici modi, assumendo connotati diversi. Tra l'VIII e il VI secolo a. C. si assiste al mutamento della religione etrusca. Dalla Grecia vennero importate in Etruria nuove _____; quelle indigene assunsero figura umana e col tempo ereditarono le caratteristiche e le mansioni degli dèi dell'Olimpo classico.

> ● **Qual è la parola che precede l'unico *"che"* non pronome relativo che hai inserito?**

Ogni parola inserita in modo esatto vale 1 punto.   **Totale: _____/16**
La risposta esatta alla domanda vale 4 punti.   **Totale: _____/4**

4 Il vino degli Etruschi

Rimetti in ordine le parti mancanti del testo. Attenzione: in ogni lista di parole c'è una parola in più.

Sull'inizio della coltivazione della vite in Italia **1.** _____ _____ . _____ .	corso - degli - discusso - è - il - molto - nel - anni - si
La tradizione vuole che siano stati gli etruschi i primi viticoltori. Oggi, con le recenti scoperte storiche e archeologiche, tale tradizione viene messa in dubbio. Questa **2.** _____ _____ del popolo etrusco, popolo la cui provenienza, data di arrivo e lingua sono piuttosto controversi.	basava - dell' - ipotesi - l' - origine - si - sull' - teoria - orientale
Il **3.** _____ _____ indoeuropeo ma probabilmente a linguaggi pre-greci dell'Asia minore, fa supporre che anche la loro provenienza sia orientale.	al - il - appartenga - che - fatto - gruppo - la - lingua - loro - non
In realtà l'ipotesi più accreditata **4.**_____ _____ loro vicini greci. Nella tecnica enologica il vino etrusco non doveva differire molto dagli altri vini prodotti in quell'epoca e in particolare era influenzato dalla produzione greca. Il vino etrusco era molto esportato.	appreso - arte - avessero - che - dai - del - è - etruschi - gli - l' - se - vino
La produzione enologica etrusca era molto importante per i commerci, tanto **5.** _____ _____ per ottenere materie prime (metalli, sale, corallo) e schiavi.	a - che - il - di - era - la - moneta - necessaria - scambio - vino

Ogni parte di testo ricostruita in modo esatto vale 3 punti.   **Totale:** _____/15

5 Lezione di Storia

Aiuta il Professore a rimettere in ordine tutti i foglietti, sparsi sulla scrivania,
con le note per la lezione di domani sulla storia del Museo Etrusco di Volterra.

__/A) Dopo le prime discussioni, infatti molti grandi eruditi del tempo si dedicarono alla divulgazione scientifica dei materiali della collezione del Guarnacci e si recarono a Volterra per visitare il suo museo,	__/B) Dopo la sua morte (nel 1785), fu trasferito, assieme alla biblioteca, nel dugentesco Palazzo dei Priori,	__/C) anno in cui grazie a nuove donazioni, agli acquisti ed alle ricerche condotte dai responsabili scientifici del museo, fu collocato nella sede di Palazzo Desideri Tangassi, dove ancor'oggi si trova.
__/D) che appena pubblicata, scatenò vivaci polemiche negli ambienti colti ed ebbe il merito di attrarre su Volterra le attenzioni dei massimi intellettuali dell'epoca.	__/E) e prende il nome dal suo fondatore: Mario Guarnacci.	1_/F) Non si può parlare di Etruschi senza almeno accennare al bellissimo museo di Volterra.
__/G) dove rimase fino al 1877,	__/H) Si tratta del museo più importante per quanto riguarda i reperti archeologici relativi al meraviglioso popolo etrusco	__/I) già nato 6 anni prima della pubblicazione del saggio, esattamente nel 1761.
__/L) La prima sede del Museo fu Palazzo Maffei, acquistato da Guarnacci proprio per collocarvi la sua collezione, costituita dai reperti archeologici ed oltre 50.000 volumi.	4_/M) L'abate Guarnacci, persona di grandissima cultura e fine storico, fu autore di una storia dei più antichi abitatori d'Italia ("Le Origini Italiche", Lucca 1767),	__/N) In quell'anno, 1761, per paura che il suo splendido patrimonio archeologico si disperdesse, l'abate Mario Guarnacci l'aveva regalato alla città di Volterra.

1/F   2/__   3/__   4/M   5/__   6/__   7/__   8/__   9/__   10/__   11/__   12/__

Ogni foglietto messo nell'ordine esatto vale 1 punto.   **Totale: _____/10**

6 Le Balze

Inserisci nel testo gli aggettivi della lista scegliendo se metterli prima o dopo il sostantivo a cui si riferiscono. Gli aggettivi NON sono in ordine.

> antiche - antichi - antica - etrusco - meno note - moltissimi - parallelo - stesse - vecchia - vostri

Ogni anno milioni di turisti visitano l'Italia. Lo scorso anno _____ *turisti* _____ hanno abbandonato i percorsi classici, come Roma, Firenze, Venezia in favore di _____ *destinazioni* _____ come quelle del mondo degli _____ *etruschi* _____. Il percorso che noi suggeriamo, è quello delle Balze e della Via dei Setteponti. Ma vogliamo che percorriate questa via con un mezzo un po' in disuso: i _____ *piedi* _____. Proprio al limite delle Balze, quelle _____ *Balze* _____ che Leonardo aveva esaltato, si snoda la _____ *Via* _____ dei Setteponti, che ricalca un _____ *percorso* _____. Questa strada univa le due _____ *lucumonie*[1] _____ di Fiesole e Arezzo. Più tardi, quando Roma conquistò l'Etruria, i romani lastricarono la _____ *strada* _____ e le dettero il nome di *Cassia*. Con il tempo gli abitanti la definirono *Vetus* per poterla distinguere dalla *Cassia Adrianea* che avevano costruito su un _____ *percorso* _____.

Ogni aggettivo inserito in modo esatto vale 1 punto.   **Totale: _____/10**

7 Le Balze al crepuscolo

Completa il testo con le forme implicite dei verbi (participio passato, gerundio, infinito).

L'organizzazione religiosa e amministrativa delle diocesi di Arezzo e Fiesole, *(costituirsi)* _____ verso il V secolo lungo l'itinerario delle Balze, fu per molto tempo assai potente e dette vita alle prime pievi paleocristiane, *(costruire)* _____ per la maggior parte su insediamenti etrusco-romani o su luoghi di culto precristiani.

Il viaggiatore senza fretta, *(percorrere)* _____ la via del Pratomagno, dovrà fermarsi un poco presso la pieve altomedievale a due navate di Gropina, con le fondamenta *(riportare)* _____ alla luce sotto il pavimento della chiesa romanica.

Ma le Balze diventano meravigliose quando il crepuscolo disegna ombre suggestive sulle valli *(nascondere)* _____ e *(scavare)* _____ dai borri[2], nelle cosiddette "buche", come la "buca delle fate".

18 sono i sentieri preparati dal Club Alpino Italiano per *(permettere)* _____ al viaggiatore lento di raggiungere i piccoli paesi della zona *(attraversare)* _____ i luoghi più suggestivi delle Balze.

(Seguire) _____ questo affascinante tragitto si diviene testimoni privilegiati della cura *(usare)* _____ nella preparazione di questi percorsi.

Ogni verbo esatto vale 1 punto.   **Totale: _____/10**

note
1. lucumonie: distretti, governatorati degli etruschi.
2. borri: torrenti.

C2 Storia d'Italia

1 Breve storia d'Italia

Completa il testo con i verbi tra parentesi nelle forme attiva e passiva dei modi indicativo, congiuntivo, imperativo, gerundio.

Attorno al VII-VIII secolo a. C. i greci si stabilirono nella parte meridionale della penisola italiana, mentre il centro ed il nord *(abitare)* _____ da popolazioni autoctone: gli etruschi ed i romani. In seguito la penisola *(unificare)* _____ dai romani. Con il declino dell'impero romano, la penisola *(divenire)* _____ oggetto di varie invasioni mentre al suo interno *(dividersi)* _____ in città-stato, principati e regni che non *(fare)* _____ altro che guerreggiare tra loro.

La prosperità economica delle città del centro e del nord Italia *(iniziare)* _____ a partire dall'XI secolo. Con il Rinascimento si mitigarono le lotte intestine. Attorno alla seconda metà del XVI secolo il Rinascimento *(cominciare)* _____ la sua decadenza, ma ormai si era creata un'idea di identità nazionale. All'inizio del XIX secolo *(svilupparsi)* _____ movimenti nazionalisti - il Risorgimento - che *(portare)* _____ all'Unità d'Italia (ad eccezione dello Stato Pontificio) nel 1860. Nel 1861 Vittorio Emanuele II di Savoia *(proclamare)* _____ re d'Italia. Roma entrò a far parte del territorio italiano nel 1870. Dal 1870 al 1946 l'Italia *(essere)* _____ una monarchia costituzionale.

Allo scoppiare della I Guerra Mondiale l'Italia *(rinunciare)* _____ alla sua alleanza con il regno austroungarico e *(combattere)* _____ a fianco degli Alleati. Nel 1922 *(andare)* _____ al potere Benito Mussolini che *(instaurare)* _____ una dittatura fascista. Il re *(mantenere)* _____ comunque il suo titolo, ma privo di qualsiasi potere effettivo. L'Italia fascista *(essere)* _____ alleata della Germania durante la II Guerra Mondiale. Quando nel 1943 le truppe alleate *(sbarcare)* _____ in Sicilia, il re fece arrestare Mussolini e *(scegliere)* _____ il Maresciallo Pietro Badoglio quale primo ministro. Badoglio *(dichiarare)* _____ guerra alla Germania, le cui truppe *(occupare)* _____ ben presto tutto il territorio nazionale e *(liberare)* _____ Mussolini. Negli ultimi due anni di guerra il movimento partigiano si oppose all'occupazione nazista fino alla completa liberazione del territorio italiano avvenuta nell'aprile del 1945. Il plebiscito del 1946 *(mettere)* _____ fine alla monarchia ed un'Assemblea Costituente *(avere)* _____ l'incarico di costituire la Repubblica Italiana.

Il piccolo Stato Vaticano, governato dal Papa, stipulò, a partire dal 1870 una serie di accordi con il governo italiano. L'accordo più significativo *(essere)* _____ i "Patti Lateranensi" dove il Vaticano *(riconoscere)* _____ come Stato autonomo e la religione cattolica *(diventare)* _____ religione di Stato. Nel 1984 i "Patti Lateranensi" *(rivedere)* _____ e *(eliminare)* _____ la clausola che *(prevedere)* _____ il cattolicesimo come religione di Stato.

Ogni verbo esatto vale 1 punto.   **Totale:** _____/30

2 Un romantico eroe italiano: Giuseppe Garibaldi

Inserisci nel testo le forme implicite della lista.

> adottando - conquistato - divenuta - liberato - mantenendo -
> saputo - scoppiata - trovatosi - varcando - vistosi

Figura dominante del Risorgimento Italiano, nacque a Nizza il 4 Luglio 1807. Combatté per il Rio Grande do Sud, dove conobbe Anita, che poi sposò.

A Montevideo, formò la Legione Italiana, _____ una camicia rossa _____ in seguito simbolo rivoluzionario.

In occasione della guerra tra Carlo Alberto e l'Austria, _____ rifiutare la sua offerta d'aiuto, accettò il comando dei volontari del Governo provvisorio di Milano.

_____ dell'accordo temporaneo di Salasco, non depose comunque le armi e sconfisse gli Austriaci a Morazzone. Ciò nonostante fu costretto a ritirare le truppe _____ il confine svizzero.

Nel 1848 a Roma si batté per la difesa della Repubblica.

Nel 1854 si stabilì a Caprera, _____ rapporti epistolari con i patrioti italiani.

_____ l'insurrezione a Palermo, sbarcò a Marsala con Mille uomini con i quali vinse numerose battaglie: a Calatafimi, a Palermo, a Milazzo. Giunto a Napoli annientò i Borbonici.

A Teano, Garibaldi offrì a Vittorio Emanuele II il regno _____.

Ritentò l'impresa dei Mille per la conquista di Roma ma sull'Aspromonte fu bloccato dall'esercito regio e arrestato. _____ in seguito ad una amnistia, trascorse alcuni anni a Caprera.

Nel 1867 entrò a Roma con 9000 volontari e a Mentana, ma _____ di fronte le truppe francesi, dovette ritirarsi. Arrestato, fu condotto a Caprera. La liberazione di Roma avvenne nel 1870, ma senza Garibaldi. Morta Anita, nel 1880 sposò Francesca Armosino dalla quale ebbe tre figli. Morì nel 1882.

Ogni parola inserita in modo esatto vale 1 punto.   **Totale:** _____/10

Test 3 Storia d'Italia

3 **Garibaldi e Anita**

Trasforma il dialogo in un discorso indiretto modificando le parti <u>sottolineate</u>, se necessario, come negli esempi.

Hans - In classe **avete studiato** Garibaldi **oggi**? Che ne ¹**pensi**? Molti italiani **credono** che ²**sia stato** un ingenuo a consegnare l'Italia a Vittorio Emanuele II. Altri ³**pensano** che ⁴**sia stato** un gesto da codardi.

Juriji - ⁵**Non lo so**. ⁶**Mi** ⁷**ha colpito** particolarmente la sua storia d'amore con Anita, ⁸**penso** che non ⁹**se ne parli** abbastanza.

Hans - Beh, cosa ¹⁰**c'è** di tanto speciale nella storia d'amore fra Garibaldi ed Anita?

Juriji - Come? Non lo sai? Anche lei ¹¹**è stata** una grande rivoluzionaria. Lo aveva incontrato a Montevideo, se ne era innamorata, aveva lasciato il marito ed aveva seguito "l'eroe dei due mondi" fino in Italia.

Hans - Già, ¹²**immagina** lo scandalo per quell'epoca!

Juriji - Sì, e Anita non ¹³**poté sposarlo** fino al 1842, quando cioè ¹⁴**rimase** vedova.

Hans - Juriji, ¹⁵**sai** cosa ¹⁶**penso**?

Juriji - …

Hans - ¹⁷**Penso** che gli italiani ¹⁸**abbiano ragione** quando ¹⁹**dicono** che i russi come ²⁰**te** sono degli inguaribili romantici!

Hans chiese a Juriji se in classe **avessero studiato** Garibaldi **quel giorno**, poi gli chiese cosa ne ¹_____. Aggiunse che molti italiani **credevano** che ²_____ un ingenuo a consegnare l'Italia a Vittorio Emanuele II mentre altri ³_____ che ⁴_____ un gesto da codardi.

Juriji rispose dubbioso che ⁵_____. ⁶_____ ⁷_____ particolarmente la sua storia d'amore con Anita, ⁸_____ che non ⁹_____ abbastanza.

Hans allora chiese meravigliato cosa ¹⁰_____ di tanto speciale nella storia d'amore tra Garibaldi e Anita.

Juriji allora gli domandò stupito se sapesse che anche lei ¹¹_____ una grande rivoluzionaria. Lo aveva incontrato a Montevideo, se ne era innamorata, aveva lasciato il marito ed aveva seguito "l'eroe dei due mondi" fino in Italia.

Hans ribadì di ¹²_____ lo scandalo per quell'epoca e Juriji annuì aggiungendo che Anita non ¹³_____ sposarlo fino al 1842, quando cioè ¹⁴_____ vedova.

Hans scuotendo la testa chiese all'amico se ¹⁵_____ cosa ¹⁶_____.

Al silenzio di Juriji rispose che ¹⁷_____ che gli italiani ¹⁸_____ quando ¹⁹_____ che i russi come ²⁰_____ sono degli inguaribili romantici.

Ogni modifica esatta vale 1 punto.   **Totale: _____/20**

4 Il Risorgimento

Inserisci nel testo gli aggettivi della lista scegliendo se metterli prima o dopo il sostantivo a cui si riferiscono.

> ricca - romantici - loro - nuovo - grande - sarda - radicali -
> siciliano - terribile - borghesi e nobili - particolare - storico

Il Risorgimento rappresenta, per ogni italiano, *un/uno* _____ **momento** _____ di _____ **importanza** _____, vuoi perché portò all'Unità d'Italia, vuoi perché fu *una/un'* _____ **epoca** _____ di personaggi come Garibaldi, Bixio, Cavour, Mazzini, che a scuola vengono presentati, spesso sorvolando sui _____ **difetti** _____, come _____ **eroi** _____. Ma come avvenne veramente l'Unità d'Italia? Cosa c'è di vero nella leggenda della "Spedizione dei mille"? Certo, non sono domande cui si possa rispondere in poche righe, ma ci proveremo. L'Unità d'Italia nasce davvero con la spedizione dei mille (in realtà i partecipanti erano qualcosa più di mille) guidata da Garibaldi. La spedizione fu organizzata per sconfiggere i Borboni, che governavano il Regno delle Due Sicilie. Il Re Vittorio Emanuele di Savoia approvò questa impresa convinto della _____ **lealtà** _____ di Garibaldi, mentre il suo primo ministro, Camillo Benso Conte di Cavour, l'osteggiò tanto da provare a fermare i mille, imbarcati sulle navi *Piemonte* e *Lombardo*, con l'aiuto della _____ **squadra navale** _____. I mille sfuggirono a questo attacco e riuscirono a raggiungere la Sicilia. Combatterono fino a liberare l'isola, dovendo però fronteggiare la delusione della popolazione che li aveva accolti ed aiutati. Infatti il _____ **popolo** _____, che avrebbe voluto delle _____ **riforme** _____ che diminuissero *la/l'* _____ **oppressione** _____ a cui era sottoposto, capì ben presto che il cambiamento andava tutto a favore delle _____ **classi** _____ dell'isola. Garibaldi ed i suoi mille proseguirono la loro vittoriosa spedizione fino a conquistare completamente il Regno delle due Sicilie. A quel punto il Re Vittorio Emanuele II si mise in marcia per incontrare Garibaldi e farsi "consegnare il regno". Nello stesso momento anche Marche ed Umbria decisero con un plebiscito di entrare a far parte del _____ **regno** _____.

Ogni aggettivo inserito in modo esatto vale 1 punto.   **Totale: _____/12**

5 Giuseppe Mazzini

Inserisci nel testo 5 pronomi (2 relativi) e 5 articoli (1 determinativo), poi rispondi alle domande.

1	Quando parla di Risorgimento italiano non può dimenticare Giuseppe Mazzini, (1805-1872) uno dei grandi artefici dell'Unità d'Italia. Di idee repubblicane, fin da giovane prese a cuore i problemi politici e sociali
5	del Paese. Respinti i metodi della Carboneria, aveva fatto parte, fondò nuova associazione, la "Giovine Italia", aveva lo scopo di fare dell'Italia repubblica popolare.
	Trasferitosi a Marsiglia, inviò messaggio al nuovo Re di
10	Sardegna Carlo Alberto, invitando a guidare la rivoluzione italiana. Al rifiuto di quest'ultimo, Mazzini fece seguire la propaganda rivoluzionaria della Giovine Italia. Andò a vivere a Londra dove svolse intensa propaganda
15	politica anche attraverso opere letterarie. Nel 1848 tornò in Patria dove organizzò la resistenza della Repubblica affidata a Garibaldi. Con la caduta della Repubblica fu costretto nuovamente all'esilio. Fondò a Londra il "Comitato Nazionale Italiano" ed il "Comitato
20	Democratico Europeo". Venne fatto rimpatriare e fu arrestato a Palermo. Liberato grazie ad un'amnistia continuò suo peregrinare fino a quando non morì, a Pisa, nel 1872.

• Qual è la parola che segue l'unico articolo determinativo che hai inserito?	_____	riga: _____
• Qual è la parola che segue l'unico pronome relativo soggetto che hai inserito?	_____	riga: _____

Ogni pronome inserito in modo esatto vale 1 punto.   Totale: _____/5

Ogni articolo inserito in modo esatto vale 1 punto.   Totale: _____/5

Ogni risposta esatta alle domande vale 4 punti.   Totale: _____/8

Test 3 Storia d'Italia

6 Il tutor e lo studente

Riordina il dialogo.

Tutor - __1__	**1.** Vede, nel compito che mi ha consegnato ci sono alcune inesattezze.
Studente - ____	**2.** Ma certo, come ho fatto a dimenticarlo? I primi 12 articoli costituiscono il preambolo!
Tutor - ____	**3.** Ecco, tutto qua, come vede, non c'era niente di troppo grave.
	4. E non è cosi?
Studente - ____	**5.** Come? C'è la parte che enuncia i diritti ed i doveri dei cittadini, quella che contiene le norme sull'organizzazione statale, e le disposizioni per il passaggio da monarchia a repubblica.
Tutor - ____	**6.** Capisco… poi qui parla delle tre parti in cui è divisa la Costituzione, ma in realtà sono quattro.
Studente - ____	**7.** Beh, riconosco che è un errore piuttosto grave, ma nella mia scuola si studiava solo lingua italiana con pochissimo spazio per elementi di cultura e civiltà.
Tutor - ____	**8.** Ha ragione, ma ha dimenticato il preambolo che enuncia i principi generali su cui si fonda lo Stato.
Studente - ____	**9.** Certo, sono qui per questo. Dunque, prima di tutto Lei scrive che la Costituzione nasce il 2 Giugno 1946.
Tutor - ____	**10.** Quali? Possiamo riguardare gli errori insieme?
Studente - ____	**11.** Non esattamente, in quella data fu eletta l'Assemblea Costituente che elaborò la Costituzione, promulgata poi il 27 dicembre 1947 ed entrata in vigore il 1° Dicembre del 1948.
Tutor - ____	

Ogni frase inserita al posto giusto vale 1 punto.   **Totale: _____/10**

1 Latrodectus tredecim guttatus

Completa il testo coniugando i verbi tra parentesi nelle forme attiva e passiva dei modi indicativo, congiuntivo, imperativo, gerundio.

Salve, mi chiamo Pino, generalmente *(occuparsi)* _____ di gastronomia e scrivo articoli per la rivista Il Gambero Rosso, ma in quest'occasione non *(volere)* _____ presentarvi né piatti, né vini. Al contrario, poiché l'estate si avvicina, *(leggere)* _____ quest'articolo potrete imparare un modo divertente per bruciare moltissime calorie. Vi *(parlare)* _____ di una bella tradizione che *(esistere)* _____ qui dalle mie parti: il Salento. Prima di tutto *(immaginare)* _____ che *(voi-volere)* _____ sapere dove *(trovarsi)* _____ il Salento. Bene, vi *(accontentare)* _____ subito: il Salento è la parte più meridionale della Puglia (il tacco dello stivale, tanto per intenderci). È una terra ricca di storia e tradizioni, ma anche di serpenti ed insetti velenosi. *(voi-Sentire)* _____ mai parlare della taranta? Proprio da qui *(partire)* _____ il nostro viaggio verso una delle tradizioni più interessanti della mia terra: il tarantismo. La causa formale del tarantismo *(individuare)* _____ nel "morso" che *(infliggere)* _____ alla vittima la taranta, un aracnide velenoso, il cui nome scientifico è "latrodectus tredecim guttatus".

Il latrodectismo *(causare)* _____ crisi molto simili a quelle epilettiche, stati morbosi di vario tipo, febbre alta. Ma a dire il vero le ricerche scientifiche che *(condurre)* _____ verso la fine degli anni '50 *(rivelare)* _____ che i tarantati non *(subire)* _____ davvero il morso del latrodectus quanto, piuttosto, *(servirsi)* _____ di questa scusa per esprime un disagio affettivo.

Non è un caso che le vittime preferite dalle tarante *(essere)* _____ le donne, che, fino a pochi decenni fa *(ricoprire)* _____ in Puglia un ruolo sociale minore.

Come la stregoneria, anche il tarantismo *(potere)* _____ essere interpretato come un rituale del dolore di una donna che, attraverso il morso del ragno, *(permettersi)* _____ di dare libero sfogo a disagi, frustrazioni e soprusi. Il tarantismo *(curare)* _____ con un rito sociale: la danza. Si *(iniziare)* _____ a ballare in casa e si *(continuare)* _____ in strada, fino a quando la persona tarantata non *(cadere)* _____ per terra senza forze. Allora *(mettere)* _____ a letto dove *(riposare)* _____ per alcuni giorni fino a quando non *(essere)* _____ completamente guarita dal maleficio gettato dall'infido ragno. Riuscite ad immaginarvi quale *(essere)* _____ il ballo delle tarantate? No? Allora continuate a leggere!

Ogni verbo esatto vale 1 punto.   **Totale:** _____/30

2 Le tarantate

Completa il testo con le parole della lista. Attenzione: ci sono due parole in più e due spazi in meno.

> anche - ballo - benedetta - carri - condotta - consumasse - dalla - fondamentali - giocare - infatti - irresistibile - momento - per - piazza - più - possedute - ragno - ripeteva - si - strumenti - sudare - tempo

Era il mese di giugno, al _____ del raccolto, il mese favorito dalla taranta _____ colpire le sue vittime: le raccoglitrici di grano erano le esposte al morso velenoso di questo _____. Musica, danza e colori rappresentavano gli elementi _____ della terapia. Praticamente, un esorcismo musicale. Quando _____ riteneva che una ragazza fosse stata morsa _____ taranta si accompagnavano nella sua casa, o nella _____ pubblica, dei musicisti i quali, con tamburelli, violini, organetti ed altri _____, davano vita ad un ritmo _____ allo scopo di far ballare, cantare e _____ la ragazza fino allo sfinimento. Si credeva _____ che, mentre la "tarantata" ballava per giorni, _____ il ragno che l'aveva morsa soffrisse e si _____ fino a scoppiare. La tarantata veniva poi _____ presso la cappella di S. Paolo, a Galatina (LE) per essere _____, beveva l'acqua sacra del pozzo vicino e _____ un breve rito purificatore. A quel _____ arrivavano a Galatina da tutta la Puglia _____ carichi di ragazze che si ritenevano e accorrevano ad implorare l'aiuto del santo.

Ogni parola inserita in modo esatto vale 1 punto. **Totale: _____/20**

3 La notte della taranta

Trasforma il dialogo in un discorso indiretto modificando le parti sottolineate*, se necessario, come nell'esempio.*

Pino parla con il suo amico Francesco.

Pino - **Devo scrivere** un articolo sulla Notte della Taranta.
Francesco - [1]**Scrivilo**, così [2]**capisco** [3]**anch'io** di cosa [4]**si tratta**.
Pino - Ma come? Non [5]**lo sai**? Ormai da molti anni nei comuni del Salento [6]**si organizza** una delle più grandi manifestazioni di musica folkloristica, non solo d'Italia, ma d'Europa! [7]**Sei** davvero ignorante, Francesco, [8]**ne parlano** tutti i giornali ed i telegiornali.
Francesco - In che periodo [9]**c'è** [10]**questo** festival?
Pino - Si [11]**tiene** dai primi di agosto al 17, giorno di una grande manifestazione in uno dei comuni del Salento. [12]**A questa** manifestazione [13]**vengono chiamati** anche molti "mostri sacri" della musica italiana.
Francesco - Ah, vedi che [14]**ho** una scusa per non saperne niente: il mese di agosto [15]**mi chiudo** sempre nella [16]**mia** casetta in Sardegna dove non arrivano né elettricità né quotidiani.
Pino - [17]**Sei perdonato**, anzi [18]**ti** [19]**invito** a vedere il festival con [20]**me**!

Pino disse a Francesco che ***avrebbe dovuto*** scrivere un articolo sulla Notte della Taranta. Francesco rispose dicendogli di [1]_____, così [2]_____ [3]_____ di cosa [4]_____.

A quelle parole Pino si indignò perché Francesco non [5]_____. Poi gli disse che da molti anni nei comuni del Salento [6]_____ una delle più grandi manifestazioni di musica folkloristica, non solo d'Italia, ma d'Europa. Aggiunse che Francesco [7]_____ davvero ignorante perché [8]_____ tutti i giornali ed i telegiornali.

Quindi Francesco chiese a Pino in che periodo ⁹_____ ¹⁰_____ festival. Pino rispose che si ¹¹_____ dai primi di agosto al 17, giorno di una grande manifestazione in uno dei comuni del Salento, aggiungendo che ¹²_____ manifestazione ¹³_____ anche molti "mostri sacri" della musica italiana.

Allora Francesco sorrise dicendo che ¹⁴_____ una scusa per non saperne niente perché lui il mese di agosto ¹⁵_____ sempre nella ¹⁶_____ casetta in Sardegna dove non arrivano né l'elettricità né i quotidiani.

Pino, sorridendo a sua volta, esclamò che l'amico ¹⁷_____ e anzi, ¹⁸_____ ¹⁹_____ a vedere il festival con ²⁰_____.

Ogni modifica esatta vale 1 punto.   **Totale: _____/20**

4   La taranta oggi

Rimetti in ordine le parti del testo mancanti usando le parole delle liste.

Il periodo delle tarantate era naturalmente quello estivo, ma via via che il fenomeno e la musica entravano nel folklore salentino, la pizzica (la tipica danza ballata dalle donne morse dalla taranta) cominciò ad essere suonata, cantata e ballata tutto l'anno in ogni occasione pubblica o festiva. La tradizione si è protratta fino ai nostri giorni nei quali le "tarantate" **1.**_____.	**ballo - costumi - da - di - esperte - folkloristici - in - questo - ragazze - sono - sostituite - state**
Nata quindi dal rito pagano dell'esorcismo delle "tarantate", la pizzica ha successivamente acquistato autonomia. Mentre **2.**_____ e del ruolo pubblico della donna, la pizzica continuava a segnare il folklore salentino e a soddisfare quei bisogni per i quali era nata: liberarsi dalle frustrazioni, sentire il proprio corpo, sedurre e corteggiare.	**cambiare - col - del - delle - esigenze - estingueva - fenomeno - il - si - sociali - tarantismo**
Negli ultimi anni non esiste sagra o festa salentina che non contempli anche l'esibizione di gruppi di suonatori e ballerini di pizzica nelle sue varianti "pizzica te core" e "pizzica-scherma". Moltissime **3.** _____ danza: a Melpignano, Acaja Torrepaduli, Galatina hanno luogo alcune delle rassegne più importanti. Vi accorrono turisti e curiosi da tutta Italia per confrontarsi con gli esperti musicisti (tamburellisti, violinisti, chitarristi, suonatori di cupa cupa, ecc.) e ballerini del Salento.	**celebrano - che - di - di - e - fascino - il - le - manifestazioni - questa - questo - ritmo - sono**
Nel corso dell'estate salentina vengono chiamati ad esibirsi, insieme **4.** _____, i gruppi folkloristici più importanti ed interessanti. Secondo molti studiosi, la pizzica salentina è la versione più antica e originale della tarantella, che conosce celebri varianti nel Napoletano e in Sicilia.	**a - che - di - di - fama - folclore - internazionale - italiano - musicisti - occupano - si**
Ma pochi sanno che è **5.** _____.	**altro - che - è - in - la - luogo - più - proprio nel - qualsiasi - Salento - tarantella - tuttora - viva che**

Ogni parte di testo ricostruita in modo esatto vale 4 punti.   **Totale: _____/20**

5 **Gli strumenti della pizzica**

Inserisci nel testo le forme implicite della lista.

> **assenti - detto - dominante - facendo - importato -**
> **saltellando - scandendo - sostenendo - tenendo - tesa**

La pizzica e la tarantella sono danze che fanno parte della cultura popolare di tutta la parte meridionale dell'Italia. Lo strumento essenziale per suonare la pizzica è il tamburello: dai Saraceni, fu modificato nel tempo (come tutti gli strumenti, del resto). Quello moderno è di forma circolare con una membrana di pelle e dei sonagli, in passato. Viene suonato in diversi modi:

a) nel Salento la parte del polso sotto il pollice batte sulla membrana così il ritmo e il tamburello ha un ruolo, da solo l'intera melodia, oppure il tamburellista fa scorrere le dita sul tamburello vibrare solo i sonagli, in questo caso il tamburello serve solo da accompagnamento.

b) nella tarantella Campana il tamburello viene solo agitato, anche in questo caso il suono è solo di abbellimento.

c) nel Lazio il suono continuo di questo strumento è andato perduto, infatti viene suonato solo nel ritornello della canzone, dal cantante solista.

Queste canzoni sono tutte ballabili, infatti si possono ballare in diversi modi: il ballerino forma un semicerchio con le braccia e gira intorno alla dama che a sua volta, gira intorno al compagno di danza. La variante del secondo stile è che la dama si muove un fazzoletto in mano.

L'ultimo stile, anche la "danza delle spade", è un ballo esclusivamente maschile: il primo ballerino tende l'avambraccio, quasi a simulare una spada, mentre il secondo ha solo la mano, a simulare un pugnale, e si dà vita a un combattimento a suon di pizzica.

Ogni parola inserita in modo esatto vale 1 punto.

Totale: _____/10

Test 4 Il morso della Taranta

C2 Cittadini stranieri in Italia

1 I flussi migratori

Completa il testo con i verbi tra parentesi.

La legge che regola i flussi migratori in Italia *(cambiare)* _____ da poco tempo e ci si chiede quali *(essere)* _____ gli effetti e se le cose *(andare)* _____ meglio o peggio per quanti *(decidere)* _____ di venire a lavorare nel nostro Paese non *(essere)* _____ cittadini dell'Unione Europea.

Dalla nuova legge *(stabilire)* _____ che ogni anno il Governo *(decidere)* _____ il numero massimo degli stranieri che *(potere)* _____ entrare in Italia. Sono quindi definite quote di ingresso per lavoratori dipendenti, lavoratori autonomi e lavoratori stagionali. Nell'ambito delle quote fissate, i lavoratori dipendenti *(potere)* _____ entrare su chiamata da parte di un datore di lavoro. La legge *(consentire)* _____ l'ingresso anche per "ricerca di lavoro", purché vi *(essere)* _____ in Italia un cittadino italiano o uno straniero regolarmente residente, oppure un'associazione o un ente locale che *(garantire)* _____ per lui vitto, alloggio e spese sanitarie.

La legge *(fare)* _____ anche particolare attenzione all'unità della famiglia. È un diritto della persona. Per questo il cittadino straniero in regola con il permesso di soggiorno, che *(avere)* _____ un alloggio e un reddito adeguato a mantenere la famiglia, *(potere)* _____ far entrare in Italia la moglie o il marito, i genitori a carico ed i figli.

Entrare in Italia non è facile: lo scorso anno *(respingere)* _____ alla frontiera 47.123 persone. Quelli che *(cercare)* _____ di entrare clandestinamente *(rimandare)* _____ immediatamente nel proprio Paese d'origine. L'accesso *(negare)* _____ anche a chi non *(avere)* _____ regolare visto rilasciato dall'ambasciata italiana del Paese di partenza. Agli stranieri espulsi, fino a che non *(trascorrere)* _____ il periodo di divieto di reingresso (di solito cinque anni), non *(concedere)* _____ il visto. Non possono essere respinte invece persone, anche prive dei documenti, che *(presentare)* _____ domanda di asilo politico o umanitario.

La parte più contestata di questa legge è quella che *(riguardare)* _____ il rinnovo del permesso di soggiorno in caso di licenziamento: il cittadino extracomunitario *(dovere)* _____ ritrovare lavoro entro sei mesi, pena la negazione del rinnovo del permesso.

Molti *(chiedersi)* _____ perché una persona che *(lavorare)* _____ sempre onestamente *(dovere)* _____ perdere il suo diritto a vivere in Italia solo perché momentaneamente non *(avere)* _____ lavoro. L'altro punto assai dibattuto è l'innalzamento del periodo necessario per ottenere il permesso illimitato (carta di soggiorno) che *(elevare)* _____ da 5 a 6 anni di residenza continua in Italia.

Ogni verbo esatto vale 1 punto.

Totale: _____/30

2 **Come ottenere il permesso di soggiorno**

Trasforma il dialogo in un discorso indiretto modificando le parti sottolineate, se necessario, come nell'esempio e inserendo nei due spazi .... la parola mancante.

Jaime - Buongiorno, **dovrei fare** il permesso di soggiorno, **può dirmi cos'è** necessario?

Impiegata - Prima di tutto **deve avere** il passaporto ed un visto d'ingresso regolarmente vidimato, cioè timbrato alla frontiera.

Jaime - Tutto **questo ce l'ho**, **mi serve** altro?

Impiegata - **Deve compilare** la domanda ed **allegarvi** la fotocopia dell'interno del passaporto e l'originale del passaporto, che **le verrà** restituito insieme al permesso di soggiorno, tre foto formato tessera, una marca da bollo ed un certificato di residenza o domicilio.

Jaime - **È tutto**?

Impiegata - Sì, ma **deve fare** molta attenzione e conservare la ricevuta che **le verrà data**, in maniera che la **Sua** domanda non **vada** persa.

Jaime - Bene, grazie.

Impiegata - Un'ultima cosa: non **faccia passare** più di otto giorni dal **Suo** ingresso in Italia prima di presentare la **Sua** domanda.

Jaime salutò e disse che ***doveva fare*** il permesso di soggiorno, quindi chiese all'impiegata se _____ _____ _____ necessario.

L'impiegata rispose che prima di tutto _____ il passaporto ed un visto d'ingresso regolarmente vidimato, cioè timbrato alla frontiera.

Jaime disse che tutto _____ _____, e chiese .... _____ _____ altro.

L'impiegata rispose che _____ la domanda ed _____ la fotocopia dell'interno del passaporto e l'originale del passaporto, che _____ _____ restituito insieme al permesso di soggiorno, tre foto formato tessera, una marca da bollo ed un certificato di residenza o domicilio.

Jaime domandò .... _____.

L'impiegata assentì e aggiunse che _____ molta attenzione e conservare la ricevuta che _____ _____ in maniera che la _____ domanda non _____ persa.

Jaime ringraziò e l'impiegata infine gli raccomandò di non _____ più di otto giorni dal _____ ingresso in Italia prima di presentare la _____ domanda.

Ogni modifica esatta vale 1 punto.
Ogni parola inserita in modo esatto vale 2 punti.

Totale: _____/21
Totale: _____/4

3 Il permesso di lavoro

Completa il testo con le parole della lista. Le parole NON sono in ordine.

> all' - anno - cittadini - entro - normativa - perché - permesso - possibile - richieda - scaduto

Cosa si può fare per ottenere il di lavoro se ci si trova già in Italia, per esempio con un visto turistico? La italiana sull'immigrazione non prevede la possibilità di regolarizzare per motivi di lavoro i stranieri presenti in Italia senza un regolare permesso di soggiorno. È ottenere un permesso di soggiorno per lavoro solo dal Paese di provenienza, attraverso il sistema della "chiamata nominativa". Questo non vale, naturalmente, per tutti coloro che hanno un permesso di soggiorno e che devono rinnovarlo. Il sistema della chiamata nominativa prevede che un datore di lavoro di assumere un cittadino straniero residente estero. La legge però consente che la chiamata nominativa avvenga solo i limiti dei decreti-flussi annuali. Questo implica una grande difficoltà ad accedere a questa procedura, bisogna aspettare un apposito decreto del governo che definisca le quote di ingressi anno per. Dunque, solo al momento della pubblicazione di un nuovo decreto sarà possibile chiedere il soggiorno per chiamata nominativa.

Ogni parola inserita in modo esatto vale 1 punto.   **Totale: _____/10**

4 Sposarsi all'estero

Completa il testo inserendo le 4 lettere mancanti di ogni parola evidenziata.

L'articolo 115 del codice civile **stabil____** che il cittadino italiano **intenzio____** a contrarre il matrimonio all'estero è soggetto alle disposizioni della legge italiana che regola la capacità delle persone di contrarre matrimonio, **prev____** dagli articoli 84 e **segu____** del codice civile. Il cittadino italiano può sposarsi all'estero, e il suo matrimonio sarà valido in Italia, purché sia **maggior____**, non sia stato interdetto per **infer____** mentale, risulti libero di stato, e quindi divorziato o non vincolato da **preced____** matrimonio, e non abbia legami di **paren____** o di adozione con il futuro **con____**. Un matrimonio contratto all'estero con il rito solo religioso, ma considerato valido agli **eff____** civili della legge dello Stato dove è avvenuta la celebrazione, è **rite____** valido anche in Italia. Lo straniero coniuge di cittadino italiano potrà **acqui____** la cittadinanza italiana solo se legalmente residente in Italia da almeno 6 mesi **op____**, all'estero, dopo 3 anni dal matrimonio purché non vi sia scioglimento, annullamento o **cessaz____** degli effetti civili del matrimonio e se non **suss____** separazione legale. **Preclu____**, inoltre l'**acquisiz____** della cittadinanza italiana talune condanne **pe____** o la specifica esistenza di **compro____** motivi **iner____** la sicurezza dello Stato.

Ogni parola completata in modo esatto vale ½ punto.   **Totale: _____/10**

5 Sposarsi in Italia

Inserisci nelle domande a destra il verbo "andare" o "venire". Poi inserisci le domande nel testo a sinistra prima della risposta esatta.

Se due stranieri o una/o straniera/o e un/una cittadino/a italiano/a decidono di sposarsi in Italia, quali documenti devono preparare? Cosa prevede la legge italiana per coloro che decidono di metter su famiglia? Ecco alcune utili suggerimenti.

1. _____
L'articolo 116 del codice civile regola il matrimonio di uno straniero in Italia con un cittadino italiano o con un altro straniero.

2. _____
Il cittadino straniero deve presentare una dichiarazione dell'autorità competente del proprio Stato di provenienza dalla quale risulti che, in base alle leggi di quello Stato, nulla impedisce il matrimonio e che nessuno dei due "promessi sposi" abbia contratto un matrimonio ancora valido.

3. _____
Il matrimonio contratto in Italia tra stranieri o tra un italiano e uno straniero, anche se è valido per la legge italiana, non necessariamente è valido per la legge dello Stato cui appartiene lo straniero. Alcuni Stati arabi non riconoscono la validità di un matrimonio tra un loro cittadino e uno straniero non musulmano. Dopo che sono stati raccolti tutti i documenti, è necessario fare la richiesta di pubblicazione.

4. _____
La pubblicazione è prescritta dalla legge e serve per informare tutti i cittadini della volontà di due persone di unirsi in matrimonio, in modo da potersi eventualmente opporre (per es. per bigamia). È l'ufficio matrimoni che espone la pubblicazione in una parte apposita del municipio. Chiunque, libero dal vincolo del matrimonio, decida di sposarsi, può fare richiesta di pubblicazioni.

5. _____
I due futuri sposi devono fare richiesta presso l'ufficio matrimoni del Comune di residenza di uno dei due e devono richiedere l'appuntamento per il giuramento che precede la pubblicazione con largo anticipo.
Per il giuramento non occorre avere il permesso di soggiorno.

A. Dove _____ riconosciuto il matrimonio contratto in Italia?

B. Dove _____ fatta la richiesta di pubblicazione?

C. Cosa _____ regolato nel codice civile?

D. Cosa _____ richiesto al cittadino straniero?

E. La pubblicazione di matrimonio _____ sempre fatta?

Ogni domanda completata in modo esatto vale 2 punti.
Ogni domanda messa nel posto giusto vale 1 punto.

Totale: _____/10
Totale: _____/5

6 Adottare un bambino straniero

Rimetti il dialogo nel giusto ordine.

Marco e Claudia vengono intervistati da un giornalista a proposito dell'adozione di un bambino straniero.

Giornalista - _____	1. Perché?
	2. Poi?
Claudia - _____	3. A quel punto di nuovo di fronte al giudice che controlla che tutto sia in regola e valido.
Giornalista - _____	4. Prima di tutto grazie per aver accettato di partecipare al nostro programma, poi la prima domanda: è stato difficile diventare mamma e papà di Oscar?
Marco - _____	
Giornalista - **2**	5. Prima di tutto si deve ricevere la dichiarazione di idoneità all'adozione.
Claudia - _____	6. Perché altrimenti la dichiarazione scade e si deve rifare tutto da capo.
Giornalista - _____	7. Lo immaginavo. Volete spiegare ai nostri radioascoltatori brevemente cosa occorre fare?
	8. Già e finalmente te lo porti a casa e sai che è tutto tuo.
Marco - _____	9. Poi ci si rivolge alle associazioni riconosciute. L'associazione si occupa dei contatti, i documenti ecc. e tutto questo deve avvenire entro due anni dalla dichiarazione di idoneità.
Claudia - _____	
Marco - _____	10. Poi se tutto va bene, si va a conoscere il bambino e dopo aver sbrigato tutte le formalità si porta in Italia.
Claudia - _____	11. Certamente non facile. Posso rispondere così: la mia gravidanza è durata più di tre anni, ma ne è valsa la pena.

Ogni frase messa nel giusto ordine vale 1 punto.   **Totale: _____/10**

1 Cavoli, contanti, assegno o carta di credito
Completa il testo con le parole nel riquadro.

> anonimato - chi - contanti - costa - disuso - esente - fosse - garanzie -
> modalità - pagamento - peggio - quanto - seguito - sostituire -
> spese - truffatori - tutt'oggi - vantaggi - venditore - vincolato

Fin dall'antichità l'uomo ha inventato _____ di pagamento alternative allo scambio in natura, eccessivamente _____ e vincolante; pensate quali problemi avrebbe incontrato _____ avesse voluto comprare un cavallo pagandolo in cavoli e, _____ ancora, quanti cavoli avrebbe dovuto portarsi a casa il _____ del cavallo!

Ben presto si è pensato di _____ cavoli e altri generi simili con qualcosa che _____ più prezioso e meno ingombrante: l'oro. In _____ anche questo è stato soppiantato dalla carta-moneta.

Il _____ in contanti con l'uso di carta-moneta gode _____ di considerevole successo nella vita quotidiana per le piccole _____, ma è ormai caduto del tutto in _____ nelle compra-vendite di media e grande entità. I _____ del contante, infatti, (rapida circolazione, semplicità d'uso, _____) rappresentano anche il suo maggior difetto, in _____ la moneta è facile preda di ladri e _____.

Ecco arrivare allora l'assegno che, sebbene non sia _____ da furti, falsificazioni e truffe, dà tuttavia più _____ del contante, naturalmente con un costo aggiuntivo.

D'altra parte, pagare _____, in qualsiasi modo lo si faccia; anche il pagamento in _____, che apparentemente è il più economico, può risultare meno vantaggioso della carta di credito, qualora l'inflazione sia alta e gli interessi attivi rilevanti.

Ogni parola inserita in modo esatto vale 1 punto.   **Totale: _____/20**

2 Giovanni, il commercialista

Trasforma il testo con le forme indefinite del verbo, come nell'esempio.

Mentre andavo ___Andando___ in ufficio ho incontrato Piero, un amico e cliente ma, ***poiché non mi ero messo*** _____ gli occhiali, l'ho riconosciuto solo quando ero a un metro di distanza. Chiacchieravamo ***mentre camminavamo*** _____.

- Se non riconosci me, figuriamoci le mie fatture! Sei sicuro ***che puoi compilare*** _____ la mia dichiarazione dei redditi? A proposito, come si dice ***"dopo che è stata fatta*** _____ la legge...?"

- "...trovato l'inganno", Lascia stare Piero, tu non hai diritto a nessuna detrazione!

Dopo ***che l'ho salutato*** _____, sono salito in macchina; Piero correva ***e mi urlava*** _____ qualcosa, così mi sono fermato di colpo e ho visto le mie cartelline e i miei libri che, ***erano rimasti*** _____ sul tetto, volavano davanti alla macchina. Piero allora ***mentre rideva*** _____ mi ha detto: ***"Se giri*** _____ sempre così rischi di perdere anche la testa." A quel punto mi sono proprio arrabbiato e ***dopo che avevo raccolto*** _____ un libro, gliel'ho tirato dietro.

Ogni trasformazione esatta vale 1 punto.   **Totale:** _____/10

3 L'euro

Completa il testo con i verbi della lista all'indicativo presente, imperfetto, passato prossimo e futuro. Attenzione: quattro verbi devono essere coniugati nella forma passiva. I verbi NON sono in ordine.

abbattere	diventare	fissare	impegnarsi	sparire
adottare	essere	impedire	scegliere	stabilire

L'idea di una moneta unica per l'Europa risale al 1957, con la firma del Trattato di Roma. Nel 1992, i paesi aderenti alla UE, con la firma del Trattato di Maastricht, _____ a rispettarne i parametri. Nel 1995 infine, a Madrid _____ le fasi di realizzazione del progetto ed _____ il nome della nuova moneta che, oggi, _____ virtualmente utilizzabile in 12 Paesi: Italia, Germania, Francia, Austria, Spagna, Belgio, Olanda, Lussemburgo, Portogallo, Irlanda, Grecia e Finlandia. Gran Bretagna, Danimarca e Svezia la _____ in un secondo momento.

Dal 1° Gennaio 1999 con la determinazione delle parità fisse ed irrevocabili l'euro _____ la moneta ufficiale dell'Unione Europea. Con l'entrata in vigore della moneta unica, _____ una delle più importanti barriere che _____ la libera circolazione delle persone, delle merci, dei servizi e dei capitali. La nuova moneta è materialmente in circolazione dal 1° Gennaio 2002. Il 31 dicembre 1998 il cambio _____ a 1936,27 lire. Entro la metà del 2002 _____, nei 12 Paesi dell'Unione monetaria, 12 miliardi di banconote nazionali e 70 miliardi di monete.

Ogni verbo esatto vale 1 punto.   **Totale:** _____/10

4 Il lavoro delle donne

Reinserire nel testo le preposizioni del riquadro. Le preposizioni NON sono in ordine.

> a - al - con - di - dei - del - degli - per - sul - tra

Secondo la Bibbia una donna vale tre quinti di un uomo. Un'ipotesi discutibile. Sorpassata. Eppure negli Stati Uniti si vedono donne manager che vanno in ufficio con un distintivo che dice, provocatorio: "59 cento". Ovvero, mi pagano tre quinti di quello che pagano un uomo al mio stesso livello. Gli studi economici dimostrano che nonostante la legge assicuri la parità salariale, in genere le donne guadagnano oltre il 20% in meno uomini.

"C'è una netta differenza i due sessi e la noto tra i miei colleghi", racconta Maria Teresa La Notte, 44 anni, che ha creato una sua agenzia pubblicità. "Un uomo azzarda subito il prezzo e non accetta compromessi mentre una donna è più disposta scendere a patti: se un lavoro le piace cede subito prezzo. E comunque i soldi sono l'ultima cosa di cui parla. Amore per la propria attività, affetto per le persone con cui si lavora, bisogno di sicurezza e stabilità sono tutti valori che, uniti all'entusiasmo di chi è appena entrato in una realtà nuova, fanno passare i soldi in secondo piano.

Insomma la scala valori femminili non corrisponde a quella mondo del lavoro. E non è tutto. Anche quando la professione le soddisfa e offre loro buone possibilità di carriera, le donne devono fare i conti un altro fattore: la cosiddetta doppia presenza, cioè il fatto di dover essere attive lavoro e in famiglia.

Ogni preposizione inserita in modo esatto vale 2 punti.   **Totale: _____/20**

5 Roma produce più di Milano

Scegli la forma corretta e più appropriata.

Non è una battuta ironica, ma una rivelazione del Censis[1] che, **pubblica/pubblicando/aver pubblicato** i risultati dello studio annuale sull'economia italiana, dà un colpo di spugna ad una miriade di **luoghi/posti/principi** comuni e a parecchi slogan della Lega[2].

Con il 6,4% del PIL, **a fronte/contro/rispetto** del 4,8% di Milano, Roma non è più solo la capitale politica della Repubblica Italiana, ma anche quella economica, **essendo/essente/sia** la città che maggiormente contribuisce alla ricchezza nazionale. Ma Milano non accetta il sorpasso e controbatte che se si guarda alla ricchezza prodotta *pro capite* si riappropria ampiamente del suo **primo/primato/principio** storico, **anziché/ma/mentre** Roma si trova in ventottesima posizione.

Naturalmente entrambe le affermazioni sono veritiere e **comprovate/compromesse/compresse** dai dati. L'apparente contraddizione è da **imputando/imputarsi/essere imputata** a diversi fattori: prima di tutto Roma conta più del doppio degli abitanti di Milano, in secondo **posto/luogo/-** la superficie del Comune di Roma è dieci volte superiore **a/con/di** quella del Comune di Milano; infatti, per volontà di Mussolini, il Comune della capitale è, come estensione, il più vasto d'Europa.

Ogni forma esatta vale 1 punto.   **Totale: _____/10**

---

note

1. Censis: istituto nazionale di ricerca socioeconomica.
2. Lega: partito politico del Nord Italia

6 L'intervista

Riordina l'intervista del professor Quadrio Curzio, docente di Scienze Politiche all'Università Cattolica di Milano.

1. *Giornalista* - Dunque professore, alla fine Roma è riuscita a battere Milano.

___ *Professore* - Non proprio. I dati da confrontare sono quelli dei sistemi metropolitani, 11 in tutta Italia, che producono il 31,4% del PIL nazionale.

___ *Professore* - In termini assoluti sì, ma il confronto città contro città non è significativo, anzi può risultare fuorviante.

___ *Giornalista* - Perché?

___ *Professore* - In primo luogo la supremazia di Milano e poi si capisce che il sistema adottato da questa città, che favorisce anche l'espansione dei comuni vicini più piccoli, funziona; non a caso molti fra i comuni più ricchi della nazione si trovano proprio nell'hinterland milanese...

___ *Professore* - Non è esattamente così; ci sono almeno due ragioni per cui Roma appare da preferire a Milano.

___ *Giornalista* - Così facendo che si scopre?

___ *Professore* - Innanzitutto perché Roma è molto più popolosa di Milano; infatti se consideriamo i dati del reddito pro capite con i suoi 43.800 euro contro i 29.400 di Roma, Milano è nettamente avanti.

___ *Giornalista* - La prima immagino sia l'estrema distanza fra super ricchi e superpoveri, due categorie ben presenti a Milano, mentre Roma è più omogenea.

___ *Giornalista* - Quindi sono questi i dati da confrontare per un'analisi più realistica.

___ *Giornalista* - Dunque il sindaco di Roma non ha motivo di esultare. Milano vince contro Roma sotto tutti i punti di vista.

12. *Professore* - Esatto. Purtroppo questo reddito pro capite così alto a Milano rappresenta solo una media. L'altro aspetto negativo è che Milano ha un'età media altissima: ci sono ben 35 pensionati su cento abitanti. A Roma solo 22.

Ogni frase messa nel giusto ordine vale 1 punto.   Totale: _____/10

7 **Il miracolo economico**

Ricostruisci l'ordine dei paragrafi del testo inserendo negli spazi __ il numero d'ordine e negli spazi .... le congiunzioni. Le congiunzioni sono in ordine.

> **tra - come - in effetti - in conseguenza - mentre - così - tuttavia - a fronte - e - quando**

1. L'Italia ha conosciuto negli ultimi 40 anni, o meglio dal dopoguerra agli anni 90, uno sviluppo economico senza precedenti e per alcuni aspetti inatteso, considerata l'assenza sul suo territorio di materie prime e fonti di energia.

__ .... del cosiddetto "triangolo industriale", delineato fra Torino, Milano e Genova vi erano zone altamente depresse come il nord est, divenuto oggi una delle zone più ricche,

__ .... il reddito pro capite giunse quasi a triplicare.

__ .... lo si definiva comunemente, anche per riconoscenza agli aiuti americani ricevuti nell'immediato dopoguerra con il piano Marshall.

__ .... questo "miracolo economico", che ha permesso all'Italia di entrare a far parte del gruppo dei 7 Paesi più industrializzati del mondo, non si è manifestato in maniera omogenea in tutto il Paese.

__ .... negli anni 80 questo modello economico e sociale è entrato in crisi e l'industria ha subito un ridimensionamento sostanziale,

__ .... si trattò di un vero e proprio scoppio di vari settori industriali - siderurgico, metalmeccanico, chimico -

__ .... regioni, soprattutto nel sud, che a tutt'oggi non hanno ancora beneficiato di questo sviluppo economico.

__ .... del quale in soli 6 anni, dal '56 al '62, gli addetti all'industria passarono da 3,5 a 7,5 milioni e il tasso di disoccupazione scese intorno al 3%,

__ .... la società italiana, divenuta improvvisamente molto più ricca e "cittadina", scoprì il consumismo e rivoluzionò stili di vita e costumi.

__ .... gli anni 50 e 60 l'economia italiana, basata quasi esclusivamente sull'agricoltura, conobbe un processo di industrializzazione rapidissimo, un vero e proprio "boom",

12. l'Italia ha saputo riorganizzarsi dando il via all'era postindustriale, in cui il settore terziario - servizi, commercio e turismo - contribuisce al 63% del prodotto interno lordo.

Ogni congiunzione inserita in modo esatto vale 1 punto.   **Totale: _____/10**

Ogni paragrafo messo nel giusto ordine vale 1 punto.   **Totale: _____/10**

Soluzioni degli esercizi

A1. Test 1: Studiare l'italiano

1. L'iscrizione - cognome, luglio, americana, Italia, telefono.
2. La lingua italiana - bella, armoniosa, alcuni, complicata, molti, irregolari, lunghe, facile, poche, muta.
3. Uno studente - uno, la, gli, i, lo, le, un, un, un', un.
4. Mary in Italia - lingua *italiana* a; perché *al* college; sogno *è* diventare; anche *l'*antiquariato, anno *prossimo* forse; corso *di* restauro; da *tre* mesi; parlare *bene*; perché *conosce* anche; Infatti *sua* madre.
5. Paula e Mary - 1/C - 2/A - 3/B.
6. Mary e Hans - di, da, di, da, A, alla, in, alla, a, a.
7. In classe - va, stai, sembri, hai, è, ha, dormo, chiudiamo, Siamo, significa, avete, chiude, vuole, riesce, usiamo, c'è, capisco, sei, hai, organizziamo.
8. La casa dello studente - chiude, rientrano, avvisare, devono, È, vogliono, usare, può, possono, rispettare.

A1. Test 2: Conoscersi

1. In treno - Lei?; fa; Lei è; Lei quanti anni ha? ; Lei ha; Lei non ha caldo; è; Lei prende; arrivederci; Arrivederci.
2. In fila in biglietteria - Ciao, io sono Victor; tu che lavoro fai?; Sei italiano? ; Sei; tu? ; Perché vai; Hai la macchina? ; ha? ; non lo so; Ci vediamo.
3. Per conoscersi - 1/C - 2/F - 3/A - 4/B - 5/D - 6/L - 7/I - 8/H - 9/G - 10/E.
4. La mia città - bellissima, antica, ved**o**, torn**o**, prima, conserva, alt**i**, passeggi**o**, genitor**i**, trova, interessant**e**, tranquillo, preferiscono, gentile, funzionan**o**, tant**i**, poss**o**, mia, dev**o**, appartament**o**.
5. Una coppia italiana - siamo, abitiamo, ho, faccio, devo, frequenta, vogliamo, comprano, vendono, preferisce, finisco, vado, piace, dice, sono, ripete, conoscete, capite, sai, arrabbio.
6. Tu e voi - siete, antipatici, arroganti, Avete, volete, vi arrabbiate, voi, esistono, le, motociclette.
7. Eros Ramazzotti - cantante, anni, racconta, un, la, in, ma, gioca, È, simpatico.

A1. Test 3: A casa di amici

1. L'invito a cena - mia, tua, tuoi, miei, mia, sua, mia, tuoi, suoi, loro.
2. Una casa italiana - L', la, la, la, il, le, lo, I, la, gli.
3. Un'e-mail - sono, vado, abito, invitano, frequento, vivono, pranziamo, ceniamo, prepariamo, parliamo, devo, Voglio, preferisco, beve, conosco, capisco, c'è, Penso, è, fa.
4. Alcune regole di comportamento - italiani, fiori, una, dolce, è, casa, molto, il, di, per, serata.
5. La casa di Pino e Maria - bella, grande, comoda, luminoso, grandi, piccole, carini, bianca, azzurra, Tutti.
6. A cena da amici - Benvenuto, in ritardo, Scusami, presento, te, non, contenti, pronto, andate, andiamo, Ha, le, Hai, avere, fa, è, Preferisci, bevi, un, me.
7. I cannoli siciliani - 2 - 1 - 3.

A1. Test 4: Tempo libero

1. Sport - una, la, le, i, Lo, il, gli, un, le, gli.
2. Cinema - al, mio, sua, mia, *in*, suo, miei, *a*, loro, al.
3. La domenica - lo, lo, li, la, la.
4. La discoteca - con, ragazzo, di, mai, così.
5. A proposito di cinema - esco, vanno, c'è, andiamo, ama, preferisco, guardiamo, è, mangiamo, discutiamo, si chiama, abbiamo, dorme, beve, sembra, capisco, si basano, deve, continuo, mi diverto.
6. Dipingere - mi sono alzata, ho perso, ho incontrato, ha chiesto, voglio, vede, preferisco, ho avuto, ha potuto, ho deciso, ha preso, sa, ha fatto, organizza, piace, ho cominciato, ho smesso, sono finite, sono stata, sono andata.
7. Partite o concerto? - 2/D - 4/C - 6/B - 5/A - 1/E - 3/F.

A1. Test 5: Coppie

1. Carla e Giorgio - carina, dolce, castani, lunghi, verdi, intelligente, gentile, bello, fantastici, blu.

2. Philip e Jorg alla Bocconi - camera *con* un; Il *mio* compagno; come *me*; colazione *insieme* in; *se* non piove; differente *dalle* nostre; pomeriggio *non* abbiamo; studenti *a* mangiare; Il *prossimo* fine-settimana; Tu *lo* conosci.
3. La colazione - mi, lo, mi, lo, si, la, le, li, lo.
4. Due vecchi amici - ho incontrato, sono venuti, È stata, abbiamo fatto, abbiamo passato, abbiamo preso, è andato, è diventato, sono rimasto, ho aperto, ho avuto, ha capito.
5. Una telefonata - 4/B - 3/D - 1/F - 2/C - 6/E - 5/A.
6. Le chiavi di casa - a, alle, di, di, al, nel, a, a, a.

A1. Test 6: Gite in Italia

1. Un'e-mail per Carolina - che ~~a~~ da *voi* è festa; come faccio ~~di~~ *ad* arrivare; ~~Da~~ *Dall'*aeroporto; 300 metri ~~dal~~ *dalla* stazione; ~~In~~ *Tra* una settimana.
2. Un giro in Sicilia (parte I) - è rimasto, è piaciuta, ama, ci sono, si è divertito, ha conosciuto, ha organizzato, hanno preso, sono partiti, hanno incontrato.
3. Un giro in Sicilia (parte II) - hanno, sono, hanno, sono, sono, hanno, hanno, hanno, hanno, è.
4. Una settimana a Roma (parte I) - Ho finito, vieni, ho fatto, visitiamo, porto, sai, devi, Ti ricordi, è arrivato, abbiamo bevuto.
5. Una settimana a Roma (parte II) - sul, per, sulla, nella, dell', alla, di, a, per, alla.
6. Una gita fuori porta - mi, vi, gli, lo, mi, lo, Li, si, -mi, vi.
7. La gita del 1° Maggio - 2/C - 6/E - 1/B - 3/A - 5/D - 4/F.

A2. Test 1: Problemi d'amore

1. Biagio racconta - in cui, a cui, *spazio in più*, mai, Quando, tanto, anzi, modo, che, con cui, insomma.
2. Marianne e il fascino latino-americano - studiavo, veniva, era venuto, lavorava, ha incontrato, frequentavo, hanno deciso, finivo, andavo, abbiamo deciso, doveva, era, si era innamorata, aveva visto, sono arrivati, hanno cominciato, cantava, aveva, è andata, aveva trovato.
3. Consigli - *Frasi corrette*: 3; 5; 6; 9; 10. *Frasi sbagliate*: 1 (**Non ci** pensare); 2 (Dimentica**lo**!); 4 (Al tuo posto **mi** guarderei intorno…); 7 (Fa**lla** aspettare un po'); 8 (…perché non **ti** piacciono le ragazze che si fanno desiderare).
4. Lettera al giornale - un grande, di, mi, ieri, in cui, Cosa, nessuno, l'ama, meglio, con, che, molto, me, noiosa, lui, felici, a, sa, migliore, chi.
5. Doriana risponde - 5 - 3 - 4 - 1 - 2.
6. Un amore in crisi - ci vediamo, manchi, ha lasciato/ha lasciata, ha detto, doveva/deve, aveva/ha, ho visto, Ti ricordi, ci siamo divertite/ci siamo divertiti, siamo andati, È passato, sembra, Mi sento, so, dovrei, può, continuo, riesco, ce la faccio, annoio/ho annoiato/ho annoiata.

A2. Test 2: Pettegolezzi

1. Il simpatico cugino di Roberta - casetta, mio cugino, mio cugino, mio cugino, mio cugino, mio cugino, i suoi amici, mio cugino, Rosa, amore.
2. Il collega raccomandato - ci, insieme, successo, mio, fare, lei, sarei, avrei, lui, quando.
3. Pettegolezzi: dove? - In, di, nei, Al, con, alla, a, dal, sulla, dalla.
4. Due chiacchiere... (parte I) - fai, studi, ho finito, ho preso, ho incontrato, si sposa, ero, ho conosciuto, ho letto, è diventata.
5. Due chiacchiere... (parte II) - ha, è morto, ha perso, esce, lavora, torna, va, passo, porto, è.
6. Due chiacchiere... (parte III) - Quando, sempre, ora, ancora, inizio, poi, più, mai, primo, già.
7. Brasile che passione - ti, gli, ne, lo, Le, La, si, -la, ci, lo, le, Si, l', Ci, ne, Mi, ti, li, si, li.

A2. Test 3: Mangiare

1. Al bar - ho fatto, aprivamo, chiudevamo, cominciavo, andavo, lavora, sta, si incontra, chiacchierare, è, si frequenta, va, è, ha smesso, devono, pranzano, è rimasta, è, chiede, preferisce.

2. Cucinare, che passione - nel, il mio, i miei, suo, i suoi, Le sue, da mia, con il mio, la tua, dei tuoi.

3. Mangiare: dove e quando - aperti, festivi, pomeriggio, negozi, orari, molte, il, *spazio in più*, giornata, e, solo.

4. Due amici al bar - *Luigi:* 3 - 6 - 4 - 1 - 2 - 5. *Giorgio:* B - D - A - C.

5. La pizza - facendo **qui** in cucina; Non **lo** vedi; ho **appena** ordinato; Mangio **anche** quella; ordinate 2: **una** ai funghi; non **mi** piacciono; Ma **dai**, i funghi; la birra **ce** l'hai; E **ora** che; adesso **che** beviamo.

6. Carmelina e le sue ricette - La, ne, mi, l'/la, lo, mi, -la, -li, le, ci.

A2. Test 4: Festa a sorpresa

1. Rachele organizza una festa - ne, le, La, Ne, li, mi, ci, -la, mi, mi.

2. Altri preparativi - non **li** hai trovati; non **mi** ha risposto; non **li** chiami; non **lo** fai; Io **mi** devo preparare; Certo, **l'**ho ordinata; Il cioccolato non **gli** piace; Ora **gli** ritelefoni; No, **ti** prego; quello **si** arrabbia.

3. Musica per la festa - ieri, occupato, continuamente, ragione, Puoi, neanche, Per, tutto, paio, ne, *spazio in più*.

4. Rachele e la "festa a sorpresa" (parte I) - è andata, sta/stava, era, è dovuto, ha trovato, ha deciso, ha fatto, devi, è, sono, torniamo, ho risposto, ci sono, avevo, è uscito, ho telefonato, sono arrivati, ci siamo divertiti, ha suonato, ha detto.

5. Rachele e la "festa a sorpresa" (parte II) - ha visto, ha aperto, si sentiva, ha capito, immaginava, ha spento, hanno portato, è salita, voglio, devi.

6. Una telefonata inopportuna - 5/B - 1/E - 4/D - 3/F - 6/C - 2/A.

7. I consigli della nonna - 1. dovresti ~~faresti~~ (*corretta:* fare) attenzione; 2. anche se non ti ~~piacerebbe~~ (*corretta:* piace); 3. Anzi, ~~saresti~~ (*corretta:* sarebbe) meglio; 4. Spero che ~~seguiresti~~ (*corretta:* seguirai) questi; 5. come ti ~~dirò~~ (*corretta:* dirà) tua madre.

A2. Test 5: Viaggi e gite

1. Un elefante a Roma (parte I) - 1. a Roma ~~vedevo~~ (*corretta:* ho visto) un elefante; 2. Stai attento, ~~torni~~ (*corretta:* torna) qui; 3. selvaggi mi ~~piace~~ (*corretta:* piacciono) molto; 4. è rimasto calmo e non si ~~muoveva~~ (*corretta:* è mosso) 5. l'elefante ~~fuggiva~~ (*corretta:* era fuggito) due giorni.

2. Un elefante a Roma (parte II) - lascerei, dovete, ho voluto, sarei, farei, fidatevi, Scappate, hanno deciso, ho saputo, avranno.

3. Il mio primo viaggio in aereo - in, del, breve, volta, passeggeri, a, paura, *spazio in più*, ha, lo, perché.

4. Viaggio in Italia - l'/lo, mi, mi, ne, Ci, Ti, Le, Ti, -mi, -ne.

5. Tour organizzato - 6/A - 4/B - 5/F - 2/C - 1/E - 3/D.

6. Due città italiane (parte I) - la più, bellissima, di più, superiore, meno, inferiori, tanto, quanto, più, del.

7. Due città italiane (parte II) - ottime, meglio, come, più, del, delle, la più, superiore, il più, del.

8. Orangutango nel parco nazionale della Maiella - siamo andati, ama, Ci siamo alzati, siamo partiti, c'era, odiano, hanno cominciato, abbiamo raggiunto, sa, si è messa, sono arrivate, è finito, potreste, desidererebbe, stiamo festeggiando, avete, sembra, mi sono innervosito, andrei, si sta divertendo.

A2. Test 6: Le storie di Simona

1. Simona racconta (parte I) - li, mi, lo, le, la, mi, si, -lo, ci, ci.

2. Il marito di Simona - 2/A - 3/F - 5/C - 1/D - 4/B - 6/E.

3. Simona racconta (parte II)

Stamattina sono andata **a** comprare un vestito elegantissimo **per** questa sera, perché finalmente mio marito ha deciso **di** non festeggiare l'ultimo dell'anno **a** casa e andiamo **in** un locale alla moda molto elegante. Ho trovato subito il vestito, ma ho dovuto girare molti negozi **per** trovare le scarpe e la borsa; **nella** mia famiglia infatti abbiamo tutti i piedi lunghi e non è facile trovare le scarpe **del** nostro numero. Di solito in queste occasioni mio marito non ha un vestito elegante **da** mettersi, perché **a** lui non piace fare spese e spendere molti soldi per vestirsi bene, (...).

4. Una breve vacanza - sto scrivendo, siamo arrivati, dobbiamo, sono finite, vorrei, siamo andati, è, Ci siamo divertiti, abbiamo preso, c'è, cantava, aspettavamo, lascio, devo prepararmi, mi sono comprata, piaceva, ha visto, ha detto, ha regalato, abbraccio.

5. Dopo le vacanze - Sei stata, siamo andate, si è **appena** separata, lavora, può, è, conosci, hai incontrata, avevo/ho avuto, ricordo, avete fatto, ha avuto/aveva, è riuscito, siamo partiti, prenotare, ho visto, è venuta, avevo *mai* vista, ho visitato, piacerebbe.

6. Le nuove case di Simona e Veronica - nella tua, i miei, mia, nel tuo, Mio, ai suoi, i nostri, la loro figlia, i tuoi, sua.

7. Simona in un negozio - *Simona* - Scusi, vorrei provare **quel** vestito in

vetrina. Che taglia è?;
Simona - No, non c'è una taglia **più** piccola?;
Simona - Uhm, probabilmente la 38 è piccola, ma voglio provarla lo **stesso**. Che colori avete?;
Simona - No, ma vorrei vedere **qualche** cravatta per mio marito;
Commessa - Bene, **basta** così?

B1. Test 1: Fatti insoliti

1. Una storia incredibile - sono uscito, ho preso, vado, è morto, pioveva, c'era, sono entrato, Viaggiavo, ascoltavo, danno, dicendo, vuoi, guida, sorpassare, sii, è ricominciata, ho continuato, ricordo, ho fatto, guidava, si arrabbiava, finivano, trasmetteva, ha fermato, faccia, Si rende, succedono, ha perso/perde, dia, ho riconosciuto.

2. Una strana paura - 5/B - 6/A - 1/E - 3/D - 4/F - 2/C.

3. Il favore - te lo, me l'/me lo, l'/la, mi, gliela, gli, lo/l', ci/c', ne, te la.

4. Il messaggio misterioso - Siccome - e - ma - invece - infatti - finché - che - però - e - (virgola).

5. Un regalo inaspettato - *Camilla* - Ma **che** bella borsa...
Barbara - ... non mi regala mai **niente** per San Valentino (...) quando non **me l'**aspetto...
Camilla - ... piacerebbe comprarne **una** simile.
Barbara - ... vicino **ci** puoi andare ora.

6. Il piatto della casa - Chiamalo, Fallo, scusi, venga, prendile, Dammi, deciditi, sbrigati, consigliami, scegliere, scusa, pensare, aspettarti, prendilo, fa'/fai, Senta, porti, vada, Prenda, aspetti.

B1. Test 2: La moda

1. I saldi - sono cominciati, è, hai comprato, crederai, ho avuto, hai fatto, ho preso, arrivi/arriverai, avrei dovuto, avresti fatto, posso, entrerei, so, c'entra, Pago, compro, vado, hanno regalato, voglio, mi aiutano.

2. Un regalo per Maria - 2 - 3 - 5 - 4 - 1; 9 - 6 - 7 - 10 - 8.

3. Una casa di moda famosa nel mondo: Gucci - *Frasi corrette:* 2; 5; 6; 7; 8; 9. *Frasi sbagliate:* 1 (Gucci nasce **a** Firenze); 3 (il successo di Gucci **cresce**); 4 (Gucci apre i **suoi** negozi); 10 (Gucci **lo** realizza).

4. Storia della moda italiana

La moda, come affermazione sociale ed importante mezzo di comunicazione, nasce alla fine dell'Ottocento, a Parigi. In Italia nasce all'inizio del secolo scorso, ma è **il** 12 febbraio 1951 che acquista una fama internazionale. In questa data infatti, **il** conte Giovanni Battista Giorgini ha **l'**idea di presentare in **un** solo ed unico luogo, Firenze, **le** collezioni delle diverse case di moda sparse tra Roma, Milano e Firenze. Organizza **la** prima grande sfilata nella sua magnifica villa: Villa Torrigiani. Inizia così **il** «Rinascimento» della moda italiana. Con **gli** anni, la moda italiana ottiene sempre maggiori successi. Milano diventa una delle capitali della moda, con Parigi e New York. **Lo** sforzo delle aziende italiane dà **i** suoi frutti: il Made in Italy diventa simbolo di prestigio, altissima qualità e design.

5. Moda oggi, storia domani - che, inutile, primi, costume, considerare, cambiato, composti, figli, spendere, speso.

6. Il sistema moda - Tra, degli, della, In, dei, negli, Negli, di, a, In, per la, a, -, nel, dall', in, da, di, in, in.

7. L'industria del falso - 2 - 5 - 4 - 3 - 1.

B1. Test 3: Oltre a Roma, Venezia, Firenze

1. La Val d'Aosta - più piccola, le più alte, maggiore, meno, bellissimi, ottima, uno dei, moltissimi, superiori, più.

2. Informazioni - mi, Mi, lo, l'/la, lo, gli, ci, l'/lo, ti, le/l', mi, Le, le, ci, ci, le, Mi, li, La, Si.

3. Pedro e Luis alla ricerca di Piazza Dante - 1/C - 6/E - 3/D - 2/B - 5/A - 4/F.

4. Parma - fine, come, della, circa, quello, *spazio in più*, trovano, Uno, progettato, si, più.

5. La Repubblica si San Marino

Si tratta **della** più antica e piccola repubblica **del** mondo. La sua superficie copre solo 61 chilometri quadrati **della** penisola italiana. San Marino infatti si trova, come il Vaticano, dentro la Repubblica Italiana, ma ne è completamente indipendente. Appena si entra **in** territorio sanmarinense si trova un cartello che dice "Benvenuti nell'antica terra **della** libertà" e effettivamente i suoi abitanti anche oggi sono liberi **dalle** tasse. Per questo molti turisti non vanno **a** visitare i monumenti, le mura, le torri e le chiese, ma entrano subito **nei** negozi **per** comprare tutti quei prodotti che senza tasse costano meno che **in** Italia.

6. Le cinque terre - posso, avete portato, volevate, avevamo visto, eravamo andati, c'era, è finito, sono, smettete, avevo proposto, avevi, faceva, va, deve, vuoi, Calmatevi, dite, riprendo, ho perso, dici, Ho trovato, Vi ricordate, siamo andati, Ci siamo divertiti, stavamo, ti eri fermato, si è arrabbiata, ho *mai* sentita, vanno, camminiamo.

B1. Test 4: Prodotti tipici

1. Il prosciutto di Parma - unici, dei (*dopo* nell'abilità), paziente, infatti, né, una, piacere, sua, facilmente, peccato.

2. Dove si produce il prosciutto di Parma?
Ovviamente a Parma, la stessa città *da* cui viene il formaggio parmigiano e la musica *di* Giuseppe Verdi. La domanda *da* porsi è un'altra: che cosa ha Parma di così speciale *per* produrre cose tanto buone e preziose? Prima *di* tutto un'ottima posizione geografica: né troppo *a* nord, né troppo *a* sud, né troppo vicina né troppo lontana *dal* mare e *dalla* montagna. Il Po, il fiume più lungo *d'* Italia attraversa le sue terre e lascia tanta acqua ed umidità. Quindi la campagna è ricca ed è facile allevare animali da mangiare e da far lavorare.

3. Curiosità: alcuni nomi - alcuni, che, nel quale, meno, questo, con cui, la cui, che, quella, quali.

4. Le qualità del parmigiano - 1/D - 4/B - 5/C - 2/A - 3/E.

5. La storia del parmigiano e del Parmense - si usi, potrebbero, si possa, ascoltare, è nato, si produceva, sia, viaggiava, avevano esportato, sarebbe arrivata.

6. Margherita Doc, o meglio SGT, Specialità Tradizionali Garantita - 3 - 4 - 5 - 2 - 1.

7. La mozzarella di bufala - c', *spazio in più*, -ne, -la, -la, si, -la, la, si, -la, si, -la, si, -la, si, -la, -la, *spazio in più*, si, -la, si, -si.

B1. Test 5: Innamorarsi a Venezia

1. Estate a Venezia - sono andata, può/potrebbe, C'erano, sia, esiste, ho deciso, mi sono iscritta, ho cominciato, ho incontrato, era *appena* tornato, stavano, ami, avevo deciso, ho accettato, mi sono resa, sarebbero venuti, mi sono affrettata, è tornato, sono uscita, esco.

2. Il gelato galeotto - noi, La, lo, ci, in, Ne, tu, a, di, darsi.

3. Colpo di fulmine - quanto, se, che, fa, si, conosciuto, pensare, spesso, finalmente, di.

4. Incontri veneziani - *Dialogo 1:* 5 - 9 - 10 - 6 - 2. *Dialogo 2:* 7 - 4 - 8 - 1 - 3.

5. In giro per Venezia - chiederLe, mi dica, guardi, deve, la trova, arriva, chieda, Le sarà, La ringrazio, si figuri.

6. Un fine settimana
Lo *scorso* fine-settimana, io e Andrea siamo andati in Toscana. Quando ero piccola andavo *sempre* in vacanza con i miei genitori in una casa vicino a Firenze, ma non ci tornavo *da* otto anni. Siamo arrivati a Siena *verso* mezzogiorno, ma abbiamo dovuto girare per un'ora *prima* di trovare un albergo libero, perché era il primo luglio, il giorno precedente il celebre Palio. Dopo esserci sistemati, abbiamo mangiato qualcosa e siamo andati in un posto bellissimo: le Crete. Non è un posto storico, ma la natura è davvero bellissima. Abbiamo deciso di cenare lì e poi di guardare le stelle *fino a* tardi. Il giorno *dopo*, domenica, siamo andati in un paesino, San Gimignano, dove ero stata con i miei genitori dieci anni *fa*. Che bel fine settimana è stato! La settimana *prossima* pensiamo di tornare in Toscana, ma non si sa perché *tra* dieci giorni avrò gli esami e devo studiare molto.

7. Caro diario - mancherà, conosciuto, piaciuta, davvero, studiando, potuto, città, rimane, dubbi, particolare, collegate, largo, sia, era, ricchissima, esclusivamente, che, culturali, tornare, sarebbe.

B1. Test 6: Musica

1. Al festival pucciniano a Torre del Lago - prenderesti, è, debba, consigli, dovreste, canto, ha fatto, sta, raccontava, dovrebbe, è, penso, spieghi, ha ottenuto, cantava, abbiamo sentito, è stato, ha cantato, vacci, venire.

2. Giacomo Puccini
Nasce a Lucca nel 1858 *da* una famiglia *di* musicisti da cinque generazioni; *fin da* piccolo dimostra *di* possedere un grande talento musicale, ma non ha nessuna voglia di studiare, forse perché gli viene tutto fin troppo facile. L'11 marzo 1876, *all'*età di diciotto anni, va *a* piedi da Lucca a Pisa, "consumando un paio di scarpe", *per* ascoltare l'Aida di Verdi. Ne rimane folgorato; l'Aida rappresenta per lui "l'aprirsi di una finestra *sul* mondo *della* musica" e comincia a comporre le proprie opere: *La Bohème, Tosca, Madama Butterfly.* Muore nel 1924 *senza* poter veder in scena l'ultima opera composta, *Turandot.*

3. Andrea Bocelli - che, che, che, sulla cui, il quale, a cui, in cui, da cui, di cui, il quale.

4. Dopo lo spettacolo - vi, me, si, gli, ti, mi, lo, mi, -lo, ci, le, ti, ci, -ti, li, ci, ne, lei, Mi, -la.

5. A proposito di Madama Butterfly - 1/B - 5/F - 2/C - 6/E - 3/A - 4/D - 7.

6. Dialogo formale - Le sembra, lo ammetta, Lei non ne conosce, Si riferisce, Non faccia finta, La smetta, Ha cominciato Lei, Lei invece non perde mai l'occasione, sua amica, Mi faccia.

7. Antonio Stradivari (1644 – 1737) - B - I - D - E - F - L - A - C - H - G.

B2. Test 1: Maternità e paternità

1. Essere mamma - rilassati, siamo uscite, diceva, ha cambiato, è nato, mi sento, prendere, sarebbe cambiata, immaginavo, avrei cambiato, avevo avvisata/o, avevi detto, Conosco, si scoprono, passa, ha avuto, aveva addolcita, era diventata, è tornata, mi preoccupo.

2. La maternità cambia il carattere - voi, vi, vi, suo, si, lei, suo, sé si, proprio.

3. La nuova paternità - sempre, così, su, alcuni, *spazio in più*, caso, riguardo, per, solo, difficoltà, ben.

4. Nipoti e figli - ne, la, te la, si, glieli, Li, -li, gli, Le, si.

5. I consigli di una psicologa ad una mamma ansiosa - Guarda, tu, ti preoccupi, stai/sta', tuo, Abituati, puoi, suoi, devi, gli impedisci, Trattalo, aiutarlo, dagli, digli, proibirgli, sii, corrergli, mandalo, suoi, abbi.

6. Il congedo di maternità - 1/C - 6/A - 5/E - 3/B - 2/D - 4/F.

7. Legislazione italiana - Visto, già, più, Innanzitutto, così, oltre, fino, prima, dal, Inoltre, finora, in, invece, Per, come, Nel, al, anche, se, in.

B2. Test 2: Università e comunicazione

1. Le prime donne docenti universitarie - racconta, teneva, racconta, dava, ci fu, teneva, era, voleva, Venne, impartiva, era, ammetteva, stavano, era/fu, riuscì, si occupò, insegnò, ebbe, ottenne, vollero.

2. Il telefono, che passione! (parte I) - sia, lavora, sta, avesse, rappresenti, sopporta, costretti, telefonare, avvicinare (*dopo:* l'idea di), rappresenta.

3. Il telefono, che passione! (parte II) - 1/I - 2/B - 3/H - 4/F - 5/E - 6/L - 7/G - 8/C - 9/D - 10/A.

4. Una telefonata difficile - 4 - A - 1 - 3 - E - C - D - 2 - B - 5.

5. L'industria della cultura - 6. perché, sebbene questa professione ~~ha~~ (*corretta:* abbia) a che fare con la cultura, 7. è molto ~~orientato~~ (*corretta:* orientata) verso la "vendita" della cultura.

6. La Facoltà di Scienze della comunicazione - nata, preparino, studiano, ha, frequentare, sceglie, può, risulti, entra, prepara.

7. Il successo di Scienze della comunicazione - giovani *che* si iscrivono; è forse *quello che* garantisce; sicurezze *a chi* intenda; ragion *per cui* è necessario; linguaggi *di cui* ci si serve; motivo *per cui* sempre; Lettere o Filosofia, *che* negli anni; carriere *a cui* possono aspirare; A chi si rivolge; laurea? *A chiunque* abbia fantasia.

B2. Test 3: Cronaca e Legge

1. Come difendersi dai ladri - tranquilli, possa, siamo, è, può, brutte, è, siano, ci, sarebbe.

2. L'esame - 1/I - 2/F - 3/A - 4/B - 5/C - 6/H - 7/D - 8/E - 9/L - 10/G.

3. Due vecchi compagni - avessi dimenticato/a; potrei; stia; Pensavo; sapessi; ci siamo separati; Avevo notato; andavano; aveva vinto; si sarebbe trasferito; se ne è andato; avrei potuto; ho; vivere; foste rimasti; sareste/sareste stati; abbia potuto; lavorano; fossi; cercherei.

4. La delinquenza ha un grande futuro (parte I) - 4. dalla metà del Novecento ad oggi non ~~esisteva~~ (*corretta:* esiste) più; 9. di coloro ~~cui~~ (*corretta:* che) conoscono e comandano.

5. La delinquenza ha un grande futuro (parte II)
Qualche anno fa *in* una sua rubrica *su* L'Espresso, Giorgio Bocca scriveva: "Non rispettare la legge è divertente. Meno la rispetti e meno rischi. E puoi avere successo *nella* società *del* divertimento. Se ci si chiede perché la gente delinqua, *in* particolare perché delinquano politici, burocrati, militari, persone ricche ed importanti che non avrebbero un bisogno materiale *di* delinquere, una *delle* risposte può essere che delinquere è divertente e che *in* una società dove cresce la delinquenza cresce anche l'impunità. Ai figli si potrebbe consigliare *di* andare a scuola *di* delinquenza, privata o pubblica, non fa differenza."

6. Precauzioni da prendere quando si va in vacanza - raccomandarti, vivi, non spegnere, fa'/fai, Chiedi, svuotarti, fa'/fai, lasci, Non dire, dillo, Non lasciare, non darla, chiedi, tua, ricordati, prendi, te, Abbi, Ti, sai.

Soluzioni degli esercizi

7. Una brutta sorpresa

Salve, vi racconto la mia storia...
Il mio nome è Alessandro e lo scorso 8 gennaio verso le 11.00 mi sono recato presso l'ufficio postale *dove* vado di solito *quando* sono a Milano. *Dopo* circa un'ora di attesa, arrivato il mio turno, chiedo il saldo del mio conto corrente *e* scopro che mancavano 4.000 euro rispetto alla cifra attesa!!! Ho richiesto immediatamente l'estratto dei movimenti ed ho capito che da alcuni giorni qualcuno stava prelevando da "altri sportelli" tramite carta Postamat cifre altissime. *Senza* aspettare un attimo ho bloccato la carta, ma non ho potuto domandare altro *perché* alle 12.00 in punto l'ufficio ha chiuso *malgrado* le mie proteste. Allora ho iniziato subito a bombardare di telefonate il call center di Poste Italiane ed ogni operatore che ho interpellato mi ha indicato una procedura differente; *quindi* mi sono precipitato dai carabinieri per effettuare la prima delle due denunce verso ignoti da me effettuate e grazie anche alle loro indicazioni ho mandato una richiesta di rimborso alla Direzione delle Poste Italiane, allegando tutti i documenti. Pareva evidente la clonazione della mia carta. Infatti, *sebbene* io sia tutt'ora in possesso della mia carta Postamat Maestro e non l'abbia mai ceduta a terzi, qualcuno aveva prelevato ingenti somme di denaro dal mio conto tra Nizza, Mentone e Lugano *mentre* io ero serenamente a Laglio per passare le festività natalizie come posso dimostrare proprio grazie ai movimenti della carta.
Ciò nonostante, a distanza di tre settimane, non ho ancora ricevuto alcuna risposta esauriente dalle poste.

B2. Test 4: Inquinamento

1. A proposito d'inquinamento - ma, vadano, la, acqua, inquinamento, costruire, problema (dopo *il più grande*), Infatti, distruzione, meno. - guerre, particolare, politica, risorsa, risolvere, pensassero, in, mentre, cui, purché (dopo *è possibile,*).
2. Spegni il motore - meglio, che, più, la più, del, peggio, che, di, meno, migliore.
3. Raccolta differenziata - 6) Signora; 10) Signora; 9) Ragazzo; 3) Ragazzo; 8) Signora; 12) Signora; 5) Ragazzo; 11) Signora; 7) Ragazzo; 4) Signora.
4. Centro chiuso al traffico - sono, restano, possiamo, Guarda, parlare; c'è, vai, facessero, ci sarebbe, voglia, capisco, avevo proposto/ho proposto, ti sei lamentato, passavano, dice, dobbiamo, dobbiamo, serve, Ti ricordi, dire.
5. Le domeniche senza traffico - viene venduta/è venduta/si vende; viene lasciata/è lasciata/si lascia; è *più* amata dai; si potesse; vengono fermate; sono invitati/vengono invitati; *ai cittadini* sono stati offerti; saranno organizzati *in piazza* dal; potranno essere noleggiate dai; verrà regalato/sarà regalato.
6. Cose da sapere - 1 a; 2 b; 3 a; 4 a; 5 b.

B2. Test 5: Tolleranza

1. Italiani tolleranti ma non troppo - più, degli, i meno, abbastanza, primissima, quanto, più, maggiore di, pochissimi, moltissime.
2. La tolleranza - qualcuno, modo, soprattutto, Secondo, che, rinunciare (*nella seconda lista*), vergogna (*nella seconda lista*), dicano, eletti, niente. - diminuito, parole, poi, arroganti, nessuno, giusto (*nella prima lista*), traffico, dal, passar (*nella prima lista*), Io.
3. Tutti possiamo sbagliare (parte I) - credevo, fossero, volessero, sono morti, avevo, avessi, volevo, beveva, picchiava, morissi, avrebbe detto, fosse morta, sarei rimasto, fosse, è venuta, ha raccontato, voleva, hanno obbligata, aiutasse, aveva perso, amasse, ha *mai* dimenticato, nascesse, si sente, odia, lasciassi, andassi, era morto, andarmene, sono stato.
4. Tutti possiamo sbagliare (parte II) - 1/I - 2/A - 3/F - 4/G - 5/C - 6/D - 7/B - 8/L - 9/E - 10/H.
5. San Francesco d'Assisi - rappresenta, nacque, Trascorse, desiderava, fu fatto, cambiarono, guarisse, visse, illustrano, fosse.
6. Assisi
Non si ha una data certa sulla nascita di Assisi, *ma* sappiamo che sorse in territorio etrusco e risentì della cultura di questa civiltà. Divenne un importante Municipio *dopo che* fu conquistata dai Romani, che edificarono grandi templi come quello di Minerva, un teatro, il foro, l'anfiteatro, terme e ville. Dopo l'Impero Romano Assisi non rimase indenne al passaggio delle invasioni barbariche, *nonostante* fosse situata in una posizione privilegiata. Poi, *in seguito alla* caduta del Sacro Romano Impero, fu rasa al suolo dai Goti di Totila *e* riconquistata dai Bizantini per essere poi nuovamente presa dai Longobardi.
Fu *quando* Federico Barbarossa scese in Italia che Assisi assunse un ruolo importante, non solo dal punto di vista militare e strategico, *ma anche* come centro culturale. Fu proprio ad Assisi infatti *che* il Barbarossa fece educare il nipote Federico II, futuro imperatore.

Dal 1200 al 1500 ad Assisi si alternarono nuovi e vecchi padroni tra cui i Visconti, i Montefeltro e gli Sforza. Dal '500, *fino alla* formazione dello Stato Italiano nel 1860, fece parte del territorio dello Stato della Chiesa.
Con la proclamazione di San Francesco "Patrono d'Italia" Assisi divenne, *ed* è tutt'oggi, meta turistica di massa. Inoltre, in qualità di testimone del messaggio di Francesco, Assisi si propone come "Capitale Mondiale della Pace".

B2. Test 6: Donne

1. Paola e Luciano - voleva, -le, avevano visto, -glielo, piacciono, ne, li, preferisce, aveva deciso, -gliene, usciva, gli, ha telefonato, -gli, lo, aspettava, si è innervosito, doveva, -ci, è riuscito, è corso, l', ha trovata, sapeva, ha cominciato, Desiderava, erano, si è ricordato, L', ha cercata, se n'era andata, aveva venduto, li, li, ne, ha lasciate, le, ha portate, mi, gliel'.
2. Per amore o per soldi? - Ho incontrato, aspetti, porta, sia diventata, preso, è, lavora, vuole, nasca, trovi, diceva, doveva, avrebbe, si alzi, stia, lavorare, valutare, sia, si sia pentita, piace, detesti, si stanchi, continua, sarà, vada, parta, andremo/andiamo, vieni/verresti, parliate, passiate.
3. Lucia racconta: "Ambiziosa sì, ma..."
"Penso di essere una donna piuttosto ambiziosa, ma non *farei* mai del male agli *altri* per raggiungere il mio *scopo*.
Credo che la cosa più *importante* nella vita sia vivere in **pace** con sé stessi. Se fosse *necessario*, sarei disposta a *lavorare* anche la notte e i giorni *di* festa per raggiungere un successo, ma *non* rinuncerei mai alla mia *famiglia* o ad un amico.
Una volta *ebbi* un'ottima proposta di lavoro, *la* più interessante e vantaggiosa che abbia mai *ricevuto*, ma avrei dovuto trasferirmi e lasciare le persone *che* amavo.
Così *dissi* di no, ma non mi sono mai pentita **della** mia scelta e oggi la rifarei.
Per me la vita affettiva è *più* importante della carriera.
Mi **piace** avere successo, certo, ma penso che sia *meglio* vivere liberi e sereni con meno soldi *che* diventare schiavi della propria avidità".
4. Una questione delicata - 9; 1; 7; 2; 5; 3; 10; 8; 6; 4.
5. Il lavoro più difficile: la mamma - 1. lo so che non me ne ~~voglia~~ (*corretta:* vuole).; 2. L'unico modo ~~chi~~ (*corretta:* che) conosce per comunicare...; 3. Forse perché ~~l~~ (*corretta:* gli) ho dedicato più tempo...; 4. Lei infatti è stata allevata ~~da~~ (*corretta:* dai) nonni, più che da me.
6. Il punto di vista della figlia - per quanto, lei, qualsiasi cosa, Se, così, fossi, nemmeno, cose, cosa, in cui.

C1. Test 1: Premi Nobel italiani

1. Rita Levi Montalcini e Renato Dulbecco
Sono due grandi scienziati italiani che hanno ricevuto il Premio Nobel per le loro ricerche in medicina. Entrambi si sono laureati all'Università di Torino nel 1936 e, *malgrado* le enormi difficoltà a causa del regime fascista e della guerra, hanno portato avanti i loro studi in Italia. Nell'immediato dopoguerra però, *dopo* aver lottato con i Partigiani e il Partito d'Azione per la liberazione della propria patria, sono stati costretti a trasferirsi negli Stati Uniti per continuare le proprie ricerche. È qui che, *grazie* ai mezzi messi loro a disposizione *dalle* università americane, hanno raggiunto risultati scientifici *tali da* meritare il Nobel.
2. Rita Levi Montalcini, premio Nobel per la medicina nel 1986 racconta - dotato, maggiore, uno, nostra (*dopo* dopoguerra mentre), noi, la, tale, ci, nonostante, personale.
3. Biografia di un premio Nobel - 1 - 10 - 8 - 4 - 6 - 11 - 2 - 5 - 9 - 7 - 3.
4. Intervista a Dulbecco - sottopone, conosciamo, fossero, abbia, sono/sarebbero, essere assunta, sarebbe, essere preferita, sarebbe, fossero, conoscessero, potrebbero, dovrebbe, tengono, dovrebbe, nasce, ha, essere suddiviso, adotterei, ci sia.
5. Enrico Fermi - essere, Ebbe, laureò, fruttò, conobbe, realizzò, può, salvato, seguì, avrebbero, colpito, era, partirono, fecero, trasferirono, coinvolto, portò, Morì, dovuto, aveva.
6. Dario Fo, premio Nobel per la Letteratura
Quando Dario Fo è stato insignito del Premio Nobel per *la* Letteratura nel 1997, molti sono stati sorpresi, *poiché* in passato era stato molto ostacolato dalla politica nazionale italiana. Ma *come* dare torto all'Accademia delle Scienze, che ha *così* motivato così (*altra possibilità*) la decisione:
MOTIVAZIONE: Figura preminente del teatro politico che, nella tradizione dei giullari medievali, ha fustigato il potere *e* restaurato la dignità degli umili.
Dario Fo nasce il 24 marzo 1926; ancora giovanissimo si trasferisce a Milano *dove* frequenta l'Accademia di Belle Arti di Brera. A partire dal

1952 comincia a collaborare con la Rai, da *cui* viene spesso censurato. Sempre *a* causa della sua irriverenza nei confronti del potere, i grandi teatri evitano di accoglierlo, *ma* questo non frena l'affetto e l'ammirazione che il pubblico nutre per lui. Nel 1997 ottiene, per il suo lavoro, il riconoscimento *più* ambito: il Premio Nobel.
7. Luigi Pirandello - 1. sua esistenza fu ~~contrassegnato~~ (*corretto:* contrassegnata); 2. per l'incomprensione ~~dimostrato~~ (*corretto:* dimostrata); 3. come Lettore per ~~qualche anni~~ (*corretto:* alcuni anni/qualche anno); 4. che lo scrittore ~~sopportava~~ (*corretto:* sopportò).

C1. Test 2: Esploratori

1. Roberto Vittori: un italiano nello spazio - con, con, in, nei, dal, con, di, in, di, In.
2. Amerigo Vespucci - 1. spedizione, ~~avvenendo~~ (*corretto:* avvenuta); 2. partecipò come comandante di ~~un~~ (*corretto:* una) nave alla spedizione; 3. ~~Separatasi~~ (*corretto:* separatosi) dal resto della spedizione; 4. Waldseemüller chiamò l'~~intera~~ (*corretto:* intero) continente.
3. Reinhold Messner - Ha attraversato, apre, spiega, ricordano, Sono, possono, È stato, è riuscito, racchiude, cerco.
4. Intervista a Reinhold Messner - **1)** A - E - F - C; **2)** L - H - B - D; **3)** M - G - I.
5. Cristoforo Colombo - svilupp**ato**, rivendic**ata**, segu**endo**, trasfer**ì**, spos**ò**, risal**e**, navig**ando**, Av**endo**, riten**eva**, fo**sse**, bast**asse**, Salp**ò**, er**ano**, conces**se**, nomin**ata**, tocc**ò**, ven**ne**, organizz**ò**, mor**ì**, av**er**.
6. Marco Polo (parte I) - nel, quegli, se, il più, loro, tardi, dove, affidatogli, di cui, a tal fine.
7. Marco Polo (parte II) - iniziarono, cadde, dettò, sarebbe stato, tornò, fece, sposò, ebbe, sarebbe occupato/occuperà, Sappiamo, consegnò, recapitasse, procurarono, conobbe, firmò, attestò, fossero, venivano, venne, morì.

C1. Test 3: Paesaggi umani

1. Un mito del cinema: Totò - 13 - 9 - 12 - 4 - 7 - 10 - 6 - 8 - 2 - 11 - 1 - 5 - 3.
2. Peppone e Don Camillo (parte I) - 1. che nella vita reale fu ~~aspra~~ (*corretto:* aspro); 2. Mai tali scelte ~~non~~ furono più azzeccate.
3. Peppone e Don Camillo (parte II) - dal, dei, di, al, dalla, in, di, della, in, nel.
4. Il padre di Pinocchio
Chi non conosce la storia di Pinocchio, il burattino di legno *che* diventa bambino?
È il libro più tradotto al mondo dopo la Bibbia. Tuttavia non tutti *quelli che* conoscono la storia hanno letto il libro e sanno *chi* l'ha scritto. *Alcuni* credono che l'autore di Pinocchio sia lo stesso che ha creato Cenerentola. Qualcun altro pensa addirittura che l'abbia inventato Walt Disney. Invece l'autore *a cui* dobbiamo la storia del famoso burattino-bambino è un italiano *il cui* vero cognome, Lorenzini, è sconosciuto alla maggioranza degli stessi italiani, *che* lo conoscono con il suo nome d'arte: Carlo Collodi. (...) La madre era originaria di un paesino in provincia di Pistoia, Collodi, appunto, *da cui* lo scrittore prese l'idea del suo pseudonimo.
5. Carlo (Lorenzini) Collodi - Alla, In, diversi, subito, Dopo, Malgrado, a causa del, proprio, a, ma.
6. Storia straordinaria di un ricercatore italiano - lavoravo, mi sono stancato, sono partito, gestendo, ho avuto, dovevo, ottenesse, lavorasse, si è rivelata, avevo lasciato, avessi, dovessi, è stata, potevo, riesco, possa, comincia, trovo, difendersi, ho trovato.
7. Giacomo Casanova - Fu, brillante, Caratterizzò, significa, Amò, sostengano, amasse, Fu, Inventò, si arricchì, convinti, usando, Finì, riuscì, comprando, assumere, richiede, Trascorse, abbandonato, avrebbe avuto.
8. Giulio Andreotti - dovesse, lui, si era già laureato, aveva, poteva.

C1. Test 4: Ma questo italiano?

1. Ortografia italiana - vorrei/volevo, prenda, sottolineano/hanno sottolineato, desidera, venga, sia, si rendono, suggerisce, sarebbe, dovrebbero, provengono, possano, scrivono, bisognerebbe, sembrano, imparino/imparassero, siano/fossero, hanno introdotto, abbiano tratto/traggano, imparassimo.
2. Italiano e dialetti - Chiunque, quello, questo, proprie, qualcuno, che, moltitudine, piuttosto, insomma, più. hanno origine, sebbene, sorta, causa, si, che, grazie, come, certo, se.
3. Impariamo a scrivere
Per imparare a scrivere non bisogna essere presuntuosi, ma occorre seguire queste semplici regole: *tanto per* cominciare bisogna leggere molto.

Ricordo che un celebre calciatore ha detto che deve la sua bravura non solo all'esercizio fisico, *ma anche* al fatto che ha guardato migliaia di partite. Quindi occorre leggere molto, e leggere testi di grandi autori. Inoltre leggere molto ci darà la possibilità di imparare, *senza* accorgercene, i meccanismi della lingua e i trucchi della narrazione. Poi bisogna esercitarsi molto. Ogni occasione è buona (articoli, diari, appunti, ecc...): infatti *se* è vero che per sviluppare l'abilità orale bisogna parlare molto, per sviluppare la scrittura bisogna scrivere molto. A volte può essere utile imparare a familiarizzare con i vari tipi di scrittura. Pertanto ogni volta *che* scrivete qualcosa, *anche se* si tratta di una semplice e-mail, non dimenticate di rileggerla. Quando vi capita di scrivere qualcosa *di più* corposo (un articolo, un racconto), non correggete subito, ma aspettate un po' di tempo: capita *infatti* che si cominci a scrivere una frase e poi, invece, strada facendo, *se* ne aggiunge un'altra e si cambia costruzione sintattica. Infine non stancatevi *mai* di rileggere: serve a correggere questo tipo di errori.
4. A lezione di scrittura con Silvio Avventura - ti, ho telefonato, ho iniziato, cui, parla, lui, che/in cui, l', ho visto, lo, apprezzano, Chi, te, che, io, veniva, ti, che, dirigeva, faccia, li, ha pubblicati/aveva pubblicato, fosse diventata, che, pensi, tu, cui, te, lei, me lo.
5. Il siciliano - 3. È comprovato che i primi ~~abitatori~~ (*corretto:* abitanti); 4. In seguito è attestato che ~~vi ci~~ (*corretto:* ci si/ vi si) stabilirono; 7. la Sicilia fu sottomessa ~~di~~ (*corretto:* da) orde; 8. nonostante il greco si ~~fossi~~ (*corretto:* fosse) molto diffuso.

C1. Test 5: Ma come farebbe Hollywood?

1. L'Italia a Hollywood - sarebbe, Intendiamo, si sono fatti, pensate, hanno vinto, Provate, parlare, avremmo perso, sanno, Si tratta, essersi affermati, interrompe, raccontano*, mettono*, danno*, mostrando, prodotte, possa, voglia, chiamando (* *in alternativa*: hanno raccontato, hanno messo, hanno dato).
2. Il mandolino del capitano Corelli - continua, tutto, doveva, Mai che, altrettanto, maggiori, continuamente, altrimenti, sarebbe stato, nere, sullo, più, Si deve, abbastanza, troppo, ne usciamo, incapaci, spunto, considerata, Dopo, instauratosi, grazie, nessuno, che, mal, poco, in confronto, portò, da, una.
3. Gli oscar italiani più recenti - comune, più, dove, da, durante, lontana (*dopo* la guerra resterà), con, completamente, tardi, il.
4. E l'attore più bravo di Hollywood? Ma Benigni, naturalmente - 1. amicizie sincere nel paese ~~di~~ (*corretto:* da) cui proviene; 2. un attore comico e basta ~~sia~~ (*corretto:* sarebbe/è) fargli un torto; 3. Non solo è regista della maggior parte ~~di~~ (*corretto:* dei) suoi film; 4. Divina Commedia con ~~un~~ (*corretto:* uno) stile proprio.
5. Gli "Spaghetti Western"
Se i film americani girati nelle città italiane non si contano *neppure*, i film italiani che hanno come ambientazione il mondo dei *cowboys* sono pochissimi.
Come dire che l'erba del vicino è sempre più verde e il cinema offre la possibilità di coglierla. Ma gli italiani, specialmente in passato, non erano ricchi come gli americani, perciò, *mentre* gli attori di Hollywood venivano a Roma a girare Vacanze romane e si recavano a Capri, Siena, Firenze, Venezia, Palermo per altri indimenticabili film, i registi italiani ricreavano il far west sulle spiagge di Tirrenia, vicino a Pisa. Qui vennero girati quasi tutti i cosiddetti *Spaghetti western*, che crearono un vero e proprio genere cinematografico che si compose di oltre 100 opere in meno di dieci anni, tra la fine degli anni 60 e i primi anni 70. Caposcuola del genere fu Sergio Leone, che realizzò film *western* diventati di culto anche negli Stati Uniti *malgrado* lui fosse completamente italiano. I suoi film lanciarono anche attori divenuti poi delle vere e proprie Star di Hollywood, primo fra tutti Clint Eastwood, *ma* anche Klaus Kinski, Rod Stiger, Lee Van Cleef e Charles Bronson. E *per quanto* sia difficile immaginare l'Arizona o il Messico in Toscana, sullo schermo l'illusione è perfetta.
6. L'antica Roma hollywoodiana - 1 - 7 - 3 - 4 - 10 - 6 - 5 - 9 - 11 - 10 - 2 - 8.
7. Scene italoamericane - di, il, Ne, la, di.
8. Intervista a Anna Caimati Hoster - 3 - 5 - 2 - 1 - 4.

C1. Test 6: Scrittori

1. Scrivere un romanzo
Se sognate di scrivere un romanzo, sappiate che non basta avere talento *né* aver trovato una buona idea, occorrono anche pazienza e tecnica.
Gli esperti ritengono che tutti i romanzi del mondo si basino su una trentina di trame diverse, *quindi* per scrivere una storia originale bisogna

concentrarsi non tanto sulla trama quanto sui personaggi, l'ambientazione e la narrazione.

Per esempio, *se* scegliete un narratore interno, la stessa storia apparirà del tutto differente *qualora* la racconti una voce esterna. Lo stesso discorso vale naturalmente per la forma.

Inoltre, *per quanto* un personaggio possa apparire indefinito ed anonimo nel romanzo, lo scrittore deve conoscerlo profondamente *e* sapere ogni cosa di lui, a prescindere dal fatto che se ne voglia informare il lettore *o* meno. Infatti, *anche se* molti dettagli restano fuori dalla storia, bisogna pensare al protagonista e porsi mille domande su di lui, *anziché* limitarsi a delinearlo nelle sue caratteristiche principali.

Questo modo di procedere è opportuno non solo per creare dei personaggi, *ma anche* per buttar giù una storia coerente e convincente.

2. Lezioni di scrittura - Si può insegnare *a* scrivere? Questa *è* una *bella domanda*.

Una risposta può darla il fatto che Raymond Carver *iniziò con un corso di scrittura creativa*, un'altra *si trova nel bel libro di* Giulio Mozzi "Lezioni di scrittura".

3. Italo Calvino - 1 - 4 - 3 - 5 - 10 - 8 - 6 - 9 - 2 - 7 - 11 - *12*.

4. Italo Calvino: sinonimo di successo - più, *spazio in più*, libreria, opere, parte, quanto, attività, il cui, immagine, si, collana.

5. Achille piè veloce
Ulisse è *un* giovane *scrittore* in crisi creativa (un tempo ha scritto un libro ma si è *fermato* lì), lavora in una casa editrice sull'orlo del collasso ed è *innamorato* di *Pilar*, *una bellissima immigrata* senza permesso di soggiorno, *la* quale non rinuncia alla sua inveterata poligamia. Un giorno *gli* arriva via e-mail un messaggio: "Se Lei riuscisse a concepire nella Sua testa una qualsiasi definizione di normalità in nessun modo io rientrerei nella Sua definizione". *Ulisse* si reca all'appuntamento con *Achille* ("Lei ha un nome omerico come me", diceva il messaggio), che è *malato* e che *gli* apre un mondo inatteso di assurdità, vitalità e dolore. L'alleanza fra *i* due *uomini*, *Ulisse* e *Achille*, è una risorsa nuova, inaspettata. A vantaggio di chi? Di cosa? Che prezzo deve pagare *la bella Pilar* per la sua libertà? E *Ulisse* per la sua dignità? E soprattutto *Achille* per la sua vita? Gli eventi scivolano rapinosi verso una chiusa inattesa, fra commozione, rabbia e ilarità.

6. L'ermetismo (parte I) - trae, sia, c'è, è, rifiuta, accompagna, accetta, appartengono, fosse, sarebbe, fare, afferrino, prova, sia, è.

7. L'ermetismo (parte II) - la, che, nel, ma, va, nel, un, In, ma, che, del, ma, se, non, dal, dal, Da, di, da, nei.

C2. Test 1: Storie di vacanza

1. Ai caraibi - mangiando, faceva, sognavamo, aveva sentito, avremmo dovuto, interessa/interessava, contare, faceva, aver discusso, abbiamo deciso, sono finite, gettando, chiedere, vacci, imitando, sarebbe, dovreste, sceglierei, fidatevi, ci siamo messi.

2. Sulle tracce della Dea Madre - 1. avevamo deciso, 2. avevamo deciso, 3. l'avevamo trovato, 4. era venuto, 5. fosse, 6. avevamo fatto, 7. avevamo visitato, 8. viveva/era vissuta, 9. venerava, 10. mi, 11. era saltato, 12. imbarcarmi, 13. era, 14. era stato, 15. era vissuta, 16. era, 17. gli, 18. consigliavo, 19. avrebbe fregato, 20. La porto.

3. Porto Torres
Situata all'interno del Golfo dell'Asinara, Porto Torres è sede *di* uno dei porti principali *della* Sardegna, il più importante *per* il traffico di passeggeri provenienti *da* tutta l'Italia e *dal* nord dell'Europa. La città ha un'origine antichissima: Turris Libisonis (questo il suo antico nome) è stata fondata infatti *nel* 45 a. C. circa ed è stata l'unica colonia romana in Sardegna. A Turris Libisonis nell'anno 303 subirono il martirio il presbitero Proto, il diacono Gianuario e il soldato Gavino: *al* quale è dedicata la festa patronale, che ogni anno a Maggio attira in città migliaia di visitatori. *A* San Gavino è anche dedicata l'omonima maestosa basilica. Si tratta *del* più importante monumento romanico della Sardegna nonché di uno *dei* più grandi d'Italia. Testimonianze dell'epoca romana sono il Ponte Romano e le rovine di tre grandi terme. La zona che li contiene rappresenta un rilevante parco archeologico e vi ha sede anche un Antiquarium dove sono conservati i reperti più importanti.

4. Vacanze: chiusi in casa come talpe - tutti, secondo, pari, necessità, pur, cosiddetti, coloro, consumatori, *spazio in più*, incetta, presunto.

5. Come una valigia
Tommaso P., di 6 anni, è stato dimenticato alla stazione da*i* genitori come una valigia vecchia. Quando *il* treno per Parigi è stato fermato a*lla* frontiera e *la* polizia doganale è salita per controllare *i* documenti, i genitori distratti si sono accorti che *il* bambino non c'era. Si è pensato

subito ad *un* rapimento, ma poi *i* genitori si sono ricordati che probabilmente lo avevano lasciato a*lla* stazione di Milano. Mentre *i* due adulti facevano i biglietti, Tommasino avrebbe dovuto essere tenuto d'occhio da*lla* sorellina maggiore, Virginia. La bambina, poco più grande ~~di~~ *del* fratellino pare essersi distratta ed averlo perso; poi salendo su*l* treno, per paura che i genitori la punissero, non ha detto niente. Tommasino è stato ritrovato dopo poco a*lla* stazione di Milano, ma non credendo che ~~di~~ *dei* genitori possano perdere il proprio bambino tanto facilmente, *la* magistratura ha deciso di aprire *un'*inchiesta per fare piena luce su*l* fatto.

C2. Test 2: Gli etruschi

1. Breve storia degli Etruschi - chiamava, sosteneva, avessero, reputavano, fossero, risiedeva, viene, provengono, si insediarono, diede, rappresentarono, fossero, spinse, raggiunse, arrivarono, diventarono, entrarono, strinsero, abitavano, rappresentarono.

2. Il declino degli Etruschi
Gli Etruschi erano riusciti ad imporsi a*lle* giovani colonie greche del meridione contrastandone l'espansione. Ben presto però le colonie greche dettero il via *ad* una crescita culturale e politica travolgente. Inoltre ai confini tra Etruria e Lazio sorgeva per gli Etruschi un nuovo pericolo: Roma. La città Roma *di* infatti, un tempo dominata e governata *da* una dinastia etrusca, diveniva sempre più aggressiva. Sul mare i romani, dopo aver battuto i Cartaginesi, inflissero a*gli* Etruschi a Cuma ~~il~~ *nel* 474 a. C. una sconfitta decisiva. Anche su*lla* terraferma la situazione andò peggiorando. In meno *di* un secolo l'Etruria campana fu conquistata dai Sabini, mentre quella padana venne invasa *da* popolazioni celtiche provenienti da Oltralpe.
Dalla metà ~~il~~ *del* IV secolo la potenza commerciale e militare de*gli* Etruschi si era ridotta *a* poche città-stato e anche queste furono coinvolte, durante il III secolo a.C., *in* una lotta contro la potenza romana che le avrebbe portate presto verso la loro fine. Le città-stato non riuscirono infatti *a* coordinare una resistenza e furono sconfitte una ad una.
Con la perdita de*ll'*indipendenza si concludeva così il ciclo *di* un popolo che pure avrebbe lasciato una meravigliosa eredità culturale alle terre che aveva abitato.

3. La cultura etrusca - che, oggi, latine, concordi, serie, che, che, riferivano, che, rarissimi, che, viene, appare, vi, che, divinità.
Qual è la parola che precede l'unico "che" non pronome relativo che hai inserito? *inoltre*.

4. Il vino degli Etruschi - **1.** si è discusso molto nel corso degli anni; **2.** teoria si basava sull'ipotesi dell'origine orientale; **3.** fatto che la loro lingua non appartenga al gruppo; **4.** è che gli etruschi avessero appreso l'arte del vino dai; **5.** che il vino era la necessaria moneta di scambio.

5. Lezione di Storia - 1/F - 2/H - 3/E - 4/M - 5/D - 6/A - 7/I - 8/N - 9/L - 10/B - 11/G - 12/C.

6. Le Balze - moltissimi turisti, destinazioni meno note, antichi etruschi, vostri piedi, stesse balze, antica Via, percorso etrusco, antiche lucumonie, vecchia strada, percorso parallelo.

7. Le Balze al crepuscolo - costituitasi, costruite, percorrendo/percorsa, riportate, nascoste, scavate, permettere, attraversando, Seguendo, usata.

C2. Test 3: Storia d'Italia

1. Breve storia d'Italia - erano abitati, fu unificata/venne unificata, divenne, venne divisa/fu divisa/era divisa, facevano, iniziò, cominciò, si svilupparono, portarono, fu proclamato/venne proclamato, fu, rinunciò, combatté, andò, instaurò, mantenne, fu, sbarcarono, scelse, dichiarò, occuparono, liberarono, mise, ebbe, furono, venne riconosciuto/fu riconosciuto, divenne, furono rivisti/vennero rivisti, fu eliminata/venne eliminata, prevedeva.

2. Un romantico eroe italiano: Giuseppe Garibaldi - adottando, divenuta, vistosi, Saputo, varcando, mantenendo, Scoppiata, conquistato, Liberato, trovatosi.

3. Garibaldi e Anita - 1. pensasse, 2. fosse stato, 3. pensavano, 4. fosse stato, 5. non lo sapeva, 6. L'/Lo, 7. aveva colpito, 8. pensava, 9. se ne parlasse, 10. ci fosse, 11. era stata, 12. immaginare, 13. poté sposarlo, 14. rimase, 15. sapeva, 16. pensasse, 17. pensava, 18. avessero ragione, 19. dicevano, 20. lui.

4. Il Risorgimento - un momento storico, particolare importanza, un'epoca ricca, loro difetti, eroi romantici, grande lealtà, squadra navale sarda, popolo siciliano, riforme radicali, la terribile oppressione, classi borghesi e nobili, nuovo regno.

5. Giuseppe Mazzini
Quando *si* parla di Risorgimento italiano non *si* può dimenticare Giuseppe Mazzini, (1805-1872) uno dei grandi artefici dell'Unità d'Italia. Di idee repubblicane, fin da giovane prese a cuore i problemi politici e

sociali del Paese. Respinti i metodi della Carboneria, *di cui* aveva fatto parte, fondò *una* nuova associazione, la "Giovine Italia", *che* aveva lo scopo di fare dell'Italia *una* repubblica popolare.

Trasferitosi a Marsiglia, inviò *un* messaggio al nuovo Re di Sardegna Carlo Alberto, invitando*lo* a guidare la rivoluzione italiana. Al rifiuto di quest'ultimo, Mazzini fece seguire la propaganda rivoluzionaria della Giovine Italia. Andò a vivere a Londra dove svolse *un'*intensa propaganda politica anche attraverso opere letterarie. Nel 1848 tornò in Patria dove organizzò la resistenza della Repubblica affidata a Garibaldi. Con la caduta della Repubblica fu costretto nuovamente all'esilio. Fondò a Londra il "Comitato Nazionale Italiano" ed il "Comitato Democratico Europeo". Venne fatto rimpatriare e fu arrestato a Palermo.

Liberato grazie ad una amnistia continuò *il* suo peregrinare fino a quando non morì, a Pisa, nel 1872.

Qual è la parola che segue l'unico articolo determinativo che hai inserito? suo - riga 21

Qual è la parola che segue l'unico pronome relativo soggetto che hai inserito? aveva - riga 7

6. *Il tutor e lo studente* - 1 - 10 - 9 - 4 - 11 - 7 - 6 - 5 - 8 - 2 - 3.

C2. Test 4: Il morso della Taranta

1. *Latrodectus tredecim guttatus* - mi occupo, voglio, leggendo, parlerò, esiste, immaginate, vogliate, si trova, accontento, Avete sentito, parte, è stata individuata, infligge, causa, sono state condotte, hanno rivelato, subivano, si servivano, fossero, ricoprivano, può, si permette, viene curato/è curato*, inizia*, continua*, cade*, viene messa*, riposa*, è*, sia* (* *in alternativa*: si permetteva, veniva curato/era curato, iniziava, continuava, cadeva, veniva messa, riposava, era, fosse).

2. *Le tarantate* - momento, per, più (dopo *erano le*), ragno, fondamentali, si, dalla, piazza, strumenti, irresistibile, sudare, infatti, anche, consumarsi, condotta, benedetta, ripeteva, tempo, carri, possedute (dopo: *ritenevano*).

3. *La notte della taranta* - 1.scriverlo, 2.avrebbe capito, 3.anche lui, 4.si trattava, 5.lo sapeva, 6.si organizzava, 7.era, 8.ne parlavano, 9.c'era, 10.quel, 11.teneva, 12.a quella, 13.venivano chiamati, 14.aveva, 15.si chiude, 16.lo, 17.era perdonato, 18.lo, 19.invitava, 20.lui.

4. *La taranta oggi* - **1.** Sono state sostituite da ragazze esperte di questo ballo in folkloristici costumi; **2.** col cambiare delle esigenze sociali il fenomeno del tarantismo si estingueva; **3.** sono le manifestazioni che celebrano il fascino di questo ritmo e di questa; **4.** insieme a musicisti di fama internazionale che si occupano di folklore italiano; **5.** proprio nel Salento che la tarantella è tuttora più viva che in qualsiasi altro luogo.

5. *Gli strumenti della pizzica*

La pizzica e la tarantella sono danze che fanno parte della cultura popolare di tutta la parte meridionale dell'Italia. Lo strumento essenziale per suonare la pizzica è il tamburello: *importato* dai Saraceni, fu modificato nel tempo (come tutti gli strumenti, del resto). Quello moderno è di forma circolare con una membrana di pelle e dei sonagli, in passato *assenti*. Viene suonato in diversi modi:

a) nel Salento la parte del polso sotto il pollice batte sulla membrana *sostenendo* così il ritmo e il tamburello ha un ruolo *dominante*, *scandendo* da solo l'intera melodia, oppure il tamburellista fa scorrere le dita sul tamburello *facendo* vibrare solo i sonagli, in questo caso il tamburello serve solo al accompagnamento.

b) nella tarantella Campana il tamburello viene solo agitato, anche in questo caso il suono è solo di abbellimento.

c) nel Lazio il suono continuo di questo strumento è andato perduto, infatti viene suonato solo nel ritornello della canzone, dal cantante solista.

Queste canzoni sono tutte ballabili, infatti si possono ballare in diversi modi: il ballerino forma un semicerchio con le braccia e gira intorno alla dama che *saltellando* a sua volta, gira intorno al compagno di danza. La variante del secondo stile è che la dama si muove *tenendo* un fazzoletto in mano.

L'ultimo stile, *detto* anche la "danza delle spade", è un ballo esclusivamente maschile: il primo ballerino tende l'avambraccio, quasi a simulare una spada, mentre il secondo ha solo la mano *tesa*, a simulare un pugnale, e si dà vita a un combattimento a suon di pizzica.

C2. Test 5: Cittadini stranieri in Italia

1. *I flussi migratori* - è cambiata, siano, vadano, hanno deciso, essendo, è stabilito, decide, possono, possono, consente, sia, garantisca, fa, ha, può, sono state respinte, cercano, vengono rimandati, è negato/viene negato, ha, trascorre, viene concesso, presentino/presentano, riguarda, deve, si chiedono, lavora, deve, ha, è stato elevato.

2. *Come ottenere il permesso di soggiorno* - poteva, dirgli, cos'era, doveva avere, quello, ce l'aveva, *se* (*parola da inserire*), gli, serviva/servisse, doveva compilare, allegarvi, gli, sarebbe stato, *se* (*parola da inserire*), era tutto, doveva fare, gli, sarebbe stata data, sua, andasse, far passare, suo, sua.

3. *Il permesso di lavoro*

Cosa si può fare per ottenere il **permesso** di lavoro se ci si trova già in Italia, per esempio con un visto turistico? La **normativa** italiana sull'immigrazione non prevede la possibilità di regolarizzare per motivi di lavoro i **cittadini** stranieri presenti in Italia senza un regolare permesso di soggiorno. È **possibile** ottenere un permesso di soggiorno per lavoro solo dal Paese di provenienza, attraverso il sistema della "chiamata nominativa". Questo non vale, naturalmente, per tutti coloro che hanno un permesso di soggiorno **scaduto** e che devono rinnovarlo. Il sistema della chiamata nominativa prevede che un datore di lavoro **richieda** di assumere un cittadino straniero residente **all'** estero. La legge però consente che la chiamata nominativa avvenga solo **entro** i limiti dei decreti-flussi annuali. Questo implica una grande difficoltà ad accedere a questa procedura, **perché** bisogna aspettare un apposito decreto del governo che definisca le quote di ingressi anno per **anno**. Dunque, solo al momento della pubblicazione di un nuovo decreto sarà possibile chiedere il soggiorno per chiamata nominativa.

4. *Sposarsi all'estero* - stabil**isce**, intenzio**nato**, pre**vista**, segu**enti**, maggio**renne**, infer**mità**, prece**dente**, paren**tela**, con**iuge**, eff**etti**, rite**nuto**, acqui**sire**, op**pure**, cessa**zione**, sus**siste**, Preclu**dono**, acquisi**zione**, pena**li**, compro**vati**, iner**enti**.

5. *Sposarsi in Italia* - 1./C.- Cosa **viene** regolato nel codice civile?; 2./ D. - Cosa **viene** richiesto al cittadino straniero?; 3./A. - Dove **viene** riconosciuto il matrimonio contratto in Italia?; 4./E. - La pubblicazione di matrimonio **viene** sempre fatta?; 5./B. - Dove **va** fatta la richiesta di pubblicazione?

6. *Adottare un bambino straniero* - 4 - 11 - 7 - 5 - *2* - 9 - 1 - 6 - 3 - 10 - 8.

C2. Test 6: Lavoro ed economia

1. *Cavoli, contanti, assegno o carta di credito* - modalità, vincolato, chi, peggio, venditore, sostituire, fosse, seguito, pagamento, tutt'oggi, spese, disuso, vantaggi, anonimato, quanto, truffatori, esente, garanzie, costa, contanti.

2. *Giovanni, il commercialista* - non essendomi messo, camminando, di poter compilare, fatta, averlo salutato, urlandomi, rimasti/essendo rimasti, ridendo, girando, dopo aver raccolto.

3. *L'euro* - si sono impegnati, sono state stabilite, è stato scelto, è, adotteranno, è diventata, è stata abbattuta, impediva, è stato fissato, spariranno.

4. *Il lavoro delle donne*

Secondo la Bibbia una donna vale tre quinti di un uomo. Un'ipotesi discutibile. Sorpassata. Eppure negli Stati Uniti si vedono donne manager che vanno in ufficio con un distintivo che dice, provocatorio: "59 **per** cento". Ovvero, mi pagano tre quinti di quello che pagano a un uomo al mio stesso livello. Gli studi economici dimostrano che nonostante la legge assicuri la parità salariale, in genere le donne guadagnano oltre il 20% in meno **degli** uomini.

"C'è una netta differenza **tra** i due sessi e la noto tra i miei colleghi", racconta Maria Teresa La Notte, 44 anni, che ha creato una sua agenzia **di** pubblicità. "Un uomo azzarda subito il prezzo e non accetta compromessi mentre una donna è più disposta **a** scendere a patti: se un lavoro le piace cede subito **sul** prezzo. E comunque i soldi sono l'ultima cosa di cui parla. Amore per la propria attività, affetto per le persone con cui si lavora, bisogno di sicurezza e stabilità sono tutti valori che, uniti all'entusiasmo di chi è appena entrato in una realtà nuova, fanno passare i soldi in secondo piano.

Insomma la scala **dei** valori femminili non corrisponde a quella **del** mondo del lavoro. E non è tutto. Anche quando la professione le soddisfa e offre loro buone possibilità di carriera, le donne devono fare i conti con un altro fattore: la cosiddetta doppia presenza, cioè il fatto di dover essere attive **al** lavoro e in famiglia.

5. *Roma produce più di Milano* - pubblicando, luoghi, a fronte, essendo, primato, mentre, comprovate, imputarsi, luogo, a.

6. *L'intervista* - 1 - 6 - 2 - 3 - 8 - 10 - 7 - 4 - 11 - 5 - 9 - *12*.

7. *Il miracolo economico* - 8 - a fronte; 6 - mentre; 3 - come; 7 - Tuttavia; 11 - Quando; 4 - In effetti; 9 - e; 10 - Così; 11 - Tra.

Soluzioni degli esercizi

Alma Edizioni
Italiano per stranieri

La **Grammatica pratica della lingua italiana** permette di esercitare la grammatica in modo completo ed efficace.

Presenta centinaia di esercizi, quiz, giochi, schede grammaticali chiare ed essenziali e degli utili test a punti che aiutano lo studente a verificare il livello di conoscenza della lingua.

Adatto a tutti gli studenti dal principiante all'avanzato. Sono incluse le soluzioni.

Susanna Nocchi

Grammatica pratica della lingua italiana
esercizi-test-giochi

ALMA Edizioni - Firenze

Sonia Bailini - Silvia Consonno

I verbi italiani
grammatica esercizi e giochi

Alma Edizioni - Firenze

I verbi italiani è un eserciziario interamente dedicato allo studio dei verbi italiani.

Tramite schede chiare ed essenziali ed esercizi vari e stimolanti, lo studente viene guidato alla scoperta dei tempi e dei modi verbali della lingua italiana.

Adatto a tutti gli studenti dal principiante all'avanzato. Sono incluse le soluzioni.